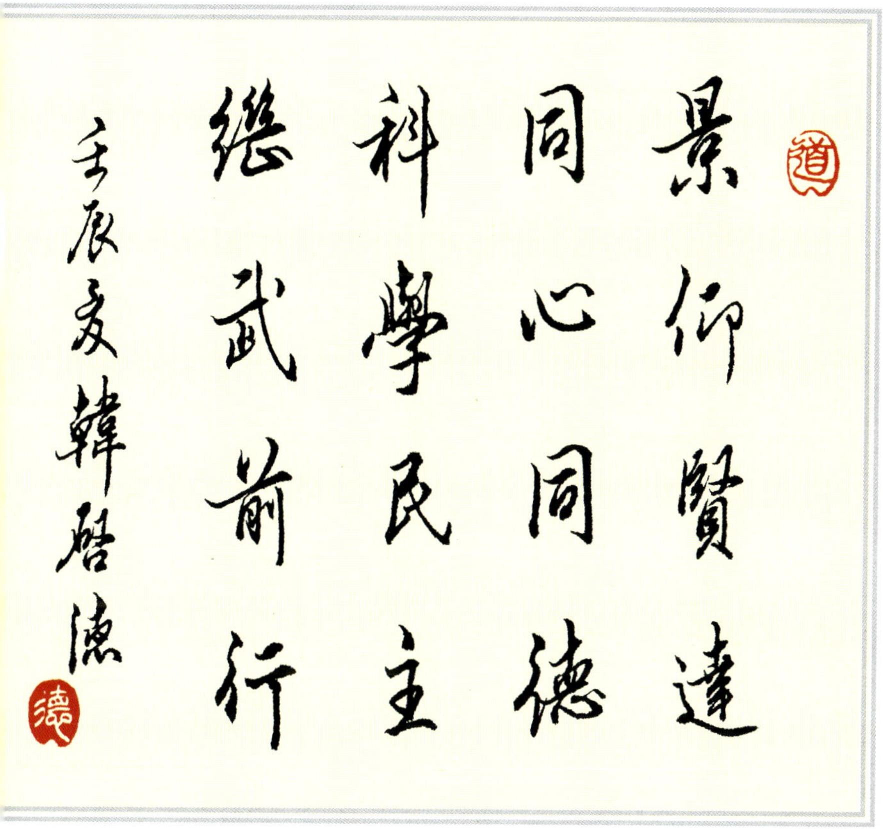
景仰賢達
同心同德
科學民主
繼武前行
壬辰夏 韓啓德

爱国民主人士、教育家、社会活动家、九三学社发起人之一及早期领导人之一、原国务院参事王卓然先生（1893—1975）。

1921 年秋冬，王卓然（右一）跟随美国教育家孟禄（左三）在国内教育考察时合影。右二为王文培，右三为陶行知、左一为汤茂如。

1922 年王卓然、李卓琳、王福时（前右一）等合影。

1952 年，王卓然与夫人李卓琳、长子王福时（后）、儿媳项蕴华（后左）、长女王淑时（右）、女婿李敬塘（右二）及孙辈们在天津爱道 28 号寓所门前合影。

坐落在抚顺市王卓然故乡的王卓然墓。其墓碑为张学良先生亲笔题写。

九三学社辽宁省委副主委张和平、九三学社抚顺市委米志芳到王卓然墓地扫墓，敬献鲜花。

九三学社人物丛书

王卓然传

王太学 著

學苑出版社

图书在版编目（CIP）数据

王卓然传／王太学著．—北京：学苑出版社，2012.9

（九三学社人物丛书）

ISBN 978-7-5077-3331-0

Ⅰ．①王…　Ⅱ．①王…　Ⅲ．①王卓然（1893～1975）－传记　Ⅳ．①K825.46

中国版本图书馆 CIP 数据核字（2012）第 193304 号

责任编辑：方晓喆
封面设计：智行东方
出版发行：学苑出版社
社　　址：北京市丰台区南方庄 2 号院 1 号楼
邮政编码：100079
网　　址：www.book001.com
电子邮箱：xueyuan@public.bta.net.cn
销售电话：010-67675512、67678944、67601101（邮购）
印 刷 厂：高碑店鑫宏源印刷厂
开本尺寸：787×1092　　1/32
印　　张：11.5
字　　数：190 千字
版　　次：2012 年 9 月第 1 版
印　　次：2012 年 9 月第 1 次印刷
定　　价：26.00 元

总 序

九三学社是在中共抗日民族统一战线政策影响和感召下，于抗日战争后期成立的，她参与新中国的建立，成为在中国共产党领导下爱国统一战线中八个民主党派之一。在共和国成立以来的60多年里，九三学社始终弘扬爱国、民主、科学的传统，与中国共产党风雨同舟，共同探索中国特色社会主义政治发展道路，在国家建设、改革、发展征途上留下了闪光的足迹。在此历史进程中，九三学社发展成为拥有13万多名社员、组织比较健全、有较强参政能力和较高社会地位的政党。

九三学社走过的历程，是一部无数优秀人物引领广大同仁一往无前、执著追求的奋斗史。抗日战争时期，面对国破家亡、山河破碎，九三学社创始人或多方奔走，参与抗日，或介绍新知，宣传救国。解放战争时期，面对独裁专制、民不聊生，九三学社同仁或大声疾呼民主，反对暴政，或积极主张科学，倡导革新。新中国成立后，面对百废待兴的局面，九三学社同仁和全国人民一起殚精竭虑、奋斗不止。九三学社各个时期旗帜性人物身上体现出的崇高风范和优秀品质，是我社最宝贵的精神财富。回顾九三学社的历史，我们有勇往直前、舍生取义的革命家和社会活动家，有淡泊名利、刻苦钻研的科学家，有不畏权势、追求真理的人文学者，有忍辱负重、甘为人梯的教育工作者……他们共同铸就了九三学社一以贯之的灵魂——爱国、民主、科学，九三学社的优良传统在他们身上得到最好的诠释。

九三学社中央一直重视整理保存社史、发挥社史资政育人的作用，2007年又启动了以史料抢救和整理为重点、包括七个方面内容的社史工程。几年来，社史工程取得了显著成绩，《社史研究通讯》的编辑出版、社史专题片的拍摄、口述史工作的启动、社史文物收集等各个方面都有不同进展。“九三学社人物丛书”作为社史工程的一项重要内容，经过各方面辛勤的努力，也结出了丰硕的成果，第一批图书已完成了撰写、编辑，即将出版。这套丛书选取九三学社重要创始人、早期著名社员、历任社中央领导，以及在本人所从事领域里取得突出成就的旗帜性人物，力图以翔实的史料和平实的语言再现前辈先哲们曲折丰富的人生历程和绚丽夺目的光辉业绩。我相信，丛书的出版必将激发我社成员和广大读者继承他们的优良传统，体会他们忧国忧民的赤子情怀，感受他们坚毅从容的人格风范，学习他们精益求精的科学精神，为巩固、完善和发展中国共产党领导的多党合作和政治协商基本政治制度，为中华民族的伟大复兴，做出更大贡献。

是为序。

韩启德

2012年8月

目　录

第一章　苦涩的童年

19世纪末，清王朝统治下的中国，犹如一巢处在飞沙走石中的软蛋，随时有被击碎的危险；又似一鼎被饥狼饿犬围视的鲜肉，时刻有被吞噬的可能。这飞沙走石、饥狼饿犬就是西方帝国主义列强，他们看清了大清帝国貌似强大、实则空虚软弱的本质，用坚船利炮洞开了中国封闭的大门。通过发动鸦片战争等侵略战争，将一个个不平等条约强加在中国人民的头上，中国沦入半封建半殖民地的境地。

“國”就是在一定的范围内用“戈”即兵器来保卫人口的安全。我们的先人早在造字时，就用字形表明了国家的责任。可是，腐败无能的清朝统治者既不能抵御外侮，也不能保护人民。普通百姓度日艰难，既要承担苛税杂赋，又可能遭到奸淫杀戮。而中国的东北，那广袤平原上丰饶的物产，那浩瀚森林中不尽的资源，那一处处可掘出乌金的矿藏，令北边的沙俄、东边的日本早已垂涎三尺，梦寐以求。他们派间谍刺探情报，用金钱收买线人，并以强兵不断犯边扰境，伺机吞并东北。东北百姓们面临的外部环境如此险恶，而域内也并不太平。不断增多的土匪占据山头，出没要道，打家劫舍，抢财掠物，弄得许多村屯庄户鸡犬不宁、妇孺恐慌。

在奉天府盛京城（1929 年 4 月 2 日后改称沈阳市）以东 70 里左右有个美丽的山村，名叫“莲岛湾”，也曾叫“莲花湾”、“莲花岛”。没到过此村的人，一听村名就会想到这该是多么美的村庄啊！

之所以有这么美妙雅致的村名，是因为此村东西两侧是连绵起伏的山峦，山脉中间是宽阔的河套平原和坡地。平原中间有一条由北向南流的河，河畔遍布大大小小的沼泽和湿地，沼泽里长有疏疏密密的莲花和芦苇、菖蒲等水草。河岸边簇拥着一墩墩茂密的柳树，逶逶迤迤，保护着河岸。仲夏时节，这里清流激湍，荷花盛开，碧叶摇曳，百鸟争鸣，风景如画。

这里土地肥沃，适宜开垦，又水量充沛。清康乾年间，随着满族统治者对清王朝发祥地的解禁，并鼓励关内难民到关外垦荒，而后一批批山东人、河北人闯关东到东北垦荒开地、安家落户、繁衍生息。莲岛湾原本有些旗人（满族人）和朝鲜族人居住，随着闯关东的燕鲁人不断来此落脚，使人口逐年增加，村规模也不断扩大，到光绪年间人口已增至三四百人，并形成了以李、赵、王、张、曾、杜、丁等几大姓为代表的族群。

在莲岛湾村中央有一户王姓人氏，家有三间草房，户主叫王镇，靠租种地主家的几亩薄田为生。王镇的祖上是于康熙年间从山东登州府的小云南逃荒过来的，虽然生活比关内稍好些，可就是人丁不旺，到他这时仍是单传，他 20 多岁才娶上媳妇。他媳妇姓费，娘家在距莲岛湾 50 多里路的前甸村，祖上同是从小云南来关外垦荒的难民。费氏贤惠勤快，虽未读过书却通情达理，辛勤劳作，养猪喂鸡，日子还算过得去。但有一点令费氏不快，就是王镇好赌，每到漫长的冬季，他就去赌场消磨时间。东北天冷，那时候农人无事可做，就待在家中“猫冬”。赌博既有它产生的客观条件，又是可被利用剥削农民的一种手段。好赌的人虽然有输有赢，但其钱终被设局的人抽红抽走，最后弄得分文皆无。而设赌局的人不是地主，也是地主安排授意的人，他们利用此法将好赌者钱财刮净，再用此钱放高利贷，进而使更多的人成为他们的债务人，被他们牢牢控制，任由他们摆布。

光绪十九年（1893）农历四月初七，已人到中年的王镇，喜得贵子。见儿子长得五官端正，体态匀称，王镇夫妇真是心花怒放，高兴万分，左邻右舍也都来祝贺。

这是一年中最好的时节，播下的种子长出新苗，田里一片嫩绿，田里的绿、山上的绿、河套的绿映满眼帘，生机勃勃。这是最让人寄托希望的季节，王镇希望秋天有个好收成，更希望宝贝儿子能成为栋梁之才，将来能升官发财，光宗耀祖。识字少许的王镇想给儿子起个能体现自己意思的大号，但再怎么冥思苦想，也想不出合适的名字，他只好去请“景进士”给起。这个景进士名叫景仲贤，才过而立之年，刚刚经过殿试，获得进士，是村里唯一见过皇帝的人，他家的大门首上悬着“进士门第”的大匾，很是耀眼气派。王镇说明来意，景仲贤略加思考，就说叫“王卓然”吧，立字为回波，号为梦白。为什么叫“卓然”呢？他告诉王镇：《汉书·成帝纪》中有“使卓然可观”，卓然就是高远之貌，也就是你的儿子能处得高、飞得远的意思。

儿子是王镇夫妇的希望，为了把小卓然拉扯大，培养成人，俩人更忙碌了，更辛勤了。随着日子一天天逝去，小卓然也一天天长大，他咿呀学语了，他蹒跚迈步了。一晃四五年过去了，小卓然不但长得好，天庭饱满，地阁方圆，个头也比同龄的孩子高，而且聪明伶俐，大人给他讲啥，他都能记住，学话学得明白，口齿清楚。虽然日子艰难，可看到儿子的出息，王镇和费氏感到苦中有乐，苦中有甜。就是时局的变化，令二人心中不免忧虑。

令王镇夫妇烦心的事，也同样令全村人忧虑。这就是甲午年以来日本军队不断进逼，大清军队节节失利的消息时不时传进村，让村里人担惊受怕，惶惶不安。村里人听说，甲午年秋天日军进攻中国的藩属国朝鲜，在保卫平壤时大清派出的奉天总兵左宝贵殉国，随后大清海军又在黄海大东沟海面与日本海军遭遇，发生激战，大清海军战败，使大清海军元气大伤。不久，海军全军覆没，日军气焰更加嚣张，派数万兵力向奉天省的安东（今丹东）、旅顺、鞍山、营口、锦州进攻。一座座城市被他们攻下，多少清兵和民团营的人战死。日军到处杀人放火，抢夺财物，而清军一次次组织抵抗，一次次以失败告终。乙未年三月，清政府议和代表李鸿章在日本马关与日本签订了《马关条约》，把中国的辽东半岛割给了日本，还向日本赔偿二万万两白银，还规定日本在中国的一些特权。这个丧权辱国的条约虽然换来了日军的撤回，但乡亲们看明白了，日本人绝不会就此罢手，说不定什么时候又卷土重来，若再来，他们恐怕要进攻盛京，莲岛湾离盛京这么近，盛京若保不住，莲岛湾也就跟着遭殃了。所以，王镇夫妇和乡亲们整天提心吊胆地过日子。

大人们的惶恐和忧虑，对不懂事的孩子并没有太大的影响，尽管衣食不充，小卓然还是渐渐长大了。他要和大人一样承受着大自然的洗礼和考验。寒冷漫长的冬季是乡亲们最难熬的日子。小卓然的家和其他乡亲的家一样，只糊着一层纸的窗户挡不住袭人的寒气，外面滴水成冰，屋里也呼气见雾，四壁结霜。王镇常常吃完早饭就出去赌钱，家里只剩下费氏和小卓然。因为天冷，妈妈就将小卓然搂在怀里，围在火盆旁边烤火取暖，给他讲故事。

费氏除了给小卓然讲故事，还与他做简单的游戏，她常常用双手抓着小卓然的两只小手，一边你伸我缩地做着动作，一边诵着童谣："拉大锯，扯大锯，姥姥家门口唱大戏。接姑娘，唤女婿，小外孙也要去……"为了节省粮食，王镇家和许多乡亲家一样，冬天只吃两顿饭，大人忍受着，一挺就到了晚饭时，而小孩却不懂得为什么要这样，饿了他们就要吃的，小卓然也是一样。妈妈为了不让小卓然饿肚子，中午有时在火盆里埋个土豆，有时埋个地瓜，待烤熟了，扒出来剥皮给他吃。吃之前，妈妈怕烫着小卓然，自己先用嘴吹了又吹，试试不那么热了，再让他吃。

古今中外的历史证明，妈妈是对孩子影响最大的人。孔子、孟子都是从小丧父，他们能成为圣人，母亲的培养、教育功不可没，岳飞能成为民族英雄，其母

“精忠报国”的教诲成了他的座右铭。王卓然的母亲虽然不像孟母那样善于教子，不像岳母那样具有强烈的国家意识和报效国家的责任感，但她吃苦耐劳的精神和善良贤惠的品德却实实在在地影响着小卓然，甚至是一生。

光绪年间的中国农村仍十分落后，其生产和生活仍沿袭着男耕女织的传统方式。所谓女织仅是个概括，实际上家庭主妇的活计除生火做饭、缝补浆洗、纺线织布、做衣做鞋外，还有碾米磨面、喂猪饲鸡等，其琐碎程度和劳动量要超过男人。就以碾米和磨面来说，碾房和磨房不是家家都有，只是大户人家有，某家要碾米磨面需要与有碾房磨房的人家商量，要排号。排到你时你家若没有驴还要借驴，做好准备。如碾米，给驴戴上蒙眼，然后给它拴在石磙框上，再将带壳的高粱或稻子倒在碾盘上，摊平，厚度二寸左右，然后赶驴行走，拉动石磙。石磙轧着谷物，碾掉外壳，操作的人还要不时边走边翻动被碾压的谷物，使谷物均匀受碾压。待全部要碾的谷物都碾完装袋后，运回家还要再用簸箕簸去糠壳，将剩在簸箕里的米装进粮袋里，而每次只能簸三四斤，多了簸不动。簸掉的糠壳还要用筛子筛，留下糠扔掉壳，将壳卖掉，用于发酵酿酒，糠可喂猪，也可人吃。

碾米磨面的活计多在冬天进行，而所有的碾房磨房，窗户都不糊纸，四壁透风，人在操作时，冒着寒冷，磨完百八十斤米就消耗不少体力了，若劳作半天，冻饿交加已很难支撑下去。

小卓然是独生子，他时刻跟随在妈妈身边，即使妈妈干碾米磨面这样的活，他也要跟妈妈去碾房磨房经受寒冷的考验。春种夏锄时，农人中午一般不回家吃饭，而是家庭主妇做好饭后将饭菜送到田间地头，吃完饭后，有的妇人还要帮着干一阵，晚上稍早回家做晚饭。费氏到田间送饭，自然要带上小卓然，大人干活，他就在田间寻趣玩耍，稍大也能帮助干点小活。农家的孩子大多有这样的成长经历。

小卓然六七岁时，他发现冬天妈妈的手总是裂口淌血。他问妈妈原因，妈妈告诉他，洗菜淘米要用水，端猪食喂猪还要接触水，干这些活都要赤手，天冷手湿，手皴了就裂口，就淌血。小卓然捧着妈妈的手问："痛吗？"妈妈说："能不痛吗？痛也得干，不喂猪，哪有钱花，用什么买油盐酱醋？谁让俺家穷，穷人家的女人就得这样，俺就是这样的命。"听了妈妈的话，懂事的小卓然说："妈妈，等俺长大了，多挣钱给你花，俺不让你再这么累了！"听小卓然说出这样懂事的话，费氏打心眼里高兴，她将儿子揽入怀里，抚摸着小卓然的头说："回波真是妈的好儿子，你指定有出息。"

王镇夫妇茶余饭后闲聊时，话题有时落在为什么天下有穷人，俺家为什么穷，怎样才能摆脱贫困而变富。费氏把家里的穷归根于丈夫的好赌，劝丈夫改掉好赌的坏习惯。而王镇却不这样看。他认为穷是因为咱们没有文化，不识文断字，咱这辈子就这样了，可不能让小卓然再过穷日子。要让卓然日后能过上好日子就必须让他读书，等他再大点让他到私塾馆去念书。“让他上私学馆当然好，”费氏说，“可俺家平日生活勉强维持，哪有富余的钱粮供他上学馆呢？再说你看这世道，外国人来咱这胡作非为。咱卓然真是没赶上好时候！”

愁归愁，怨归怨，日子还得一天天地过。一晃，小卓然已长到10岁了。这年清政府颁布了“学堂章程”，在全国推行新型学堂，学堂实行新的学制，这使全国的大、中、小学开始有了较快的发展。莲岛湾也将村中的土地庙稍加改动，办起了村小学，王卓然成了村小学的第一批学生。村小学在小卓然家的东边，距他家有三四百步远，虽然土地爷的塑像还在，看起来怪别扭的，但能和一些小伙伴在一起，还能听老师讲课、认字、习字，倒也挺有兴趣。

正当小卓然和他的伙伴们对学习的渴求刚刚得到满足，知识给他们的启蒙渐渐深入的时候，一场新的、更大的威胁和灾难正在悄悄地酝酿和发生。这就是日本和沙俄为了争夺在奉天省的特权，宣布开战。1904年2月末，俄军强占兴京（现新宾）衙门和各旗官厅、书院。一年后撤退焚烧了书院和140多间民房，造成多人死伤。1904年4月中旬，俄军在新民大肆抢劫粮食、耕牛。4月末，日军渡过鸭绿江，侵入辽吉，很快攻占俄军在辽东、辽南、辽中的驻地。日军还收买土匪配合作战，俄军节节败退。日俄战争给辽宁人民带来了深重灾难，百姓人人自危，许多村刚刚办起的小学便不得不停办，当然也包括莲岛湾村小学堂。1905年3月初，退入抚顺的俄军纵火焚烧粮草、民房，抢劫大小商铺。随后日军占领奉天省城，俄军再退。4月初，莲岛湾村人最不愿看到的情况终于发生了，一队日本兵气势汹汹地闯进了莲岛湾村。村民家家户户大门紧闭，年轻的姑娘媳妇听说日本鬼子专爱糟蹋“花姑娘”，为了自保，换上男人衣服，脸上抹上锅底灰，心怀忐忑，足不出户。

日军进村后制造的第一幕悲剧的主角竟是王镇，这出悲剧是改变王卓然命运的一个重要转折点。

悲剧是这样的。

日军选择了莲岛湾村北的朝阳寺作队部，这里距村有4里远。由于看管不严，日军走失了一匹军马，他们以为是被老百姓偷走，经打听得知王镇喜欢摆弄牲口，就断定王镇是偷马人，于是气急败坏地找到王家质问。

王镇被这突如其来的日本兵和所追问的怪事弄懵了，吓坏了，连称不是自己所为。他们见王镇不承认，就说王镇是“刁民”，边“八格牙路”地骂，边将王镇带出。他们绑上王镇的双手，将绳子的另一端拴在骑来的一匹军马尾巴上，然后几个日本兵跳上马就将王镇带走了。日军闯进家门并带走王镇，使费氏不知如何是好，她先是紧紧搂着小卓然，见他们要带走自己的丈夫，便哭求别将丈夫带走，而见到丈夫被拴在马后不得不小跑着远去时，便带着小卓然一边哭号着一边追赶，可这完全无济于事。日军的恶行和费氏母子的哭号，惊动了左邻右舍，惊动了沿街的乡亲们。大家陪伴着费氏母子追随着绑架王镇的日本兵。日军出村后开始加鞭，跑起来的马把王镇拖倒了，衣服拖烂了，皮肉拖破了，鲜血淌了一道，到日军队部时，血肉模糊的王镇已昏死过去，他们还要枪毙王镇。村里一些上了年纪的人见王镇遭此横祸，齐来向日军替王镇求情，说王镇是老实的庄稼人，他没有偷马。正在交涉时，日军走失的军马自己寻了回来，因为军马是训练有素的，即使走失它也会循着气味回到集体。日军见失马自回，便同意众人将王镇抬走。

被抬回家的王镇已是奄奄一息，身上多处被磨破剐伤，脸色苍白，大家七手八脚帮助已哭成泪人的费氏母子处置王镇的伤口。经过两个多月的调治，王镇才痊愈。父亲的遭遇，家庭的不幸，是日本鬼子造成的，这个仇一定要报！年仅 12 岁的小卓然似乎一夜之间长大了，他把这深仇大恨深深地埋在心里，并以此来激励自己的成长、成人。

日本兵在莲岛湾一带折腾了好一阵子，因为这里不是军事、经济要地，便离去了。

王镇痊愈以后，一家人经常琢磨自己遭此大难的原因就是国家的贫穷软弱，老百姓的愚钝。而要想国家强大，就得让老百姓特别是让孩子读书学习，让孩子们有知识有本领，长大才能有本事，才能富国强兵，才能不被外人欺侮。他多次告诉小卓然，一定要有志气，好好读书，长大做有本事的人。

因时局的动荡，莲岛湾村的小学堂已停办许久，重视教育的王镇夫妇把他送到一家私塾，小卓然开始接受旧式的私塾教育。这种私塾教育已延续了两千多年，教育的制度和方法是极严格的。教室的正面墙上挂着孔子的画像，像上边的横批是“至圣先师”，两边的上下联是“修身岂为名传世，做事唯思利及人”。先生对学生可施行多种惩戒形式，如罚站、罚跪，用竹板打手心、打脑袋、打屁股等。学习的内容是《论语》《诗经》《史记》《三字经》《弟子规》《孝经》《庄农杂字》《增广贤文》等，学习的方法是先生逐句读逐句讲解，然后领读，在反复读的基础上要逐文的通背，背不会先生就要施行惩罚。有时先生还教学生作诗作对联，而学习用心用功的小卓然对先生布置的课业都能很好地完成，先生对他很满意，几乎没惩罚过他。三年左右的私塾学习生活使小卓然对中华优秀的传统文化有了比较深入的了解和掌握，这为他日后学习掌握更多的知识奠定了坚实的基础。

在私塾学习期间，小卓然经常抽空帮母亲做家务，帮父亲干些力所能及的农活。在诸多的活计中，他爱当猪倌，这既减轻了父母的负担，也使他获得了乐趣。放猪时，他偶尔也触景生情，吟诵古诗，如“儿童急走追黄蝶，飞入菜花无处寻”，“小荷才露尖尖角，早有蜻蜓立上头”，等等。学习和劳作的结合，使小卓然增长了知识，懂得了更多的事理，同时也健壮了身体，到 1907 年他 14 岁时，个头已比同龄的孩子高出一头，简直有点像小伙子了。

其实，早在 1905 年，清政府就下令废除科举制，各地的私塾必须停办而实行新学。但王卓然所住的山村莲岛湾，因距盛京较近，盛京地区是清帝的故里，实行的是军事统治，而实际却是无政府状态，这就使莲岛湾村的私塾得以延续。

1907 年 4 月 20 日，清廷在奉天、吉林、黑龙江设行省，改盛京将军为东三省总督，各省设巡抚一员，徐世昌为首任东三省总督，唐绍仪为奉天巡抚。一个月以后，清廷又更定东三省官司制，要求各省设公署，规定总督为长官，巡抚为次官，署内设有交涉、旗务、民政、提学、度支、劝业、蒙务等司。热心教育的张鹤龄（1867-1908）被任命为首任奉天省提学使。这里要多介绍一下张鹤龄，他是发展奉天省教育事业的大功臣，年仅 42 岁就积劳成疾，英年早逝。他是江苏阳湖人，字诵莱，号筱圃，自幼聪明好学，于光绪十五年（1889）乡试中举，三年后会试中进士，历任户部主事、湖南粮道按察使。因他博览群书，勤研善钻，见解超群，处事有条理，言信行果，清廷建京师大学堂，任他为总教习，学校的各项规章制度，多出于他手，受到一致好评。当时奉天正值日俄战后，疮痍未复，加之地处边塞，交通不便，文化落后，学校稀少，摆在张鹤龄面前的困难可想而知。但他不畏困难，首先成立奉天学务公所，负责全省教育事宜。然后改造和新建各类学校，尤其加强师范学校，重点培养师资。由于他的大力推动，仅一年间，全省各府、厅、州、县相继兴起办学之风，较大的村镇几乎都办起新制学校。至 1908 年底，全省各类学堂已达 2122 所，在校学生达 85000 余人，成为全国发展教育最快的省，受到朝廷的褒奖。张鹤龄还力主创办图书馆，加强社会教育，给一般读书人提供借书和阅读的场所。他派人进关广购中外科学图书，成立了奉天省城图书馆，并拨巨款在大南门文庙附近修建新馆。为振兴教育他不辞辛劳，对各项学务情况如数家珍，对登门造访或求教者，都能真诚接待，言词恳切，使人十分感动。他常对人说："教育不兴、国力难强，受制于强邻，而何安于心！"他常常带病工作，视察学校。1908 年 10 月，他逝于任所。他的辞世是奉天省教育事业的重大损失。正是由于张鹤龄的大力推动，各地教育得到快速发展，莲岛村的小学也恢复了，且在新设的抚顺县小学堂中排序为第六，即"抚顺县公立第六初等小学堂"。年已 14 岁的王卓然因文化基础好，在"六小"只读了两三个月就以优异成绩考入了设在县城内的"抚顺县官立第一两等小学堂"，于 1907 年 8 月末进入该校读三年级，一读就是四年。

成立于 1907 年 3 月的抚顺县官立第一两等小学堂，是由地处抚顺城内的城隍庙稍加改动而成的。该庙较大，除正殿外，还有东西配殿、库房等，把这些建筑当成若干教室且每教室实行复式教学，这就为许多想上学的孩子提供了就学的机会。

学校规定家远的学生可在学校住宿，住宿生自带粮食，由学生食堂调剂一日三餐，副食要交伙食费。

王卓然的家距县城里的新学校有30多里路，大部分是崎岖不平的山路，而且还有一座十分瘆人的岭，人称“崖口岭”。此岭坡陡弯急，最高处宽不过丈，道两旁岩壁峭立，时有野猪、狼、狐、狍子出没，特别是阴森恐怖的狼嗥和猫头鹰的鸣叫更让行人渗出一身的冷汗。刚上学的王卓然只好在校住宿，农忙时周六晚上回来，周一早晨回校，周日一天在家帮父母干农活。由于路途远，每次返校，天没亮他就起程；周六放学回到家里也该掌灯了。除了肩上背着书包，手里还要拿着棒子以作防身之用。若遇到县城做买卖或办事的乡亲同行还算幸运，若遇不到就得自己走了。而到崖口岭就得攥紧木棒，健步疾行，走过了岭，才敢松一口气。就这样，四年中他坚持上学，发愤苦读，学习成绩在班里始终名列前茅。

王卓然就读时的抚顺县官立第一两等小学堂有教师11名，学生300余人，开设的课程有国文、算术、经学、自然、历史、地理、修身、体育、音乐、美术等。学校有校田，校田出租，收入供办学之用。学生也交学杂费。学校不仅重视学生的文化课学习，还注重对学生思想道德的培养教育。学校大门两旁挂的对联是：“百善孝为先，论心不论事，论事天下无孝子；万恶淫为首，论事不论心，论心今古无完人。”这副对联原本是世人希望城隍爷宽大为怀的寄语，校方觉得学生也应成为心地善良、胸怀宽广的人，便将对联保留下来。上修身课时，老师还给学生解释此联的用意，以此教育学生，培养宽阔胸襟。学校为了让学生成为有知识、爱劳动、会劳动技能的学生，有时组织学生到校田中干农活，免得学生四体不勤、五谷不分。

高小四年的学习生活是王卓然人生道路的重要转折期。一是他学习掌握了许多新知识，接触了许多新事物。没读高小之前他认为自己是“井底之蛙”，现在他知道中国很大，世界更大，他没闻见过的事情、没去过的地方还有很多很多。他的心也随之野了，想到世界各地走走看看，看看别的国家是什么样，别国的人是怎样生活。二是他强健了体质，锻炼、坚定了意志，壮大了胆量。经常往返家和学校之间 30 多里的路途，练出了他的铁脚板。他的身体强壮了、身材高大了。对于起早贪黑、经风冒雨、踏雪履冰他都无所畏惧。三是他的是非观树立了，爱国心增强了。县城及周遭的自然环境和人文环境，使他既痛恨洋人，又羡慕洋人，并想效法洋人自新图强，富国兴邦。他所就读的学校地处抚顺县城，此城周长三里，原本有南北二门，南门为“嘉会门”，北门为“广润门”。1905 年日俄战争时，北门被俄军炮火轰塌，终未修复。1907 年秋上学后，王卓然得知北门的毁因，令他倍恨俄军。而此期间他在千金寨的所见所闻，更令他百感交集，五味杂陈。

从心理学角度讲，归属的需要是人的基本需要之一，即使是少儿也会形成一个小团体，其中有个优秀的孩子成为大家自然拥戴的孩子头儿。体格健壮、身材高大又学习成绩优异的王卓然理所当然地成了班里男生的“领袖”。为了开扩眼界，增加识见，星期日他常约三五同学南渡浑河去千金寨看热闹，见世面。

“千金寨”是抚顺迅速膨胀的新城区，到20世纪二三十年代，它声名远扬，连山东、河北两省都妇孺皆知。是什么原因使它快速发展并闻名遐迩呢？是采煤、是煤矿，是源源不断运出去的乌金。千金寨所在地在明朝时叫“千金所”。1901年，有着候选知府经历的王承尧和候选知县翁寿，分别在千金寨地区开办了抚顺煤炭企业——华兴利公司和抚顺煤矿公司，一时使抚顺的采煤业出现短暂的繁荣局面。抚顺的煤早就令沙俄、日本两国垂涎。当时正值八国联军忙于瓜分中国之时，1903年，沙俄趁他国将注意力集中在北京的时候，用武力强迫清政府签订了不平等的《北京条约》，获得了多项在东北的特权。他们修了全长5000里的中东铁路，把魔爪伸向抚顺煤矿。为了窃取抚顺矿业，沙俄雇佣俄籍华人纪凤台，以合资方式与翁寿开办的煤矿公司共同开采抚顺煤炭，不久，抚顺煤矿公司被沙俄的远东森林公司吞并。

眼看抚顺采煤业这块肥肉被沙俄侵吞，通过“明治维新”已跻身富国行列的日本岂能甘心。为了夺取东北的矿产资源和抚顺的煤炭，日本加入了与沙俄瓜分中国东北势力范围的争夺。日本不惜动用数十万兵力与沙俄作战，最终沙俄以失败告退。1905 年 3 月初，日军占领抚顺，随即取代沙俄强行霸占了抚顺各矿，还将华兴利公司存储的 4000 多吨煤炭运回日本国内。

日本是一个资源和能源都极其贫缺的国家，快速发展的工业、运输业对于煤炭的需求量急剧增加，他们夺取了抚顺煤矿以后，便开始疯狂地采掘这里的煤炭。采煤工人不够，他们就用各种欺骗手段到山东、河北、河南去招募工人。他们甚至编了一首极具欺骗性的歌谣《千金寨就是好》：“千金寨就是好，大亮块煤满地跑。山珍海味独一处，四合益烧麦天津包。第一商场白看戏，艳春院里去买笑。邵家坟书场听评词，新桃园的招待分外俏。成摞的现洋叮当响，不要光洋给金票。”在这以后的数年间，数十万燕、鲁、豫的青壮年男子怀着淘金梦千里迢迢陆续来到千金寨，加入了矿工的行列。为了稳住矿工继续为他们卖命，日本矿主、宪兵和汉奸、把头相互勾结，开设商店、饭店、评书场、大烟馆、妓院、赌场等服务场所，表面上是为矿工着想，方便和丰富矿工的生活，实则是对矿工的再剥削。

被骗来的矿工一到抚顺煤矿就等于进了人间地狱。他们每天在监工的监视下，要从事十多个小时超强度的井下采煤劳动，住的是四壁透风的工棚，吃的是混合面的窝窝头，青菜汤。漫长的劳动时间，超负荷的体力付出，恶劣的作业环境，极差的生活条件，使矿工的体质每况愈下，患病的矿工频频出现。矿主、把头对此丝毫不理，能动的就得下井采煤，不能动的将其扔到荒郊野外，任凭狼掏狗拽。许多矿工看清了世道，知道自己过的是牛马不如、朝不保夕的日子，便以“今朝有酒今朝醉”的态度对待自己的人生，打发时光。他们有的去赌钱，有的去妓院买春，有的去大烟馆吸毒，有的去听评书，有的去酒馆酗酒，一个月辛辛苦苦挣的卖命钱，一两天之内就通过这些消费渠道重又回到矿主、把头、宪兵、警察头子的手里。所以，看似繁荣的千金寨，实则是日本帝国主义及其走狗的榨钱机，是矿工及穷人的吸血器。走进千金寨，会见到乞丐满街、路倒盈目。当时还流行这样两首民谣，王卓然与他的同学都耳熟能详。

一首是：

来到千金寨，就把铺盖卖。
新的换旧的，旧的换麻袋。
盖上前胸脯，露出俩膝盖。

北风冒烟雪，无米又无柴。
天冷肚子饿，小鬼来逼债。
没钱鬼不饶，去把儿女卖。
卖掉儿和女，难还阎王债。
冻死路边倒，阎王脚下踩。
一把尸骨扔关外，悔不该来到千金寨。

另一首是：

洋人喝咱血，阎王吃咱肉。
小鬼不怕瘦，专门啃骨头。
啃完咱骨头，臭水河里丢。
狼吃狗也叨，残骨没人收。

这民谣是当时抚顺煤矿工人境遇的真实写照，王卓然耳闻这些民谣及关于矿工生活、劳动等故事，目睹矿工悲惨遭遇，他把矿工的遭遇和自家的遭遇联系起来，他明白了为什么日本人能在抚顺横行霸道，为什么抚顺宝贵的煤炭被源源不断地运到日本，为什么矿工和穷人的命运竟如此悲惨，归根结底就是中国的政府无能，就是中国的贫穷，就是中国的教育落后。因此，自己一定要博记强学，继续往更高层的学校考，多读书，成为饱学之士，为国家的强盛效力。

王卓然日渐出息，引起了同村一李姓大户的注意，户主见王卓然一表人才，又聪明正派，将来必有大作为，便想把自己年方十六的小女儿李卓琳许配给他。他托媒人介绍，说如日后王卓然继续读书，李家可出资帮助他完成学业。李姓是村中的大族，李卓琳有两个姐姐，都已出嫁。她的父母勤劳、朴实，母亲纺线织布是行家里手。对于几代单传的王镇来说，能和李家联姻，攀上亲家，有事多有照应，这是求之不得的。为此，王镇夫妇满口答应。在婚姻大事父母做主的年代，王卓然完全听命于父母的安排，1911 年初春，还是高小六年级学生的王卓然与小自己一岁的李卓琳拜了天地、高堂，成为夫妻。

婚后，王卓然继续读他的书。这年夏天，他高小毕业，毕业成绩为全年级最优，但这并不能使他满足，他要向省城的学校冲刺，实现自己的人生理想。

第二章　师范生岁月

1911 年 7 月，王卓然从抚顺县官立第一两等小学堂毕业了，为了实现自己强国兴邦的理想，他要继续求学之路，以求增长更多的知识，开阔更大的眼界。他要考入更高层次的学校，争取到省城奉天去读书。此时的奉天已有八九所层级较高的学校。日俄战争以后，清廷为了加强对东北的管理，从四川调来赵尔巽为奉天都督。赵尔巽颇有些魄力，尤能重视教育。他认为眼下的东北急需贤才，而贤才的培养就是靠办学校，办学校就是要有优秀的老师，优秀的老师就是靠师范学堂来培养。他的想法与省提学使张鹤龄不谋而合，便成立了“奉天师范学堂”。1907 年改为“奉天两级师范学堂”，成为奉天省的最高学府。与奉天师范学堂前后成立的还有奉天高等实业学堂、奉天警务学堂、奉天第一官立中学堂、奉天官立中等农业学堂（后改为奉天官立农业学堂）、奉天方言学堂、奉天高等巡警学校等。抚顺距省城不远，消息较灵通，抚顺县官立第一两等小学堂也向应届毕业生推荐省城奉天的学校情况，帮助学生选择报考哪所学校。

在对省城可供报考的各校有了粗略了解之后，王卓然决定报考奉天两级师范，一是因为该校是奉天省的最高学府，名气大，地位高，能读此校也是挺体面、挺荣耀的事；二是该校培养的是老师，毕业后会从事学校教育工作，有较高的薪水，日后的衣食会有保障；三是读该校省钱，奉天两级师范学堂对学生的食宿、课本实行免费，一般家境的学子都能读得起，正适合自己的家境。王卓然将自己的想法说给父母、岳父母和妻子，他们都表示自己不懂得教育事宜，任由王卓然自行做主。

两级师范学堂是省里最好的学校，报考的学生很多，考题的难度自然很大。入学考试的考场设在校内，各地考生必须到校参试。王卓然的同学们得知报该校不易被录取，很多人望而却步，只有几个同学报了此校。考试前一天，王卓然会同几个报该校的考生徒步走到省城，找了个小旅馆入住，第二天参加考试。

这年两级师范学堂计划招生 400 人，其中本科招己、庚、辛 3 个班，每班 50 人，简易科 5 个班，每班 50 人。入学考试是极其严格、正式的。每个考场的考生是 50 人，考生要经过点名入场，每点一个考生都要高声应答。主考官验明正身后方得入场。有的考生名字怪僻，常常出现主考官念错考生名字、读几遍无人应答的情况，这不免耽搁了一些时间。考卷是密封的，每份试卷角上都有密码，粘在末页的右上角，以防作弊。

考试是全天的，考生入场后便不准离座，中午发给每位考生两个糖馒头，稍事休息后便接着答卷。考试科目有国文、算术两科。王卓然参考时是 18 岁，是他所在的考场中年龄最小的，三四十岁的考生不乏其人。考生有的是应届高小毕业生，有的还当过私塾先生。

经过考试，王卓然终以优异成绩被录取，从此掀开了他人生新的一页。

奉天两级师范学堂在风景秀丽的万泉河畔小河沿西岸，地名为大南关般若寺胡同。校园很大，有“口”字形平房，是办公室、自修室和部分教室。还有两栋二层楼，也呈“口”字形，是教室、理化实验室、仪器室、博物标本室、史地仪器图表室等。两楼的东侧有大小饭厅两座，可容纳 1500 余人同时进餐。再往东，是从南到北共 10 栋平房的学生宿舍，宿舍东是长方形的大操场，中央有 400 米椭圆形的跑道，操场的南北两端均设置有高低杠、木马、平衡木等各种运动器械，以及沙坑、篮球场、排球场。如举办大型运动会，操场周围可容纳学生、观众 2000 余人。就该校规模之阔，所设仪器、标本、图表之多之全，确为奉天省各校之首，但也有遗憾，即无图书馆，仅有一小型阅览室，不能满足学生更广泛的求知欲望。

该校的组织机构，设有监督一人，民国后改为校长。其下设有教务、斋务、庶务三长，分别负责教务、学生管理、总管事项等。附属中学有学监一人，附属小学有事务员一人，协助管理校务。

学校的监督是吴景濂，字莲伯，此人为奉天省兴城人士，毕业于京师大学堂博物科。他人高头大、身材魁梧，外号“吴大头”。他是资产阶级民主革命的积极参加者，和孙中山、黄兴过从甚密，称得起民国的创始人之一，他对奉天省的教育事业卓有建树，故也有“奉省教育家”的美誉。由于他的资历和声望，还担任奉天省谘议局议长。辛亥革命时，他主张建立民国，与赵尔巽总督发生冲突，被赵总督的保镖张作霖逐出奉天，逃往关内。几年后当上众议院议长，但因贿选曹锟为总统，声名狼藉，腐化身败。吴景濂走后，监督空缺由教务长莫贵恒替补。莫校长为人忠厚、认真谨慎，颇赢口碑，1913 年转任奉天省教育司司长。莫之后，教务长宋凤纯接任校长。他毕业于北京大学数理科，为人谦和、平易近人，有学者风度，遇事能集思广益，深得师生好感，任职数年，不遗余力维持校务。

学校的庶务管理十分严格，伙食安排精细。学生每月的伙食标准是四两纹银，主食是大米、白面，副食鸡鸭鱼肉蛋应有尽有。就餐时是每桌六人，六大碗菜，一大碗汤。冬季改汤为火锅，若星期六或节日，副食更为丰盛。但是，浪费现象也较严重，民国后，伙食由学生自行管理，浪费现象杜绝了。王卓然觉得学校每天的饭菜比自己家过年吃的还好，有这样好的学习环境和条件，若不用功学习，真是谁都对不起。

王卓然开始读的是高级科，课程有国文、英文、数学（包括算术、代数、几何、三角）、修身（后改为伦理）、经学（民国后取消）、教育（包括心理学、教育学、教育史、教授法）、化学、物理、历史（包括中国史、西洋史、东洋史）、地理（包括中国地理、外国地理）、博物（包括动物学、植物学、矿物学、农学、法制经济概要、兵学、体操、武术、图画、手工、音乐等）。对开设的这些科目王卓然都很喜爱，绝不偏科。

两级师范的师资力量雄厚，几乎各科的教员都是该科的佼佼者。因为建校之初，吴景濂监督认为要把学校办好，必须有优秀的教师，奉天虽处关外，开发较晚，但有钱不怕请不到好教师。他不惜重金，多方延揽，地不分南北、国不分中外，唯才是求，故引来许多高识贤士到校从教。如国文、经学教师何葆生、余光辉等，对本专业有相当的造诣；数学教师孙祝耆、濮豹文，英文教师刘崇裘，学识优长，深为各科同学所欢迎。尤其是孙祝耆老师，他是国内有名的数学家，他所著的《代数》一书，由中华书局出版，被各省中学作为教材。博物教师曾寅也是以其灵活生动的教学风格博得同学的喜爱。伦理教师关海清，国文教师陈克正、陈思、赵亦皋、崔兰谿、张焦实等亦有独特之处，素著文名。这些教师不但授课认真，效果极佳，人品也堪称楷模。王卓然从这些教师身上学到了很多知识，懂得了许多做人的道理，更从他们的操守行为中获得了做人的标准，克服了一些自己的不良习惯，使自己的行为更加高洁。

两级师范在管理方面是相当严格的，创办之初以"忠君、尊孔、尚忠、尚武、尚实"为教学宗旨，全校教师教学从严，形成风气。科目繁多，内容丰富，考试都是问答题。后又加以改善，不但有月考，还有季考，注重启发思考、阐述理论等试题，对促进学习成绩的提高效果明显。民国以后，教育宗旨定为"注重道德教育，与国民教育，以实利教育辅之"。这显然有模仿日本武士道教育的意思，受到许多教师的指责，后又受美国教育思想的影响，改为"培养健全人格，发展共和精神"。该校在贯彻这一教育宗旨的具体实施上，都很严厉。在体操课上，学生学的是兵式操，即用真枪教练，实际就是军事训练。因为校方认为东三省处于日俄两强之间，威胁无时不在，培养学生掌握军事本领，树立同仇敌忾的精神，提高警惕性，对防犯日俄入侵是有益处的、必要的。

对做兵式操，王卓然很感兴趣，做时也是极度认真。每次拿起枪，他就会想到当年自己的父亲被日本兵凌辱的情景，那时如果自己的手里有这杆枪，无论如何也要给骑马拖自己父亲的日本兵一枪，把他脑袋打开花，救下父亲，以解自己心头之恨。现在手里有了枪，学好杀敌本领，一旦将来需要，我会冲上战场，勇敢杀敌，保卫祖国，保卫家园。

在读两级师范的岁月里，有很多事情、很多场面、很多老师和同学令王卓然终身难忘。这些事和人影响着他的思想，影响着他的行为方式。

印象最深的是他入校不久，全校师生共同参加的一次谒圣大礼。那时清政府还没有被推翻，谒圣礼还在实行。为了办好新学年的首次谒圣大礼，校方经过精心筹划和准备。八月初一早晨，“口”字房大院的正面悬挂着龙旗（清朝的国旗），旗下设香案，案上供木制红漆金字“大成至圣先师孔子之位”的大牌位，牌位前青烟缭绕，一派庄严肃穆。全院铺满苇席，全体师生按次列队，学生和无官职的教师一律穿长袍，有官职和科名的教职员则着清朝官服靴帽，顶戴花翎。行礼时，监督吴景濂在队前极虔诚地领着师生行“三跪九叩”大礼。礼毕，吴景濂又宣读清廷颁布的《圣谕广训》十六条。宣读者色正声洪，聆听者毕恭毕敬，氛围凝重。这次谒圣大礼对王卓然这期新生是一次最郑重的端正学习目的教育，令他们终生难忘。

辛亥革命后，民国成立，谒圣之礼废除，但孔子的思想影响仍然固存在学校的管理者和教师心中。学校继以“修身”一科来培养学生的道德观念，虽不提孔子之名，教育内容仍行孔孟伦理道德之实。学校更善于利用开学典礼和毕业典礼的机会对学生进行道德观念的教育。每逢这样的机会都有校长及教职员代表的训话，要求学生循规蹈矩做人，谦虚谨慎处世。1912 年春季开学典礼时，校长训话后，学监李友兰接着训话，他强调“校长总其大成，与诸生所接触的只有几位学监。我有八个字劝告诸生，对于校章、校规都要‘杜渐防微，躬行实践’”。学校一旦发现学生不按校规行事，立即采取措施，加以制止和纠正。在学生就餐时间上学校有规定，即每餐前敲钟为号，学生闻钟方可去就餐。可是 1913 年一度有学生未闻钟声就已去餐厅门前聚候，甚至有时喧哗。刚任斋务长不久的历史老师刘兆鹏见此情况，认为这些学生违背校规，他当即贴出布告加以纠正。布告上说，“饭厅非同巨圃，何以环视如堵；食堂大异舞台，奚必捷足先登？划策奚为，何求借食前之堵；求食有道，胡为敲饭后之钟？鄙人不惮言之谆谆，诸生切勿听之藐藐”。从中可见校方对学生的管理之严，引导之殷。刘兆鹏才识兼长，引导有方，爱护学生，深受学生的欢迎。

然而也有些管理者或教师官僚主义作风严重，不了解学生的心理，处事脱离实际，不能赢得学生的好感，造成师生对立，因此学生与校方僵持的情况也偶有发生。1912 年春，原斋务长石之璋去职，张嗣良接替。张性情酸苛，和学生关系不够融洽。开学典礼时，甲、乙、丙三班的学生中有人叫他的绰号，引起他的愤怒，他要求莫贵恒校长开除这些学生，双方发生争执。此事惊动省学务公所（1918 年改为教育厅），所里派课长谢荫昌到校查办。学生听说此事都很生气，一天早餐前全体学生齐聚校长室前，据理力争。而莫校长则认为学生聚众要挟，双方相持不下，幸好有位新到校不久的理化教师孙其昌见状，主动出面调解。他对学生们说：“同学们，我叫孙其昌，是新来的理化老师，我今天赶上这个情况，请听我说几句。”他接着对学生说，“老师再不对，学生在集会上叫老师的外号也是不对的，你们说对吗？所以同学们应该自省。反之，学生再不对，也不至于被开除，学生的错误还没有达到被开除的程度。所以学校要开除学生也是不对的，学校也要认真考虑这样做妥不妥，请同学们先去吃饭，等时间长了饭菜都凉了。”他言辞恳切，动之以情，晓之以理，化解了争执。此后张嗣良引咎辞职，风潮得以平息。孙其昌才智初露，调节有方，赢得了莫校长的好感，遂被委以斋务长的兼职。孙其昌的表现给王卓然很大的启发，他兼任斋务长的时间不长，但他那富有正义感、同情心，遇事敢于挺身而出，思维缜密，以理服人，化干戈为玉帛的能力让王卓然和同学们很是佩服。

通过这次风潮，学校认为要使学生养成健全人格，必须德智体三育并重，课内课外配合才能实现。为了加强学生的德育，使学生破除迷信，树立科学思想，增强学生学好文化课的自觉性，在即将召开的一次体育运动会前，校长、教务长、斋务长事前酝酿好，并召集体育干事（有职员、有学生）数十人开会研究，在运动会上组织一项破除迷信的兴趣团体表演，让同学们自行创作、设计，以“取缔庙会”的场面为题材。同学们精心构思，精心创作，表演时许多同学扮演着男女老少不同的人物出场，既有现实性，又有观赏性。表演博得了学生和观众的好评，获得了成功，不仅对学生、对社会民众也起到了教育作用。在这项表演中自然少不了王卓然的参与。

为了增强学生的体质，让学生普遍懂得强身健体对个人、对国家的意义，学校更加重视体育教学和开展体育活动，各班都成立了篮球队、排球队和乒乓球队。王卓然爱打乒乓球，成为班级乒乓球队的队员。课余时间，各班经常开展各种球类的比赛活动，使班级间的关系更加融洽。学校也重视文娱活动，每逢节日，都推动各种演出，学生们各展所长，或以班为单位搞晚会、联欢会，或以校为单位举行文艺会演。各种文娱活动开展，丰富了师生的文化生活，增强了学生的学习兴趣。

为了全面锻炼学生，提高学生的能力，特别是学生的语言表达能力，从 1919 年秋开始，学校每月举办一次“学生讲演会”，让学生自选符合学校宗旨的内容，自拟题目，每人演讲不超过 10 分钟。讲演会很受学生欢迎，对培养学生的道德观念，启发对科学文化知识的学习，练习语言表达能力很有帮助，对学生试教和将来的实际教学更是难得的锻炼机会。王卓然知道自己毕业后要当教师，练好口才是读师范期间的主要任务，所以他也积极参加讲演活动。

当时两级师范所开设的各学科大多没有教材，教师教学主要靠讲义，教师写的讲义要经过教务长审核同意后，由学校印发给学生。由于印讲义的任务量大，有的讲义没印出来，不能发给学生，教师只好先用讲义给学生讲，学生靠记录记下教师的内容。学校为了巩固学生学习的效果，频繁地举行考试，有月考、有季考。学生的学习是相当紧张的，尤其是国文考试，每考都有作文，不但看你作文的语法、遣词造句、逻辑，更看涉及知识的广度和深度。所以王卓然充分利用一切可利用的时间学习，除了要学好学校开设的课程外，还常到阅览室阅读书报，扩展知识。

紧张的学习生活使王卓然抽不出时间回家看望父母和妻子，尽管入学后三个月他就当了爸爸，也没能及时回家看一眼儿子。直到放寒假，儿子已经两个多月了，他才回家，看望自己的儿子。他看见儿子白胖的小脸、小手，和自己酷似的五官，心里别提多高兴了，抱起儿子左亲右亲也亲不够。妻子告诉他："儿子还没有起名呢！他爷爷奶奶说，等回波回来给起，回波在省城念书，有学问能见着大世面，我们给起也不中他的意！"其实王卓然早就想好了儿子的名字，叫"福时"。因为辛亥革命推翻了清王朝，孙中山就任临时大总统，中国实现了共和，好日子就要开始了，我家祖辈受穷受苦，儿子生在好时候，福日子在后头呢！叫福时最合适了。王镇夫妇也认为福时的名好，咱家好几代单传，现在儿子回波18岁当爸爸，又赶上清朝被推翻，以后就能过上好日子，将来多抱几个孙子，王家的香火就旺了。

这个寒假是王镇家最热闹、最快活的时期。王卓然的妻姐们也来串门，她们帮妹妹照看福时，和王镇夫妇一同听卓然讲在省城读书的见闻感受，讲学生食堂的伙食，讲上课的趣闻，讲如何做兵式操，讲同学们的逸事，讲谒圣大礼的过程，他们都听得津津有味，好不羡慕。王镇夫妇心想，让回波去读书对了，他日后肯定会有出息，我俩苦点、累点值呀！假期很快结束了，王卓然又回到了学校，开始了新的学习生活。

在校阅览室，王卓然最爱看的书报是梁启超的《新民论》，主编的《新民丛报》及他的译著《意大利建国三杰传》和卢梭的《民约论》。梁启超和康有为是“戊戌变法”的领袖人物，主张用资本主义的制度来改造清朝的封建制度，使中国成为资产阶级的民主国家。他们想通过没有实权的光绪皇帝达到改良的目的，结果却是失败的。尽管康有为、梁启超们的做法脱离中国实际，但他们的动机和所做的宣传却启发了许多知识分子，特别是青年学生。梁启超的文章如行云流水，通俗易懂，慷慨激越，很有感染力和煽动力，激起了人民对清朝统治者的强烈不满，激发了人民的爱国情感和要求变革社会、图新变强的强烈愿望。通过阅读《意大利建国三杰传》，他崇拜马志尼、加里波第、加富尔的智慧和百折不挠的奋斗精神。

王卓然认为马志尼、加里波第、加富尔是意大利的救国英雄，他们的精神和事迹令他感佩。读这本书的时候，王卓然不时觉得自己的热血在沸腾，豪情在激荡，隐约认为自己也应该成为“三杰”式的英雄，为赶走帝国主义列强、实现中国强盛建功立业。这时的王卓然已成为树立了资产阶级民主革命观的爱国进步青年。

常言说：“物以类聚，人以群分。”在奉天两级师范学堂的学生中，像王卓然这样年龄小、家里穷、受苦多，尤其是与日俄有家仇的学生，更易于接受进步思想，信仰也更坚定。入学一年多的王卓然由于学习刻苦用功，勤思善钻，学习成绩在班级始终名列前茅。学校所能提供的学习环境和条件已经满足不了他求知的欲望，他常到基督教青年会参加活动，接受新知识，结识新朋友。

基督教青年会是一宗教团体，但和专门从事传教的教会又有不同。它诞生于19世纪中叶的英国。1844年，英国人乔治·威廉斯（1821-1905）在伦敦创立了基督教青年会，宣传其教义的改良主义，得到教会和资产阶级的赞助，不久在欧美各国相继诞生这样的团体。在美国，这样的团体逐渐演变为组织各阶层的青年进行广泛社会活动的机构。1885年，基督教青年会由美国传入我国。1906年，美国伊里诺大学校长詹姆士给美国总统罗斯福的备忘录提到："为了扩张精神上的影响而花一些钱，即使从物质意义上说，也能够比用别的方法收获得多。商业追随精神上的支配，是比追随军旗更为可靠的。"基于对中国进行文化渗透的目的，1912 年即民国元年，美国政府派美国基督教青年会的领导人穆德博士及普赖德、邱树基、艾匡国（三人均为英国人）、华茂山、葛力扶（二人均为丹麦人）等人，先后来奉天活动。同年租下大南门里东城墙根下福音堂的一处房子，挂了"奉天基督教青年会"的招牌，开始了活动，先是以英文夜校和开展体育运动起家。

青年会当时设立了德智体群四个部。

德育部，设有英文查经班、中文查经班、布道会、祈祷会等。这些形式被用来宣传基督教的经典教义，以引导中国青年信奉该教。

智育部，开办业余补习学校，求学者可以任意选择各科；举办科学讲演，邀请名人讲演；提供中、外文书刊报纸的阅览；举办图片展览等。

体育部，根据青年的兴趣和爱好，举办各种文娱活动、体育比赛，以吸引青年积极参加。

群育部，从事各种群众性的教育活动。

该会虽为宗教团体，但不分教派，不管信不信宗教，都可参加，成为会员。会员分四种：一、宗主会员，是信基督教的。入会者每人要交纳大洋两元，享有选举权和被选举权。二、会员。交纳大洋两元，享受会内各种待遇，如寄宿、饮食、理发、沐浴等，按定价的八折收费。三、特邀会员。指社会上有钱有势者，但捐钱要多；四、名誉会员。社会上有权有声望的军政要人，只担名义，可不参加活动。

该会的组织领导机构是总干事，下设理事部和干事部。理事部是义务名誉性的职务，由宗主会员中推选产生。干事部是执行机构，负责全会的日常工作。总干事是普赖德，他是一位和平主义者，待人诚恳，乐于助人，富于热情。在他的带领和积极工作下，基督教青年会很快吸引了许多学校的青年学生来参加活动，名声大振。从1912年成立到1931年“九一八”事变结束，该会已成为奉天最时髦、最受青年欢迎的活动场所。因该会距两级师范学堂近，有不少该校的学生参加了该会。王卓然、阎宝航、卢广绩、王化一、王少湖、萧树君、毕甘霖、刘志学等都是积极的参加者。

为了吸引更多的青年参加该会，该会精心拟定了一些带有资产阶级思想解放的标语口号，并以醒目的字体，贴于显眼的位置。如：“非以役人，乃役于人”；“愿意人家怎样待你，你就要怎样待人”；等等。社交公开，男女平等，青年们在这里觉得轻松自如。特别是那些急欲摆脱封建主义束缚的青年，觉得青年会可使他们在精神上获得新的兴趣和解脱。加之，当时美英帝国主义不甘心日本在中国东北获得越来越多的既得利益，他们和日本争夺中国殖民统治权的较量日趋激烈，而中国的东北更是双方角逐的重点地区。基督教青年会暗中支持中国青年反对日本帝国主义的宣传活动，提出以“人格救国”的口号，客观上也顺应了中国青年的要求。所以，大批有爱国民主思想的进步青年来会参加活动就很自然了。

在青年会，王卓然结识了阎宝航、卢广绩等同学。阎、卢均为海城来的学生，比王卓然低一级。会内的各种活动使他们成为挚友，在后来几十年的岁月中，他们为中国人民的解放事业和社会主义建设事业，大展才智，成为令辽宁人民骄傲的爱国人士和社会活动家。

青年会是进步青年学习交流、成长进步的场所，也是少年张学良成长的摇篮。由于张氏帅府距青年会近，张学良近水楼台先得月。16 岁的张学良由老家一进奉天，就经周大文介绍到青年会参加活动，有时还领夫人于凤至来。在这里，他学习文化知识，学习外语，结交朋友，较早地步入了社会。青年会总干事普赖德亲自教授张学良英语，他的“和平主义和热心服务社会”的思想对少年张学良产生了很大的影响。王卓然、阎宝航、卢广绩、杜重远等优秀青年和不少知名人士都成为张学良的知心朋友。受到这些人爱国和民主思想的影响，张学良一改纨绔子弟的浮华作风，钻研学业，充实精神，锻炼身体，少年生活十分充实。王卓然与张学良的相识是在乒乓球室，经常切磋球技，一来一往的小小银球，使两位胸怀大志的青年愈加亲密，这为他们日后的共展宏图打下了坚固的基础。张学良还用不地道的英语，结识了不少外国朋友。张学良受到西方文化的熏陶，学会了跳舞、打网球、羽毛球、开汽车。他也经常参加青年会组织的德育讲演、科学讲演和辩论。看到西方国家的发达富强，他深感祖国的贫穷软弱，立志报效祖国，使祖国强盛。比张学良年长 7 岁，受过穷、吃过苦的王卓然对社会、对人生、对强国之路的思考比张学良要早、要深刻，他们也经常就这些话题进行探讨。张学良佩服王卓然的见解，曾对王卓然说："我要有入世主事的那一天，一定请你给我当幕僚，帮我成事。"

对青年会的积极参加者们来说，1916 年 10 月底，著名爱国教育家、南开学校校长张伯苓应邀来会所做的《中国之希望》的讲演，应是给他们启发最大、使他们受教育最深、对他们影响最久远的。当时年届四十，爱国情浓的张伯苓，做了精彩、生动、感人的讲演，他的讲演如激荡的春雷，振聋发聩，开启了青年听众的心扉，掌声一次次地回荡在讲演大厅里。作为东三省督军大帅张作霖的大公子，张学良也坐在听众席中认真地听着讲演。张伯苓强调，“每个国民都要对国家尽到责任，当国家面临危亡时，每个国民都要奋起救国”。他用高声长调说了一句语惊四座的话：“中国不亡吾辈在！”这句话久久地回响在每个听众的耳畔，引起了强烈的震撼。中年的张学良在回忆这次听讲的感受时，仍然情绪激动地说：“予之有今日，张校长一言之力也！”从这次听讲以后，张学良领悟到自己不应该沉湎于游乐、做父亲和家庭庇护下的公子哥儿，而是男儿当自强，为国家、为社会多做些有益的事。晚年的张学良在接受日本记者采访时被问到：“先生在年轻时受谁的影响最大？”他不假思索地回答：“是张伯苓先生！”张伯苓对张学良的影响如此，对王卓然的影响，对青年听众的影响何尝不是如此。

青年学生的爱国热情被激发了，爱国觉悟明显提高了，为国家效力的责任意识增强了。国际上发生有辱中国或伤害中国、国内发生外国军队欺辱中国人或中国人出卖国家和人民利益的事情，奉天两级师范学堂的学生都有所行动，显示了该校学生强烈的爱国热情，而王卓然都是这些行动的积极参加者。

1915 年，袁世凯承认日本无理要求的二十一条，消息传来，同学们怒不可遏，准备上街游行抗议，张作霖严令禁止。游行虽未举行，但同学们自觉地参加抵制日货运动、爱国储金运动，连寒暑假回家也徒步而行，不坐南满火车。

1916 年 8 月 13 日，吉林省辽源县发生中日军冲突事件。事件的起因是日本商人吉本在郑家屯无理殴打中国儿童，该地驻军士兵进行劝阻，日军 20 多人拥向驻兵团部，痛打卫兵，激起公愤。日兵开枪射击，中国士兵奋起还击，双方互有伤亡。辽源县知事闻讯亲往日军兵营慰问，日军将县知事扣留，并电请附近日本驻军增援，使事态扩大。事后张作霖致电日本关东军都督，表示道歉，日本一再提出无理要求。8 月 30 日，日本还召开御前会议决定借此事件向中国索赔。9 月 2 日，日本驻华公使林权助趁机向中国政府提出惩凶谢罪八项无理要求。从 10 月 6 日起，中国政府同日本方面进行多次谈判，最后被迫达成协议。规定：中国惩办有关官兵，晓谕军民礼待日人，向日方赔礼道歉和提供抚恤金。这样日军才退出郑家屯。中国政府卑躬屈膝的态度和最后达成这一不平等规定的消息传到奉天，引起学生、市民的极大气愤，奉天各界公民代表、两级师范学生联合各校推出代表，联合筹备召开大会，进行抗议示威。还选出赴京请愿代表，择日赴京。12 月 3 日，筹备会议推举的省议会正副议长佟兆元、李友兰为主持人，召开各界代表大会追悼黄兴、蔡锷，借以集合群众向省当局请愿，并送赴京请愿代表，为他们壮行。各校学生纷纷参加这次大会。省警察局、宪兵队派了大批警、宪在会场内外监视，情势十分紧张。日本便衣特务也出入会场，目露凶光。但参加大会的各界代表、学生全然不顾，在紧张的气氛中，多位学生登台演讲，他们慷慨激昂，痛斥日军的挑衅行径，痛批中国政府的软弱无能。有的学生在演讲时向台下群众发问："大家打日本去，干不干？"大家高声回答："干！"又问："怕不怕死？"又高声回答："不怕！"会场上群情激愤，爱国口号的声浪一浪高过一浪。王卓然虽然不是这次活动的组织者，但他是积极的参加者。这次活动使他的爱国精神更加牢固，爱国的意志更加坚定。

宋凤纯校长见学生们余愤未消，他因势利导，随后又在校内召开学生讲演会，并亲自指导，安排学生发表讲演。英语科的刘荇洲讲《学生之天性》、崔伯阜讲《提倡国货刍议》、林鸿宾讲《读书不忘救国》、王卓然讲《警惕日本的更大野心》，理化专科的赵必忱讲《如何抵制日货》，等等。林鸿宾讲到最后激动地说："只有青年才能救国，30 岁以上的人都是冷血动物。"尽管他的观点偏颇，但宋校长并没有直接评论，而是激动地说："如果哪天国家需要我们杀敌御侮，不要说我今年 37 岁，就是 58 岁，也敢从诸健儿后！"王卓然的讲演讲了日本兵凌辱其父的往事，指出日本国要占领中国的狼子野心，告诫学生一定要警惕日本人的野心，绝不能让他们得逞。

正当两级师范日渐蓬勃之时，影响其发展的不利因素却日渐增加。首先是1916年4月，军阀张作霖当上了奉天军政的最高长官——奉天省督军兼省长。他不谙教育，重武轻文。而财政厅厅长王永江虽为科举出身，对教育却不热衷。他们认为办教育太耗费钱财，故裁撤师范之说时有谣传。而宋凤纯校长乃为学者，不善交际周旋之道，所拨经费勉强维持，有时不免捉襟见肘。但宋凤纯校长意志坚定，从不灰心，苦苦支撑，且在所有专业的基础上又增设了英语、史地、博物和理化四个专科。王卓然由阅读梁启超的《新民丛报》中，领悟出英语的重要性，发愤学习英语，入校两年就跳级报了高级师范英语专科，竟以优异成绩被录取。

1918年7月，王卓然以优异成绩从奉天高等师范学校英语专修科毕业，被分配到位于锦县的省立第四师范学校，任英语教师，开启了他以教书育人的方式为社会服务、为国尽责的新的人生之旅。

七年师范生的岁月，为日后的发展蓄积了资源。而这时，25岁的王卓然已成为一双儿女的父亲。

第三章　珍贵的考察

在第四师范，王卓然兢兢业业地工作，很快赢得了师生的好评。正当同学们庆幸遇到一位好英语老师的时候，一纸调令把这位工作刚满一年的老师调到了安东（现丹东）商业中学当英语教师兼学监主任。

1919年7月，王卓然在安东商业中学开始了新的工作。安东是一座江城，与朝鲜隔鸭绿江相望。江城虽不大，但干净整洁，气候宜人，夏天并不炎热。秋后的一天，有阅读报纸习惯的王卓然偶从报上看到一则令他振奋的消息，美国哥伦比亚大学教授，享誉世界的哲学家、社会学家、教育家杜威博士将在北京大学和北京高等师范学校讲学。并且得知，高师还要设一个教育研究科，专收各省高师毕业且有实际教学经验者。考上这个研究科，就自然成为杜威的学生了。以杜威的名气，当时大凡从事教育或学师范的人，几乎没有不知道的。能亲耳聆听他的课，这是许多人梦寐以求的愿望。王卓然自然想报考北京高师研究科，经申请，他的要求得到学校校长和安东市教育科同意，于是去北京参考。在考生中，他的各方面条件是最好的，而且考试成绩英语水平也最好，所以顺利被录取，成了杜威博士的及门弟子。这个教育研究科只招收16名学生，其中奉天省的学生有3名，除王卓然外，还有铁岭的方永蒸、海城的薛鸿志。

杜威是实用主义的教育家，他的著作《学校与社会》《民主主义与教育》被各国教育界一时奉为宝典。他认为教育即生活，学校即社会，教育方法应根据“从做中学”的原理，以儿童的活动为中心，通过教育的手段，调和阶级矛盾。他所主张的民主是资产阶级民主，所提倡的教育实质是为资产阶级民主服务的教育。杜威的教育思想和理论经胡适的介绍，在当时的中国是相当有市场的。

在北京高等师范专科学校，与王卓然同班的方永蒸、薛鸿志，三人既是老校友，又是新同窗，相互关照，共同砥砺，很觉畅快。他们共同听杜威的讲课，共同研究中国教育的现状，查找存在的问题、探讨解决的方法，同时也研究借鉴国外的教育情况和经验。王卓然还兼任高师附中的英语教师。他不但把教育研究的成果用于教学实践，还要多挣钱寄给妻子，因为这时他已成为三个孩子的爸爸了，儿子福时已经 10 岁，长女淑时已 7 岁，次女贤时也已 4 岁了。父亲年逾花甲，母亲因积劳成疾已经过世。父亲续了弦，一家 6 口人，要吃要喝，只好多挣些钱，寄回去以供家用。

家里每月有了王卓然寄回来的现钱，主持家事的王镇知道儿子在外挣钱也不容易，日常生活尽可能地节省。有了些余钱后，他与人合伙开了一个小商铺，取名“协亨利”，卖些豆油、灯油、烧酒、杂货、点心之类。王镇为了省钱，都是他自己肩挑背扛到千金寨去进货。待孙子稍大，王镇便经常带福时去千金寨。他们早出晚归，很是辛劳。

在北京的学习，使王卓然的眼界更加开阔了。

北京学界又传来一个好消息，美国又一位实用主义的教育家——孟禄博士即将来华考察教育。孟禄时任美国哥伦比亚大学师范学院主任，生于印第安那州，28 岁时从芝加哥大学毕业，获哲学博士学位，曾先后在美国多所名校任教。1912 年他曾在中国做短暂停留，他对东方文化素有好感，对中国留美学生感情深厚。1918 年，中国教育家严范孙、范静生、孙子文等前往美国考察教育，得好友张伯苓的介绍，与孟禄相识。那时，张伯苓恰好在哥伦比亚大学师范学院研究科深造。经过一段时间的交往，了解愈增，友情愈进，严范孙评价孟禄说：

“先生优于德，优于学，且优于才，严正而又和易。”熟悉孟禄的人一致认为他品格坚强高尚，为人和蔼可亲。1920 年，中国再次组织赴美教育参观团，团员袁观澜、陈筱庄在纽约遇到孟禄，交谈中诚邀孟禄到中国来调查教育，帮助中国改进教学。他们通电征求严范孙、范静生等人的意见，大家皆表示欢迎。于是，1921 年 8 月，孟禄借来北京参加协和医院落成典礼之机起程来华，于 9 月 10 日抵达北京。

孟禄在来华之前，曾发信给已回国在南开大学当校长的张伯苓，告知 7 月前就能到中国来。张校长接信后随即与其他邀请孟禄来华的教育界人士严范孙、范静生、袁观澜、陈筱庄等商议如何执行和调查的办法，一致认为先设一个办事机关，统筹这次调查事宜，并作为将来永久研究教育的机构的预备性安排。该办事机关由一名教育家、北京高师校长邓英（字芝园，福建闽侯人）挂名为负责人，主持一切事务。办事人员从北京高师优秀学生中抽出几人，不发薪水，完全是义务。这个机关就定名为“实际教育调查社”，社址设在北京高师校内。邓校长接受任务后，首先想到要选两名优秀学生当工作人员，随即投入准备工作。他想所选的人要陪孟禄考察，朝夕与他在一起，首先英语必须好，能直接和孟禄交流；二是形象也要好，要有修养，不能莽撞，办事要认真细心，有条有理，考察时安排行程，照顾孟禄生活能细致周到，不出差错；三是对中西方文化都有研究，字要写得又快又好，文笔要好，以便能及时整理出孟禄的谈话。邓校长把教育研究科的学生梳理一遍，具备这样条件的学生不少，但最合适的当数王卓然、汤茂如，于是他选定这二人充当实际教育调查社的办事员。两人得知自己被选中陪同孟禄到各地考察，深感荣幸和激动，表示一定要努力工作，不辜负校长信任。

而后，王、汤二人便开始相关工作，按校长指示，他俩准备了一块木制招牌，上写“实际教育调查社筹备处”，挂在校长指定的一间办公室门旁。接着又着手起草募款启事，制定考察计划等事宜。

孟禄来华调查教育，因他不会汉语，需有陪同人员，其差旅费等诸多花销需要一笔巨资，邀请他来华只是几位教育家的个人行为，国家的教育部门不能出资，经费如何解决是个大问题。张伯苓等人又想出了以实际教育调查社全体发起人的名义向社会募捐，讲明孟禄的身份，在教育上的成就、影响，邀请他来华考察教育的意义，实际教育调查社存在的困难等，请求各学校和社会有识之士慷慨相助，使这次考察能顺利完成。对孟禄的待遇，尽管他本人表示以友谊为重，帮助我们发展教育，不要报酬，但张伯苓等人考虑，孟禄是著名教育家，调查需要几个月的时间，不能让人家白尽义务，应每月赠送他在美国薪水的等额，合大洋1000元，由募得的钱中支付。

根据张伯苓等人研究的意见，王卓然、汤茂如两人首先起草了募捐启事：

> 敬启者。我国兴办教育，已近廿稔。言实际者，概墨守成规；谈理论者，多不求甚解。欲二者融合无间，俾教育与社会相一致，而合乎世界最新之潮流者，犹不易易觏也。曩者尚志学会，讲学社，及北京各校，曾迭约杜威、罗素诸先生公开讲演，促进文化，国人之思想界，为之一振。于教育理论方面，其成效昭然可睹。然此理论如何而可施诸实际，则非集合学常识经验丰富之教育家，为实际的调查研究不易为功。故同人等应时势之需要，组织实际教育调查社，首约美国孟禄博士来华，共同担任其事。博士为哥伦比亚大学师范学院主任，教育实际之成绩，卓然可观。此次来华，除自筹旅费外，并筹集捐款13000美金拟驻我国四个月之久。其热心赞助我国教育，至可感佩。本社自宜从速组织进行，以付友邦之希望。其进行方法，一募集款项；二预备招待及聘请译员；三介绍社员，及

组织委员会；四调查研究。此四者之中，以募款一项，尤为紧要。约计孟先生之酬金（每月1000美金），调查旅费，译员费用及其他招待费，记录印刷费、杂费等约需20000元之谱。

素仰贵校贵会先生，热心教育，望开明认捐数目，以便汇齐，确定进行之计划。再筹备事务所，暂定北京琉璃厂高等师范学校。所有复函，望寄该校实际教育调查社筹备处查收。除草拟具章程草案再请公同研究外，先此奉达，即希公鉴。发起人黄炎培、张一麟、范源廉、严修、梁启超、张謇、袁希涛、郭秉文、张瑾、孙凤藻、陈宝泉、张伯苓、蒋梦麟、金邦正、凌冰、郑萃英。

启事以两种形式发布，一是印成传单发送到北京、天津各学校；二是在报纸上刊登，以争取社会有识之士认捐。

启事发布后，即有人响应，仅一两个月，就实际收到8000余元，而孟禄到京后，已增至13000多元。在如此短的时间内，收到如此多的捐款，说明国人对教育事业的改进是重视的。此外，还有更细心的人，那就是有些教职员还对孟禄调查事项、调查方法也提出来建议并提交给王、汤二人。

其建议是：调查事项。调查学制及其实施机关：一、教育行政机关（教育部、教育厅劝学所）；二、各种学校（初、中、高等）；三、教师训练（师范讲习所、初级师范、高等师范）；四、学校经济；五、学校设备。

调查方法。一、不专注重城市教育，乡村教育亦宜留意；二、择一二代表省份，为详密之调查；三、在同一地方，尽力视察各种学校；四、请教育部通知各省，先事预备，以备咨询；五、备好相关表册，以便收集调查材料。

孟禄到京后，几位邀请人即开会研究调查事宜。对募得的资金感到满意，对调查事项和方法以收集到的建议做参考，可按孟禄意见稍做调整，大体预定由 9 月 24 日起，先参观北京学校，然后沿京汉铁路南下，先到保定，次到石家庄；再换乘正太火车至山西，再折回至河南；由河南沿陇海线东去，换津浦车至南京、上海。若轮船方便，坐船往福建、广东。若船不方便就由上海去杭州，再图南下。关于随行人员的安排，几位发起人商定，若派大学教授陪同做翻译，因称职的大学教授都有教课任务，不能脱离几个月时间陪同孟禄，所以决定分四个大区，每到一区，由该区选派一名专家陪同做主译。王卓然、汤茂如两学生为助手和书记员，只供旅费，不付薪水。各区的陪同专家是：第一区为北京、保定、太原、开封，由北京高师教育科教员王文培担任；第二区为江浙，由南京高师教育科主任陶行知担任；第三区为闽粤，请当地会方言的专家担任；第四区为山东、天津、奉天，由南开大学凌冰博士担任。

对于中国的教育家邀请孟禄来华调查教育，国人也有持不同意见的。他们认为孟禄是外国人，不生于华，不通汉语，更不了解中国国情。加之调查时间短，走马观花，对改进中国教育不会起到多大的作用。对于这些疑问和不同意见，虽然是学生的王卓然却有独到的见解，他把此举的意义看得既深且远。他认为请孟禄来调查我国教育，好处起码有三。

第一，他能指明我国教育的优点和不足。他认为我们在教育上的毛病，我们自己已见怪不怪，对其影响及后果并没有认真去想，而少数几位教育家，他们看出了毛病或因为人数少，形不成大的影响，或因为他们人微言轻，不能引起兴趣。所以要改正我国教育上的毛病，必须请一位有声望的外国大夫来治不可。孟禄是美国著名大学师范学院的主任，是卓有成就的教育家，他的学生分布在世界 40 多个国家，有相当数量的学生已成为教育家，如中国的张伯苓、陶行知、胡适等。请孟禄来，用他的知识面、经验来作为显微镜，来洞察我们中国的教育社会，可使无数的“微生物”被发现出来。孟禄还是一位教育行政家，他与杜威的区别在于，杜威富于理想，他长于实行。哥伦比亚大学师范学院的成绩大多归功于孟禄的心血，他长于教育行政，又积累了丰富的经验。他平素做事，常以最少的时间、金钱和精力，去做最多的事情，取得最大的效果。他还注意根据不同人的能力、水平和作用，付以不同的报酬。他所注重的东西，都是我们所不足的东西，而且孟禄为人坦诚，他发现了你的问题会诚恳地指出，并提出改正意见，若我们能虚心听取，努力改正，肯定会促进我国教育的发展。

第二，孟禄是教育历史专家，熟谙世界古今教育经验、做法、利弊和变迁趋势。中国现在的教育正处于转变时期，科举制废除了，但还有影响，新的教育模式还在探索，还没有成型。

第三，我国目前的教育，因受军阀的摧残，困难重重。军阀们重武轻文，重视洋人，国人对于教育的呼声，他们充耳不闻，一百个国人小民呼吁无门的话，一个洋人，随随便便地替说了，就会得到莫大的效力。孟禄既是天下闻名的大教育家，我们的督军、省长当然会竭诚听之。把中国小民们呼号不生效的话在他们面前随便说说，这些武人也会想一想，若真能拿出实际行动改进一下，也是有利于教育发展的。

从 9 月 24 日起，教育调查社即安排孟禄开始参观调查。率先调查的是北京，但因他患腹泻，住院三四日，实际只参观调查了清华、北大两所大学。该两校是陪同人员所熟悉的，且校方有精通英语的专家，故王卓然、汤茂如未陪同前往。

从10月2日起，孟禄由王文培、王卓然、汤茂如陪同离京赴第一区的保定等地进行调查。

在第一区的调查经过是这样的。

10月2日中午抵保定，下午4时，保定教育会安排2500名师生在莲花池第二师范小学礼堂欢迎孟禄一行，并听取孟禄所做的《影响教育问题的新势力》的讲演，

1921年秋冬，王卓然（右一）跟随美国教育家孟禄（左三）在国内教育考察时合影。右二为王文培，右三为陶行知、左一为汤茂如。

该讲演博得师生的一致欢迎。

10月3日，孟禄一行先后调查了育德中学、直隶省立第二师范学校、直立农业专门学校、直隶省立第二女子师范学校、直隶甲种工业学校，还参观了网球拍制造厂。中午在保定基督教青年会干事、美国人克兰克家用餐。当晚，保定教育界举行公宴欢迎孟禄一行。席间各校负责人提出诸多问题，进行交流讨论。“男女同校问题是否合适？”孟禄说：“共学应从小学开始，到中学就习惯成自然了，可不必担心。”还有的问：“现在的新思潮，如共产主义、社会主义，注入中国，一般青年不问好歹，为其新奇所眩惑，政府用公文禁止之，在我们教育者应持何种态度？”孟禄答：“纯持禁止的态度不对，应当引导学生从学理与事实上，研究其利害。并要研究用什么方法，可使社会上财富均平，免去贫富争残的危险。”还有问兵式操对培养学生尚武精神是否可取，孟禄认为不可取，应以团体竞赛或游戏代之。

4日，在保定，先后调查了第二师范附小、河北大学、第二模范小学、第六中学、英国人开的医院，离保定去石家庄。

5日，由石家庄往太原。下午4时半抵达。山西教育界领军人物、地方官员前来欢迎。晚上由教育厅设宴招待，省长顾问严敬斋作陪。

6日，调查了第一女子师范、文言学校、山西省立第一师范、国民师范。午后4时在国民师范，孟禄为太原各校师生代表做了题为《学生之机会与责任》的讲演。

7日，由太原骑马下乡到郊区的东社村、三给村、呼延村、洌石村、上兰村调查农村教育。所到各村都受到村董和学校师生的夹道欢迎。上兰村村民生活殷实，全村有三个学校，都办得很像样。调查完这些学校天色已晚，孟禄一行策马返回太原。因马速较快，从未骑过马的王卓然险些摔下来。回太原时，大家都觉极度困乏。

8日，大家更是浑身筋骨疼痛，两腿酸胀，不听使唤，但还是坚持到校调查。在太原调查了山西大学、山西农业学校、山西第一中学三所学校，在第一中学校礼堂，孟禄应邀为该校师生做了《学生成功之要素》的讲演。晚到山西省教育会与教育工作者代表座谈。省长顾问严敬斋设晚宴招待。

9日上午10时，山西督军阎锡山会见至中午，阎督军设宴招待。午后1时到督署隔壁的育才馆，听该馆学生演奏国乐，听得津津有味。孟禄一行人看到督军署是老式建筑，很是简朴。阎锡山身材不高，面色黝黑，衣着朴素，精神内敛，透着勇毅。

10日，仍在太原，白天孟禄去太谷参观教会，王卓然在寓所整理几天的调查笔记，其中有孟禄几次讲演记录。晚，山西省教育界人士公宴孟禄一行于教育会。

11 日，由太原去石家庄。山西省教育厅厅长虞和钦率众至车站送行，在晋期间他始终陪同。

12 日，由石家庄赴郑州。

13 日，由郑州赴开封，9 时抵达，即参观省立第一师范学校。省教育厅厅长李步青陪同。午后 2 时参观河南省立第二中学校，4 时，省督军赵倜会见孟禄一行。晚，河南省省长张凤台设宴招待。

14 日，继续在开封调查。先后调查了河南留欧美预备学校、河南甲种商业学校、河南第一中学校、省立女子师范学校。在省立女子师范学校，孟禄应邀为该校师生做了露天讲演，说明女子教育与家庭教育的关系。下午 4 时到法政学校做公开大讲演，听讲者是开封各中等以上专门学校的学生，讲演的题目是《文化与新潮》。

14 日晚，河南督军与省长共同宴请孟禄一行。宴会前王卓然偶遇当年在奉天省立第四师范学校教过的学生王振华，他此时在河南督军署当兵。在异乡见到自己的学生，王卓然不胜欢喜。宴会前，张凤台省长准备了 10 个教育问题交给孟禄。这 10 个问题都具有普遍性，说明张省长对教育进行了认真的研究和思考。因时间仓促，孟禄表示将这些问题带回北京，与北京的教育家们共同讨论，日后答复。晚 9 时席散，回寓各自准备第二天的行程。王文培结束了第一区的陪同任务，预备回京。

这是孟禄一行在第一区的调查过程。以后在其他三区的调查情况大体相似，即在每区调查均有省教育厅厅长迎送、陪同，每一地调查期间，游览名胜，调查结束，孟禄都做讲演并与当地教育工作者座谈，督军和省长都有会见并宴请。这里只介绍一下他们在其他三区各地调查的时间和使王卓然感受最深、最难忘的事体。

10 月 15 日至 24 日，在第二区的徐州、南京、上海调查。调查了江苏省立第四师范、省立第一女子师范、戴氏私塾、南京暨南中学校、南京高师附中、南京模范监狱及工厂、南京方言学校、省立第一中学校、贫儿院、女子职业学校、金陵大学、苏州医学专门学校、省立第一师范学校、省立第一师范附属小学、省立第二女子师范附属小学、省立第二女子师范附属小学、省立第二女子师范学校。在南京期间，江苏省督军齐燮元、省长王瑚会见并宴请孟禄一行。

10 月 25 日至 28 日，乘船去广东，在海中航行。28 日抵香港，参观了香港大学。29 日至广州，在穗停留至 11 月 7 日，调查了培正中学与小学、培道小学校、农业专门学校、广东省立第一女子师范学校、执信学校、广州市立第二十三国民学校、市立第一高等国民学校、真光女子学校、广东高师附属学校、广东高等师范学校、岭南大学、广东岭东甲种商业学校等。在粤期间，督军兼省长陈炯明接见并宴请。

11月11日至16日，在福建调查。先后调查了厦门集美学校、厦门大学、省立第一师范学校、省立第一师范附属小学、私立法政学校、闽侯县立第一小学、福州私立城南小学校、女子师范学校、女子职业学校、第一中学校等。在闽期间，福建督军兼省长李厚基设午宴招待。

11月16日，由福州去上海。18日抵沪，停留至21日。20日王卓然与黄炎培去苏州参加一位女教师的追悼会，21日去访问陈独秀。22日陪孟禄等去杭州，至24日，先后调查了浙江省立第一师范学校及附属小学、省立第一女子师范学校、省立第一中学、安定中学公立专门工业学校、蕙兰中学校、宗文中学校、女子职业学校、杭县区立辅德第一国民学校、第五高小、第十国民学校、之江大学等，参观之江大学后返沪。25日抵无锡，参观了市立第一国民学校、私立意志学校、第十一国民学校、无锡县立第二高小、县乙种实业学校、第三师范附小童子军、国学专修馆、无锡私立第一国民学校（为荣毅仁祖父创办，他创办了20多所男女私立学校，男校为“公益”，女校为“竞化”，此校是荣氏创立的20多所学校之一）、竞化女学校、工商中学校（也为荣氏所创）、公益第二国民学校、镇纶丝厂（荣氏私营）。

11 月 28 日，到山东济南，参观了省立第一师范及附属小学，省立模范高等小学校、私立正谊中学校、历城县立女子高等小学校、省立女子师范学校、历城县立教育小学校、济美学校、翰美女学校、公立矿业专门学校、齐鲁大学、女子师范附属小学、县立制锦小学。离济南前，省教育厅设晚宴送行，各校长作陪。

12 月 1 日，孟禄一行往天津，2 日抵达。先后参观调查了直隶第一师范学校、直隶公立法政专门学校、扶轮中学校、直隶省立第一女子师范学校、南开学校、南开大学、广北高等小学校、天津官立第九女子国民学校。离津前，前总统黎元洪在私邸设晚宴招待孟禄一行，张伯苓、严范孙、梁任公等作陪。

12 月 4 日，孟禄一行离津赴奉天，5 日抵达。省教育厅厅长谢荫昌、沈阳高师校长莫月樵、外交署代表高君、教育会副会长、青年会干事华茂山、阎宝航等众人到车站迎接。5 日下午，东三省巡阅使张作霖会见孟禄一行，时间达 1 小时 40 分钟。午宴为教育厅安排，晚宴由外交署设于交涉衙门。6 日参观调查了南满医学院、日本高等女学校。在奉天期间，先后参观调查了沈阳高等师范学校及附小第二部、奉天第一师范附小、省立第一师范学校、奉天女子师范学校及其附小、省立第四小学校。孟禄一行先后与奉天省教育界人士座谈。

6日晚5时，张作霖于私邸设晚宴招待，有财政厅厅长王永江、蒙古王公两人作陪。7时席散，8时孟禄一行乘火车离奉去唐山。众人送行。

7日，在唐山参观调查了唐山路矿学校。

8日晨，到天津又参观调查了天津第一模范小学校、天津严氏私立女学校、直隶第一师范一部、第八贫民半日学校、水产学校。午间，直隶省省长曹锐设宴招待。晚间乘快车返京。

此次参观调查，历有九省，用69天，所到学校达130余个。王卓然在这次调查中负责书记员的工作，所有的参观调查事宜，他记录详细、准确。回京后他废寝忘食，抓紧时间整理，在多位教育专家的关心和支持下，成书《中国教育之一瞥录》，由中华教育改进社出版。该书被教育界公认为研究中国教育极为难得的资料，并具有珍贵的历史价值。该书的构成大致为六个方面的内容：一是对学校的调查，介绍了学校的自然情况、学生数、教师数、建校历史、所学的课程、所取得的成绩、在社会的影响、有哪些好的经验与做法等。二是旅行的情况，何时到何地，由何人接待，参观调查了哪些学校，何时离开，何人送行。虽类似报流水账，但也有区别，让读者不生厌烦之感。三是介绍各地风俗习惯、人情世故，如对阎锡山、张凤台、陈炯明、齐燮元、汪精卫、张作霖等中国现代史中的重要人物的介绍，虽着墨不多，但他们的形象气质、性格特征、情趣爱好都跃然纸上，给读者留下深刻的印象。而对于各地名胜的介绍使读者在阅读单调的教育情况之时，了解到各地的独特景观，使读者赏心悦目，心驰神往。四是孟禄与各省各地军政长官及学界名流的谈话，透过这些谈话看出孟禄的学问修养之深，对教育、政治及世界的见解之精，让人敬佩孟禄的治学之术和对教育的热爱和追求，也从中看到即使像阎锡山、赵倜、陈炯明、张作霖这样的军阀，也是有思想、有见解、有很强决策能力并善于把计划变成现实的人。五是孟禄与各省教育会讨论教育的情况，通过对这类情况的介绍，读者感到早在20世纪初，中国就有一批忧国忧民，重视教育，热爱教育，积极投身于教育事业，努力用教育来提高国人思想道德素质，塑造完美性格的人的教育家、教育工作者。他们十分熟悉自己担负的工作，认真思考如何取得教育的成效，注意总结工作的经验，他们爱生如子，爱岗敬业，他们是中国现代教育的铺路石，是默默耕耘于教坛上的无名英雄。六是孟禄在各地发表的关于教育工作、人才培养、社会对教育的作用等问题的讲演，从中看出孟禄的学识、人品、襟怀、情操以及他接受新事物、处理新信息的能力，他的讲演技巧、表达方式，让读者产生对知识的尊重、对人才的尊重。从该书中，读者还能感受到孟禄身上那种跨越不同社会制度的、不同国界的、人类共同应有的真善美的品格。在山西调查时，已年逾五十的孟禄，又是赫赫有名的教育家，却能和王卓然、汤茂如这样的年轻人一样，骑马行进在乡间土路上，一村一村地参观调查，往返百十里不顾疲倦仍继续参观调查，这种敬业精神，令人崇敬，值得效法。

这次陪同美国教育家在中国九省的历时两个多月的参观调查，对于年仅28岁的王卓然是极为珍贵的经历，是终身难忘的，有的经历甚至是刻骨铭心的。此行他见到了阎锡山、陈炯明、齐燮元、黎元洪、张作霖这些中国现代史上的风云人物，并同桌共餐，他们的思想、言行在王卓然心中打下了深深的烙印，对他的胆识的形成具有一定的影响。孟禄和中国各地教育界人士的敬业精神和学识使王卓然产生敬佩与羡慕。他暗下决心要向他们学习，成为像他们那样的教育家，为中国教育事业的发展，做出自己的贡献。

令王卓然终生难忘的是对陈独秀的造访。陈独秀是中国现代史中非常有影响的人物，是著名的思想家、政治家，中国共产党的创始人和早期领导人之一，他在中国新文化运动中起到主将的作用。1920年9月，他创办的《新青年》杂志提倡民主与科学，公开宣传马克思主义，对中国当时的思想界、文化界，对青年学生产生了巨大的影响，对推动“五四”运动的爆发起到了积极的作用。王卓然阅读过陈独秀的文章，对他心存敬意，但苦于无缘相见。在这次陪同孟禄参观调查教育的途中，得到了机会，并进行了较长时间的交谈，使王卓然获益匪浅。

11 月 19 日，王卓然陪孟禄在上海，晚 9 时半，原奉天两级师范的监督、有“奉省教育家”美誉的吴景濂来寓所相见。此时，担任众议院议长的吴景濂居在上海，他得知孟禄来沪，随员中有当年他的学生王卓然，很觉荣幸。在校时他就知道王卓然勤奋好学，现在学生有了出息，他既来沪又不一定知道我的详细地址，不能来看我，我去看他倒也应该，基于这种想法，吴景濂不顾夜深与王卓然见了面。王卓然见当年的老校长、现在的众议长来看自己，受宠若惊，大喜过望。问过老校长好以后，便亲切交谈起来。吴景濂问了王卓然两级师范毕业后的情况，将来的打算，也向他介绍了近年发生的各种运动的内幕，今日中国的走向、前景。他对国事如数家珍的叙述，让王卓然对政治事务增加了不少了解与感知，很有获益。谈到午夜 2 时，吴景濂才依依不舍地离去。次日上午，王卓然趁离沪去杭州前还有的半天时间，去吴景濂所住的法租界环龙路老渔阳里寓所回访老校长，而陈独秀就住在老校长家的隔壁。此时陈独秀刚出狱不久，正在家中，王卓然得知此情况很想拜访陈独秀，吴景濂也喜促其成。于是他领王卓然来到陈独秀寓所，介绍王卓然与陈相见。在这之前，陈独秀曾两次被法租界当局逮捕。

10月4日下午，陈独秀正在家与杨明斋、包惠僧、柯庆施议事，2时许，有便衣特务闯进陈独秀家院内，扬言要见陈独秀，陈独秀隔窗见有陌生人闯进，即知情况不妙，想从后门脱身，但为时已晚，后门已被人把守。陈只得束手被抓，同时被捕的还有其夫人高君曼和杨、包、柯等人，《新青年》等印刷品也被全部搜走。陈独秀被捕的消息迅速传开，各大报纸纷纷登载这一消息。为了营救陈独秀等人，上海与各地党组织紧急行动，研究营救办法。经过串联，许多社会贤达知名人士出面担保。第三国际代表马林还高价聘请法国律师巴和承办此案，并打通会审公堂的各个关节，确保陈独秀出狱。身在广东的孙中山也打电报给法领馆，要求放人。在各方协同努力下，10月26日，法庭结案：查《新青年》已被封闭禁止，被告明知故犯，罚洋100元，销毁查抄书籍，释放陈独秀。但事隔几日，陈独秀再次被捕。其后，自治同志会、新中国会、共存社、改进同盟等十个团体联合发表宣言，谴责法租界当局的做法。蔡元培、李石曾等联名致电法领事，并面访法公使，迫使租界当局不得不恢复陈独秀的自由。

当时的陈独秀已是新成立的中国共产党中央局的书记，只是共产党是秘密组织，党员都不公开身份，王卓然自然不晓得陈独秀的真实身份。王卓然陪孟禄南行到上海时，就听说陈独秀被法捕房拘捕，原因是有人诬他倡“孝居万恶首，淫为百行先”之说。在广州时，王卓然还见广州的报纸登有他的广告，声明说这是仇人诬陷他，他绝没发过这样的议论。这次王卓然近距离地见他，觉得他外貌温厚，语言和平，并不像人们所臆想的那样如洪水猛兽一般。

王卓然在陈家还见到一位由南洋来争取教育权的人。据此人说，南洋英属颁布限制华侨教育的苛刻条例，他与几位同志奔走呼号，据理力争，却遭到打击，有的被英人拘禁，有的被英人逐出，而他的照片被张贴在南洋英属各口岸与香港，不准他登岸。他是隐姓埋名、侨装改扮才跑出来的。听此人的叙述，陈独秀、吴景濂、王卓然都气愤不已，都恨国家之不强盛，愤英人之太横暴。就此话题，陈独秀说：“过去我也羡慕欧美、日本，羡慕他们通过资产阶级革命和工业革命，日本通过明治维新，使国家强大。我常常思考中国的出路问题，但不能离开时代的条件来思考。从当今的国际和国内社会情况来看，中国不可能独立地发展资本主义。中国需要发展工业，使国家富强起来；但中国更需要发展教育，提高国人的文化程度，每一位国人都应享有受教育的权利。怎样发展工业和教育，只有用社会主义来发展才是唯一正确的途径，用社会主义来发展的做法，就是中国劳动者联合起来，组织革命团体，改变生产制度……”王卓然还是头一次听人系统地阐述用社会主义发展工业、发展教育，使中国强盛的理论。他没有读过马克思、恩格斯的著作，也没有研究过俄国十月革命的经验，但对陈独秀的话觉得似有道理，对陈所体现出的坚定的信仰、宽广的胸怀，对国家和人民的强烈的责任感，坚定的意志感到钦佩。他觉得国家多有些像陈独秀这样的人，朝着民主富强的方向发展，步子就会加快了。临近中午，王卓然与吴景濂告别陈独秀，回吴家用午餐。下午 2 时 50 分同孟禄一行去杭州。

再一件令王卓然终生难忘的事是在苏州参观调查时，有一名江苏省立第二女子师范附属小学的女教师随同他们往军工学校参观时，落水溺亡，令他万分痛惜。10 月 22 日，孟禄一行到苏州参观调查，上午调查了四所学校后，孟禄应邀为第二女子师范学校师生做讲演，该校附小的教师也来听讲。讲演氛围和洽，教师们都很兴奋。讲罢师生与孟禄一行合影。午餐在附小享用，是该校女学生担任烹饪，很是可口。餐后孟禄一行要去军工学校参观，附小的教师也想随去，所有去的人分乘四辆马车前往。在过一座拱桥时，最后一辆马车落水，经众人奋力抢救，马车夫和三名女教师得救，而有一名女教师落水后就没有露出水面，当找到她时已停止了呼吸。众人想尽办法进行施救，终回天乏力，该女教师不治身亡。这位上午还为孟禄一行做教学示范的女老师因随同孟禄一行去参观而遇难，使孟禄一行的所有成员都万分难过。从这件事中王卓然总结出三点教训应该吸取。一、遇到此类意外事变，应首先保持冷静，不要惊慌失措，愈慌乱愈糟糕愈坏事。这次女教师落水，若大家不乱作一团，由两三个有主意的人指挥众人，赶紧寻觅，不至于她得不到及时的救助。这一乱，有主意的人都无从发号施令，也成为一个无用的人了。二、遇此种事态，众人环顾，畏难不前，应悬出重赏，使勇者争先。当时赶来的船夫还有马车夫、洋车夫有 20 多人，难道没有会水的人？可谁也不下水捞救。若及时喊出谁下水给多少钱，肯定是有人会下水的。三、书本的知识必须和实践结合。当时在场的有大教育家孟禄，有中国的教育家陶行知，女教师出水后，都提议用人工呼吸法，但究竟怎样施行，没有人会，你说这样做，他说那样做，致使施救的时间拖延，挽回她生命的可能性丧失。由此事变王卓然还得出认识，应普及大众救助知识，让每个人都掌握溺水、昏厥、摔伤等施救方法，以及时挽救更多的生命。

更有一段经历让王卓然刻骨铭心，终生难忘。10月26日，孟禄一行乘沙丁尼亚号轮船由上海往广东。途中，王卓然晨起，觉得神清气爽，便出舱登上甲板，边散步边欣赏海上景色。走了一会便坐下来看海。忽然有一个英国的小孩，约有10来岁，跑上甲板，看见王卓然，即对他说："You Chinese，I don't like you！"（你这个中国人，我不喜欢你）。他听小孩口出此言，顿感惊愕，非常生气。他想连这么大点的孩子，就知道轻视、侮辱中国人，长大了更不用说了。回到舱里，愈思量愈觉得这小孩子的话是一副清醒剂，是很好的刺激，是一个很好的教训。王卓然想，一个外国孩子能说出这种话，不是因为中国不强大吗？不是因为中国人不知自爱、有许多不良习惯令人讨厌吗？他的话，虽是顽皮孩子信口开河，但确可代表大多数西方人看中国人的态度。倘我们中国人长此不知振奋，我们还能存立于天地间吗？王卓然反复思量中国现在混沌的样子，于伤感之余，不禁立下决心，誓以教育职业为终身，做一个无名英雄，以生命去报效国家。

这次陪同孟禄对中国教育的调查，对于王卓然是一次难得的学习提高的机会，是一次开阔眼界、增长识见的机会，是一次广交朋友、结识天下教育英才的机会，是一次展示自己人品、学识、才情的机会。对他日后的发展，这是一个宝贵的契机。

第四章　捉鬼的视学

1922 年 7 月，王卓然从北京高等师范学校研究科毕业，获教育学士，返回了奉天。省教育厅把他留在厅机关，任视学，成为十名视学中最年轻的一位。在他以前

1922 年夏北京高等师范教育研究科二班毕业生合影。前排右四为王卓然。

的视学有周味尝、高风、张蕴久、高鸣成、崔笠堂、金长祉、荆百斛、汪毓昌等人。汪毓昌是视学室主任。

王卓然之所以被留在省教育厅任职，这是他的学识、人品、经历所注定的。

能得机会陪同孟禄参观调查研究中国教育，这是多少大学教授求之不得的美差，更不用说学生了。王卓然能获此机会是他综合素质高于他人所至，从他整理出版的《中国教育之一瞥录》就可见一斑。书中对所参观调查的学校情况记录之详细，对所见人物形象、表情、心理之描写，对游览的名胜的记叙文字详略得当，优美准确，条理清晰，说明了他有很强的观察能力、理解能力和文字表述能力。加上他见到如此多的学校，接触到如此多的教育精英，让他担任视学是再合适不过的。

“视学”，是1906年清政府学部奏请光绪皇帝经准在各省提学使司设立的学官，名额为六人。职责是秉承提学使之命，到省内各府、厅、州、县政府和所辖各校巡视教育事务。巡视中要提出加强和改进的意见，指导教授方法。巡视后要向厅长递交巡视报告，厅长对有价值的报告指示下发至各府、厅、州、县，推动教育的发展。北洋政府统治时期，教育部及地方教育行政机关仍设视学一职，国民党统治时期改为“督学”。

王卓然到任后，省教育厅厅长谢荫昌亲自和他进行了交谈。谢厅长是位有强烈爱国心和责任心的人。这位生于太湖之滨的文质儒雅的学者，对日本利用教育对中国的文化侵略极其愤慨，并倡导收回国民的教育权。1919年刚设立省教育厅，他就出任厅长，就呼吁对日本利用南满铁路掠夺我财富，又在沿线设立附属公学，对我学生进行日本文化教育这种文化侵略进行抵制，建议省府收回国民教育权。他指出："今南满铁路用地横贯我之中心，其所设附属公学，以日本语言文字编写历史、地理教我儿童。年号则用日本的'大正'，唱歌行礼则三呼'天皇万岁'，'大日本帝国万岁'之声响彻云霄，我之昆季谓他人之父兄为父兄者，有不为之痛心疾首者乎！坐视我之子弟沦为外人而不思援手，十年二十年之后，其亡国灭种之政策日益深入……故奉者教育上应着手从事者，即收回南满铁道用地国民教育权是也。"从他这振聋发聩的话语中，可见他忧国忧民的拳拳之心。他需要精明强干、有正义感的下属，以符合他思想理念的精神和方式，大胆地开展工作，使奉天的教育更有起色。而他所熟悉的王卓然正是理想中的人选。

他对王卓然说："回波，你的勤奋笃学、正直友善、细心专注、诚以待人、严以律己之美德，我多有耳闻。你之新著《中国教育之一瞥录》虽刚印就，我亦听说，在北京学界，你的口碑甚好，我闻之倍感欣慰。今你学成归来，本厅委你以视学之职，你当明了本厅对你是何等信任！以你数年所积之学识，尤陪孟禄到数省参观调查教育，所见所闻而形成对教务管理之灼见，用于推动我省教育积弊之改良，定能收立竿见影之成效。”

王卓然听罢，对谢厅长说：“谢厅长，我素来对你敬重，你为奉省的教育事业，呕心沥血、殚精竭虑，全省学界尽人皆知。今我区区一刚离校的学生，何德何能，就承蒙厅长信任，委以重任，我要深谢厅长栽培，定以教育作终身职业，加倍努力，恪尽职守，完成厅长交办的一切事务。”

王卓然是一个务实、肯干、认真的人。他到任后，经常深入到各市县了解情况，收集各地于教育方面的好经验、好做法。也经常到各类学校搞调查研究工作，倾听意见和反映。还常坐进教室，听各层级、各科的教师授课，分析其教法得失，帮助提高改进。而每次巡视结束都认真撰写报告，提交给视学室主任和谢厅长阅示。谢厅长对王卓然的工作表现也十分满意。

1922 年 9 月 8 日至 10 日，王卓然对省立第四师范学校附属小学做了三天的巡视，结束后即提交给谢厅长报告一份，谢厅长阅后批示发至全省各校，以促各校参考借鉴。请看此件原文。

奉天教育厅厅长谢荫昌饬发省视学

王卓然视察省第四师范学校暨附属小学报告

（民国十一年十二月六日）

案据，省视学王卓然呈送视察该报告前来。查附属小学教员金彩章教授合法，殊堪嘉慰；附属小学教员高凤岐、刘崇寅、师范教员刘宗汉、关联芳、赵希泮、魏书春、张景新、王绵、王昆龄、许香圃等教法稍差，切饬改良。此外该视学所陈亦尚可行，除指令外合行抄录报告，令仰该校即便遵办具复，此令。

附报告

高桥　视察日期9月10日

一　省立第四师范附属小学

主任：费玉麟，人甚老成，授国二修身。第一，提问之时一个学生回答，同时有四个学生站立，问答之间无活泼有趣的气象，神气稍板。第二，为学生讲一故事，说某生用唇作响为犯过，后来学生自首。教法虽合，稍欠发挥。又教高二习字，学生所写的字非已学过的字。且或描写或临写，与国文教授殊及联络，且不易养成儿童独自写字之能力。

教员：（1）金彩章，授国三国文，该班系复式，该教员教授乙班时能善用问答，引起学生自动学习，同时甲班学生亦自己学习，毫无呆坐之弊，注意周到，教态活泼，口音亦甚清朗。

(2) 高凤岐，教国九图画，范画令学生摩临，又授国二算术，解释明白，语言清朗，其所授教材《时数表》，一日等若干时，时等若干刻，刻等若干分，学生很可自动了解，无须为之详细讲解，又为学生讲地球公转为年，自转为日，与闰年闰月之理，似稍高深，于学生之程度不合。

(3) 刘崇寅，授国三算术，乙组上课时甲组多半闲着呆坐，于复式教法运用殊欠灵活。抽学生到黑板演算，演算者都可通过。

指示：(1) 设儿童图书馆。(2) 改良习字、图书、算术、修身等教法。

二　省立第四师范

校长：陈荣绥，人甚稳健，对于校务颇能悉心筹划，努力改良。

教员：(1) 刘宗汉，授本九本国地理，教题为《地理学之重要及纲领》。讲解明晰，发挥尽致，惟师范学生于地理教科书之本文已可自动了解，详为讲明，未免失之讲演式的注入。

(2) 于佐廉，授本十英文，能用英语与学生问答，使学生练习说、练习听，很合教法，发音亦极正确。

(3) 关联芳，授本八物理，教材为《声之速律》，于习题讲解明晰，惟于习题一项按之原理应令学生就已学过者自觉根据解决或证明之，教师应从旁监督辅助，代为解答稍失之辅助太过。又授本六几何，解证透彻，但教法总似偏于注入。

(4) 赵希泮，授本六手工，教材为木工屏风，教员画四扇屏风样于小黑板，令学生敷画于自己笔记本上，并为说明其制作之理，讲解固然明了，但结果学生所作者难免一律，不能另得花样，于艺术之理似有未合。教师应只就屏风普通方面说明其制作之理与木工具使用之法，教师所给之图只可当说明时之一例，应令学生自出心裁，自画花样。

(5) 郭万恩，授本八体操，学生表演姿势、精神都可。

(6) 魏书春。授预十国文，教材为刘大槐《焚书辩》。纯用讲演式注入，学生被动受领不感兴味。应令学生堂下预习，上堂时令学生试讲，教师处于辅导指示地位，至于文中某处到某处为一段，应令学生自己寻绎判别，举其大意，更不应一一为之写出。

(7) 张景新，授本八国文，教材为欧阳修《集古录目序》，也是讲演式的注入，其应改良之处与魏书春同。

(8) 王绵，授本期伦理，教材为《命题之分类》，讲解透彻，惟亦稍偏于讲演式，未能引起学生自动的学习。

(9) 王昆龄，授本九代数，演证明白，日后应注意引起学生自动的学习。

(10) 许香圃，授预十算术，讲释透彻，其应改良之处与王昆龄同。

指示：(1) 设立学生图书馆，以便学生自动学习。

(2) 于操场边旁空地鼓励学生设计的作业，如种植与理科有关的植物。

(3) 力改讲演式的注入，教法应注意自学辅导为主。

(4) 添购理科仪器，以便学生学习科学常识时，人人皆得试验与练习。

这类报告，在王卓然任视学期间撰写了多份，在此不能一一例举。仅从这份报告足可看出，王卓然对中国教育事业负责任的精神和对教育业务的精通。对好的有效的教法他给予了积极的肯定，而对效果不佳、尚需提高和改进的教法，他则直接了当地指出不足之处，指明如何改进和提高的方法和途径。不委婉、不含糊，说明他行事的作风坚决果断，性格直率认真。

在教育厅的视学中，王卓然是最年轻、任职时间最短的一位。有的视学家在沈阳住，生活、工作都很如意。而王卓然家在抚顺农村，因交通不便，无法通勤，只得住在沈阳，自己料理日常生活。对于家事他无暇顾及。

说起王卓然的家，他的父亲已年逾花甲，既要莳弄农田，还要张罗协亨利商铺的经营。而他的妻子自己带着三个年幼的孩子里外忙活，很是辛苦。这时王卓然应是一家的顶梁柱，可他身在省城供职，不能为老父和妻

1922 年王卓然、李卓琳、王福时（前排右一）等合影。

子分忧，他常为此愧疚，以工作为重，尽职尽责，这是自己最应取的态度。古人说：“自古忠孝不能两全。”今日轮到自己如何面对忠孝问题，最正确的选择就是要以本职为重，做出绩效，这是对慈父最大的孝，对贤妻最好的安慰。

在王卓然到职以前，视学中有的不能忠心尽职，精神不振，贻误工作，甚至无故旷工，经厅长劝戒，引咎辞职。此事虽然对其他视学有所警示，但视学中遇难主动请缨之气还未树立。

王卓然就职后不久，新民县大民屯学校发生一件“闹鬼”的事，搅得人心惶惶。不少学生不敢来校上学，住宿的学生也辞宿回家，学校教学秩序大受影响。此事一时传得沸沸扬扬，县教育科也无计可施。王卓然得知此事，感到可笑又可气。他想早在三国时期的学者皇象就说过：“极学所致无鬼神。”我们学了现代科学知识的人，都知道，世间哪有什么鬼神？为了恢复大民屯学校的教学，揭开闹鬼的真相，使师生和村民受到无神鬼的教育，他毅然请求去该校捉鬼。

到校后，他问明了闹鬼的详细情况，鬼出现的时间、鬼叫声的特点，他决定亲自捉鬼。他让校长陪他晚间住在校长室，并选几位年轻的男教师住校。说也怪，王卓然住校几天也没闹鬼，有人说他能避邪！其实他明白，这是装鬼人暂时的收敛。他让学校要求住宿生继续住宿。接下来的一天夜里，王卓然与校长睡得正香，忽然听到怪异的声音，窗户上哗啦哗啦的作响。他一听怪声，这分明是人发出的，便叫起校长，轻轻地摸出去，只见校长室后窗不远处有一个人，穿一身黑衣，手舞足蹈，不时发着怪声。王卓然和校长悄悄地接近他，等他发觉，为时已晚，转身跑不多远，就被俩人逮住，一看原来是学校的学生。经审问，该学生新近结婚，新婚燕尔，不愿意离开媳妇到学校住宿，但又无法以此为由不上学，上学就必须住宿，所以就想出装神弄鬼的损招，想以此搅黄学校的住宿安排，这样自己就能和媳妇每晚住在一起了。弄清了事实真相，该生得到了应有的处分，学校恢复了正常的教学秩序。人们无不盛赞年轻的省视学王卓然有胆有识，用真情和行动破除了迷信，宣传了科学，维护了学校教育的声誉，稳定了学生的心理，树立了师为楷模的形象。

王卓然身为视学，不但重视外县的教育，更关心家乡的教育，每次回家他都找村官交谈，建议下决心筹资重建学校，为学生创造良好的学习环境和条件。他还利用工作之机，在要求抚顺县教育科加强对基层学校基础设施进行改造的同时，重点扶持一下莲岛湾村的抚顺县第六初等小学堂。因为该校仅为两间土庙，好几十孩子挤在里面上课，光线暗淡，且孩子们年级不一，采用复式上课，影响教育效果。

为了筹集建学校资金，他建议动员村民出资出物。他亲自参加村民集资建校的会议。会上，他对乡亲们说："父老乡亲们，今天把各位请来就是和大家商量建学校的事。我是你们眼看着长大的，在大家的关心帮助下，我读了十几年书，现在在省教育厅当视学。视学的工作就是到各州府县、各个学校了解教育情况，帮助解决困难，提高教育水平。这些年我悟出了一个道理：过去我们为什么穷？为什么落后？就是我们没文化，不会更多的本领。前年我有幸陪美国教育家孟禄博士到中国九个省参观调查教育，看过130多所学校，有许多地方官府重视办学，老百姓也关心学校，舍得往教育上花钱，所以那里的学校办得特别好，学生们毕业都是人才，都有出息。我看咱们村也要向办学好的村学习，把学校办好。要办好学校，光靠官府不行，因为我们的孩子在学校里读书，所以我们也要关心学校，要大家出主意想办法才行。眼下，咱村的学校是什么样，大家都清楚，那是多少年的土庙，条件不好，影响孩子们学习。所以我们要想方设法重建一所学校。重建学校缺钱缺物，我已和县教育科说了，科里解决一部分，乡亲们再自筹一部分，这部分出钱也行，出粮出物也行，大家有多出多，有少出少，没有的出出力也行。我因为在外边做事，不能参加建校劳动，我的父亲年岁大，不能参加劳动，所以我要出50块大洋，算是我一家为咱村新建学校出一点力吧！”

王卓然的话音一落，村民们立即议论开来。是呀！孩子不上学不行啊，你看人家回波，念完书以后，懂得这些事理，又当上了省里的官。不读书，能有今天吗？还有的说：俺家的孩子就是不吃书，我看上不上学都一样！旁边的年岁大的老者接过话茬：那不一样！学还是得上，上就比不上强，往后没文化，当个睁眼瞎不行了！大家你一言我一语，整个会场就像开了锅。大家都觉得王卓然说话在理，又带头出钱，普遍表示要为建校出钱尽力。

1923年春，在王卓然的支持配合下，村小学破土动工了，王卓然也请了一周的假，参加建校劳动。毕竟是多年不参加劳动强度如此之大的体力劳动了，他和村里人一起抬石头、下地基、和泥、搬砖，手磨出泡了，腰累酸了，腿累痛了，也一直坚持干。一星期内，他天天到工地，不怕脏不怕累，村民们都夸他好。说他当了官没忘本，没忘故乡，没忘乡亲们。

经过乡亲们一春的共同努力，一座临街顺路的十四间青砖青瓦的崭新学校盖成了，透明铮亮的玻璃窗、洁白的墙壁，由青砖铺就的平整的地面和宽敞的操场，令村里人兴奋了好一阵子。

同学们搬进新校的那天，王卓然又参加了入新校的仪式，他祝贺同学们告别了土庙，到新校园来学习。他向同学们介绍新校园建设的不易，希望同学们不要辜负父老乡亲们的期望，好好学习，长大成为优秀人才，更好地报答父老乡亲，更好地报效国家。他还应邀为学校创作了校歌：

莲岛兮弯弯，
临河靠着山，
土地多肥沃，
人才异样贤。
好！我校成立时，
前清光绪年，
勤俭成警训，
象授保存永流芳，
智德体均美，
共同遵守不敢忘。
学生各自立，
教师吾辈乐亦全，
愿吾等清廉启事，

努力胜在先，

千秋万世底相传，

我校庆绵绵。

从此歌的字里行间，流露出王卓然对家乡深深的爱，对教育事业无比的挚爱和忠诚，对学生热切的期待。此后的十年，该校歌经常在校园中飘荡，他既激励教师真诚从教，又勉励学生勤奋好学，成为师生教与学的精神动力。

王卓然在任省视学期间，表面上看张作霖任东三省巡阅使，似乎把东北治理得像模像样，其实危机在日益加深，亡国奴的日子正在向东北人日日逼近。

因为东北的富饶，东北特殊的地理位置，张作霖错误的统治政策和方法，使东北必然要遭此厄运。

首先从外部环境看，十月革命后，苏联政府虽然是红色政权，但他们想利用大连港作为苏联东出口来进出口物资的想法依然存在。要实现这个目的，就要设法应对迅速崛起、已在东北驻有重兵、拥有实业的日本，还要与粗中有细、握有重兵的东北军阀张作霖打交道。1920 年 4 月，苏联代理外交人民委员第二次发表对华宣言，宣布废除帝俄时期强加给中国的不平等条约，对于中东铁路提出由两国共管。苏联就此问题和北京政府进行交涉，也寻找机会与掌控东北的张作霖联络。而张作霖也想打苏联牌达到自己问鼎中原的目的。双方互相利用，利益交易的动作，时不时在明里暗里进行。

从日本来看，它不仅对东北，而且对中国乃至对亚洲都抱有野心。它想把东北作为跳板侵占全中国，日本众议院议员永田善三郎就说：“满蒙这个地方，是日本流血换来的，是日本的生命线，只有日本有权力管理它，其他国家无权过问。”他还说：“从我们日本看来，满蒙并非中国的土地，中国也不成为国家。世界上哪有一个独立国家里会有外国的租界、外国的军队、外国的治外法权、外国的工厂、矿山和铁路等等存在呢？中国哪一次政变，没有外国人参加，哪一个政党，没有外国人在后边撑腰呢？满蒙是个富饶的地方，苏联继承俄国的侵略政策，逐年向满蒙扩张势力，企图赤化整个中国，影响所在，祸及日本，日本能坐视不理吗？”永田的话实际上代表着当时日本整个朝野的共同想法。日本为了巩固在东北的既得利益，更为将来伺机占领整个东北，也在拉拢利诱张作霖，张作霖和日本也是互相利用的关系。

从东北自身情况看，张作霖虽然出身贫寒，不谙学术，但他善于用人，笼络了不少人才，甘心为他效命。他虽然于 1920 年元旦被北京政府授予陆军上将，但他仍雄心勃勃，也想争总统宝座。从1920年直、皖战后，北京政府的实权已操控于直、奉两系，但两派间仍争权夺势，妥协与避让交替着，发展着。1922年初，矛盾终于到了不可调和的程度，于是爆发了第一次直奉战争。按当时的军事实力，直系优于奉系，但奉系出动了一多半的兵力，又拉拢一些皖系下台的军人，煽动他们的旧部讨伐段祺瑞。此战奉军出动的军力，由他亲自督战，各亲信将领统率各师旅分东西两路，六个梯队与直系军阀吴佩孚作战。由于张作霖的东北军素质不高，战法不合，斗志不强，尽管张学良、郭松龄所率的部队战斗力较强，但两人独臂难支，接战不久，奉军就纷纷溃败。直系军虽胜却也不敢久战，他们见好就收，双方同意议和，签订和约。奉军于1922年6月21日全部撤回山海关外，从而结束了奉系军事集团扩军黩武的第一次内战。

还在战事进行中，张作霖就预料到此战败局已定，于5月27日回沈阳，宣布东北“自治”，自任东三省保安总司令，于6月4日在沈阳就职。6月4日好像和张作霖格外有缘，1928年他在两孔桥被炸身亡也是这一天，当然这是后话。

张作霖扩军黩武，养兵30多万，使东北的财力转向军费的比例增加，而用于教育的渐少，教育经费已到了捉襟见肘的境况。

王卓然回奉天任视学后，住在沈阳，工作之余能经常到基督教青年会参加活动，和老同学、老朋友阎宝航、卢广绩、王化一等也能经常相聚。这时，阎宝航在学生部当干事，这以前他曾被青年会推荐到北京青年会学生部做练习干事。在京期间，他也常与王卓然相会。那时的北京刚刚发生“五四”爱国运动，青年的思想相当活跃，受王卓然影响，阎宝航也积极参加学生组织的爱国活动，并积累了一些组织学生活动的经验。回沈以后，他担任奉天基督教青年会学生部的干事，他的这些经验均派上了用场。阎宝航联络该会干事郭风、张多泠、朱连生及会员高子升、吴竹村、何松亭、巩天民等组织“星期三会”，即每周三晚聚在一起讨论新思想、新文化问题。王卓然如不外出视察，也来参加讨论。大家畅所欲言，各抒己见，都觉得思想升华，友谊增进。

阎宝航还组织社会问题研究会、旅游会、电影会等，这些活动吸引了很多青年参加。张学良也经常到会读书看报，参加活动。王卓然来参加活动都要帮助阎宝航张罗，有时他们聚在一起，天南地北，畅谈见闻心得，每每不舍离去。

这时的张学良已成为英俊威武的青年军官了。早在1919年3月，张作霖重新开办东北讲武堂，张学良即入第一期炮兵科学习。7月19日毕业，随后被授予陆军炮兵上校，任奉天督军署卫队营长、团长等职。1920年6月晋升为陆军少将。1921年秋，张学良还去日本观看日军秋操，他始知日本士兵的训练方法和操练的情景。1922年6月8日，张学良代表奉军赴秦皇岛与直军前敌总司令彭寿莘议和，双方以山海关为界，签订了停战条约，宣布第一次直奉战争正式结束。同年7月3日，张学良又被任命为“东三省保安总司令部”参谋长，协助其父整军经武。

张学良虽然军务繁忙，适逢青年会活动，也尽量抽暇参加。有时也与王卓然、阎宝航等人共同探讨军人管理方面的问题，分析第一次直奉战争失利的原因。王卓然说：“我看失败的原因主要有三：一是奉军作战的目的不明确，从军官到士兵不知为谁而战。自古打仗都是为保国卫家者得胜的多，因为将士用命参战，以血赢敌，如日本军进攻我东北，邓世昌、左宝贵能奋力杀敌，以身殉国，虽败犹荣。现在奉军入关，都觉得此战与己关系不大，战死白瞎，无人用命，岂能不败。二是奉军的指挥官本事不高，这些上层将领大多是令尊大帅的把兄弟或者亲信，对大帅忠心耿耿，但基本都不是行伍出身，没学过军事知识、兵书战法，他们的作战方式对付土匪还可以，用以与正规部队成建制军力的作战就派不上用场了。而且上层指挥官们大多是各怀心腹事，都想保自己的实力，不能团结协作，稍微碰硬就撤，不知道牵制敌人，配合友军。三是士兵的纪律涣散，抢劫、抽大烟、嫖娼、赌博这些事都存在，老百姓厌烦，作战就是军队自己的事，老百姓不参加、不支持，这样的仗怎能取胜？”

阎宝航也说：“汉卿，大帅若听的话，你就劝他别和关内打仗。咱东北现在是潜在着危机，日本在咱这驻了这么多兵，咱东北这些兵是用来防备日本人的。如果把大部分兵调进关，日本兵要起事，咱们用什么对付他们呐？常言说，人无远虑，必有近忧，日本鬼子的狼子野心，咱时时刻刻要提防啊！”张学良听罢连连点头，接着说：“玉衡兄所言极是，咱奉天军队是东北之千万父老的子弟兵，老百姓是咱的衣食父母，咱就是要保护老百姓的，日本鬼子胆敢起事，我们就决心和他血战到底。请你们放心，我一定要多在大帅面前讲这个理，提醒他警惕日本人。”

在省视学的岗位上，王卓然有接触厅长的方便条件，也有经常与张学良见面的机会。他能利用这条件、这机会，帮助有能力却遇到实际困难的好友渡过难关。

卢广绩是王卓然两级师范时的同学。入学前，曾在奉天第六两等小学就读，与周恩来是同学，两人的相貌身材也很像，最显眼的是都有两道浓眉。1918年，卢广绩和王卓然同从两级师范毕业，卢广绩被留在本校附小任教，后回家乡海城中学任教，并兼学监主任。1920年春，学生与校方发生冲突，因卢广绩同情学生，与校长争辩被免职。第一次直奉战争后，山海关地区连年遭受战争影响，百姓异常困苦。张学良接受普赖德建议，决定对这里的百姓进行救济。普赖德、阎宝航推荐卢广绩参加此事。卢广绩不辞辛苦深入穷乡僻壤，连去三期，发放救济粮，赢得百姓的好评和张学良的满意。但放赈是短期工作，其后卢广绩又失业了。王卓然知道锦西县视学空缺，就向张学良建议，帮卢广绩谋下这个职位。经张学良、王卓然的努力，卢广绩当上了锦西县视学。

1922年9月，谢荫昌厅长与王卓然被推举为辽宁省代表，去北京参加全国教育学制会议。此会于9月20日到30日共开10天，有78人参加。其间开10次大会，蔡元培为主席，其余分组讨论。大会通过7个决议案，即：一、学校系统改革案；二、县教育行政机关组织大纲案；三、特别市教育行政机关组织大纲案；四、省区教育行政机关设立参议会案；五、兴办蒙藏教育办法案；六、现行劝学所所长、校长暂停议会选举权建议案；七、关于地方行政教育机关各案遇有特别情形得酌予变通建议等。

会议期间，王卓然再次遇到了黄炎培、张伯苓、严范孙、范静生、陈筱庄、邓英、陶行知等教育家，各叙别情，大家都为王卓然一年多视学的历练充实了实际工作经验而欣悦。大家都勉励王卓然继续努力工作，为中国教育事业的发展做出自己的贡献。

第五章　负笈游美欧

西汉学者刘向说过："书犹药也，多读可以治愚。"王卓然深知读书的益处，任视学以后，他如饥似渴地学习新知识，对继续深造抱有渴望。

王卓然是一个重感情的人，特别是与孟禄博士的交往经历，使他与孟禄建立了深厚的友情。他经常给孟禄写信，介绍自己工作、学习的情况。接到这位中国忘年交的来信，尽管忙，孟禄也亲自给他回信，告知自己的近况。他觉得与孟禄通信，实在是件幸福的事，而阅读孟禄的回信，既是享受，又是获得新知识、新信息的渠道。

从与王卓然接触以后，孟禄就很赏识这位中国的青年，他的勤快、细心、好学、善思给孟禄留下了深刻的印象。孟禄建议他有机会到哥伦比亚大学来留学，他说："这所大学会把你造就成为一名优秀的教育家，从而更好地为你的祖国服务。”

其实，早在陪孟禄到各地参观调查时，孟禄就向他提出过这样的建议，陶行知也同他做过这方面的探讨。但当时王卓然还不敢深想，因为高师尚未毕业，若官费留学，无人给出资，若自费留学，以自己家庭的经济状况，更不具备条件。况且自己已近而立之年，既未在慈父膝下尽孝，又未在儿女身边履行父亲的责任，更没有较多地陪伴爱妻，分担爱妻持家育儿的负担，想起来也委实觉得愧对慈父、爱妻和儿女，所以那时孟、陶的建议也就听听罢了。

现在，自己任职在省教育厅，假如有机会，教育厅会有资助的可能。本已打消了的出国留学深造的念头又郁勃了起来，他有机会向谢荫昌厅长做过流露。很赏识王卓然的谢厅长安抚他，你眼下最要紧的是努力尽职，多做出成绩，待有机会可以考虑。

世间的事，有时就是让人琢磨不透，也许心想真的就能事成。在王卓然到教育厅工作一年时间后，出国的机会果然来了。奉天教育厅一年前派往美国考察奉省留美自费生学习情况的姬振铎行将期满，厅里将继续派员接替他的任务。

派谁去最为合适，谢厅长考虑再三。因为王卓然精通英语，去美国不存在交流的障碍，他又是北京高师研究院毕业生，学历可与哥伦比亚大学对称；再则说王卓然与美国著名教育家杜威、孟禄友情笃厚，这两人在美国弟子如云，这对他赴美能有诸多方便；还有他熟悉中国各地教育情况，带着中国教育的不足去到美国最权威的教育学院与各国的教育专家进行交流，取长补短，将会学到更多先进的教育理念和教法，有利于推动和促进奉省的教育。

在征得王卓然同意后，1923 年 5 月 2 日，奉天省教育厅呈给省长公署，请求批准王卓然驻美调查新教育。请示写道：

> 呈为驻美调查员任满回国，拟遴员接替，恭请钧鉴事。案查派员驻美调查新教育，并考察奉籍留美自费生在校成绩，业于 9 月 9 日奉准派委北京高师毕业生姬振铎前往在案，现据该员呈称，本年暑假任满拟请报告一切，并请派员接替等情。查奉省正当学制更新创办副业职业教育之际，凡百设施多以欧美为借镜，该员既经任满，自应遴员接替，以期继续调查，灵通消息。查有北京高等师范研究院毕业教育学士、省视学王卓然学识优长，操行高法，办事亦有魄力，堪以派往。理合连同履历呈请奉天省长。

此请示上呈待批的同时，王卓然将欲去美国留学的想法回家向慈父、继母和爱妻诉说了。继母是蒙古族人，不精书教之事，更不愿参与王卓然的去否之择，而王镇和李卓琳都不愿意他去。王镇说："咱家现在的日子比从前好多了，去年咱家还盖了五间新房，在咱村就是上等户了。现在你的差事又这么好，薪水开得也不少，你就好好地当你的差，过个安稳的日子，出什么国留什么学。再说你已经从北京高师毕业，论学历在奉天也算最高了，搞教育就够用了。再说你长年不在家，我已这把年纪了，一旦有个好歹，就留你媳妇带三个孩子，这年头兵荒马乱的可怎么整啊！"妻子李卓琳也说："回波！我不是掰扯你，从我嫁给你到现在，这都十二三年了，从在奉天上学到在北京上学，回来又留在省里当差，你在家待过几天？三个孩子一把屎一把尿的拉扯到现在，你帮过我什么？这我不挑你。你念书为了图个前程，可你现在论学问已经是北京高师毕业，在搞你这行中是最高的了，论差事你是省教育厅的视学，全省就那么几个，薪水也不少，就知足吧！再说你要出国少说三五个月，多说一年半载还行，一去就得三四年。这么多年你不回家，咱爹又这么大岁数了，有个大事小情，你让我咋办呐？"

听了慈父和爱妻的话，王卓然确感内疚和惭愧。他看着慈父和爱妻脸上乞求和渴望的表情，心里确实感到慈父和爱妻真是可怜，自己应该多留在他们身边，经常回家看看，担担家事，让慈父和爱妻享受享受一家人团聚在一起的天伦之乐。可是他一回忆在船往广东去的途中遇到那个外国小孩的话，一想起奉天省、全国还有那么多应该上学却没有上学的孩子，一想到帝国主义列强在中国的横行霸道、欺辱中国人的情景，一想到日本对中国的野心，就觉得自己作为一个决心终生从事教育事业的人，肩上的担子很重，而最能把这副担子挑好的选择就是去美国留学，把人家先进的教学经验和教法学到手，回来更好地运用到指导奉天教育的实际中去。想到这里，他动情地对慈父和爱妻说："爸！卓琳！你们说的话都在理，我都理解。论当儿子，我不合格，论当丈夫和孩子的爹，我更不合格。这么一大家人，里里外外这么多事，都靠你们张罗、忙活，什么也指望不上我，我真的对不住你们！我在外边走的地方多了，看的东西多了，我们国家现在相当贫穷落后。就拿我来说，读了这么多书，见了这么多世面，可是一个外国小孩见了我，还说我瞧不起你。为什么连个外国小孩都敢这样对待中国人？不就是中国落后吗？为什么日本鬼子到中国、到咱东北那么凶？不就是咱们穷，国力不强吗？别看咱家日子现在还算行，假如日本鬼子打进来，照样杀咱们的人，烧咱们的房子。怎么才能让中国强大起来，才能不被外国人瞧不起，就是要提高中国人的觉悟，让中国人有文化，有本领，发展工业，发展经济。要让中国人有觉悟、有文化，就得发展教育，多培养好的老师，多建学校，让该上学的孩子都能上学。我去留学，到世界最好的大学，跟最有经验的老师学习新式教育，增长见识，回来后从事教育工作，就会更有劲、更顺利了。我去以后，家里的事你们就多操心了，就当我没出去，还在奉天呢！”王卓然费了很多口舌，总算说服了慈父和爱妻，支持他去美国留学。

临行前，王卓然把自己的物品、书籍打成包，将日记本、书信、照片、毕业证书等装进一个皮箱，送回莲岛湾家里保存。日记本中有在奉天两级师范读书的记录，有在第四师范学校、在安东商业中学的记事，更有在北京高师读书时所见所感的记事，尤其是陪同孟禄到各地参观调查教育的记录。信件里有胡适、孟禄、张学良、阎宝航、陶行知等许多名人写给他的信。照片有他与胡适、顾维钧、张伯苓、陶行知、陈独秀等的合影，还有抚顺官立第一两等小学堂毕业生合影及奉天两级师范、北京高师毕业时的师生合影等。这只箱子放在仓房的棚顶上，遗憾的是因照顾不周，被老鼠所嗑，面目全非。五年后王卓然回来见状，心痛万分。

为了赶在1923年9月末秋季学期开学前到校，王卓然8月中旬告别了慈父和妻儿，先去上海，再从上海乘船，经一个多月的航行，横穿太平洋，登上了美国的国土。先在旧金山落脚，然后乘火车横跨美国大陆去纽约哥伦比亚大学报到，从而开始了在美国四年的留学生活。

哥伦比亚大学位于美国纽约市中心曼哈顿，美丽的中央公园在它的南面，清澈的哈德逊河在它身边川流不息。这座美洲大陆最古老的学院，早在1754年就诞生了。它是根据英国国王乔治二世颁布的《国王宪章》成立的，开始命名为国王学院。美国独立战争后，为纪念发现美洲大陆的航海家哥伦布而更名为哥伦比亚学院，1896年改称哥伦比亚大学。

哥伦比亚大学属于私立的常春藤盟校，也是美国最早进行通才教育的本科生院，它以最严格的核心课程和卓越的学术成就而闻名于世。在20世纪上半叶以前，哥伦比亚大学和哈佛大学、芝加哥大学被公认为美国高等教育的三强。世界众多杰出的政治家、经济学家、教育家、科学家、医学家、作家毕业于这所大学。哥伦比亚大学最初的建校目标是：在已知的语言、人文和科学领域内教导和教育青年。为此，学校和教师及课程设置都必须围绕三个问题进行：一是让学生学习什么？二是用什么方法教育学生？三是毕业后学生除了获得学位和所学的知识外还具备何种世界观？学校最强调的是实践，注重学校和社会结合，鼓励教师走出教室和学校把知识传播出去的同时，从社会实践中获取新的知识，使知识学以致用。

哥伦比亚大学更重视对学生语言表达能力的培养，使七成以上的学生能流利地讲几门外语。为了训练学生的语言表达能力，学校还经常举办研究生论坛等各种形式的论坛，且主席、评委都由学生自己充当，论坛的程序和规格完全和正式的研讨会一样。为了争取在各种论坛上的锻炼机会，展示自己的学习收获，每个学生都积极参与，或在图书馆查找资料，或拟定讲演提纲，或利用课余时间背讲演稿，练习口语。除此之外，各班每天早晨第一节课都要安排一名学生在同学面前做讲演，以锻炼当众讲话的能力，这已经形成哥大的优良传统。

第一次踏进哥伦比亚大学的校门，映入眼帘的鳞次栉比、高低错落的各种功能的大楼，使王卓然心旷神怡。在国内他看到过许多学校，还没有像哥大这样大的学校。此时，王卓然想到孔子的话，“入其国，其教可知也”。看哥大的建筑风格，环境的设计与管护，师生的表情，就会感觉出作为世界名校，哥伦比亚大学名副其实，当之无愧。

王卓然先后拜访了杜威、孟禄两位博士。虽然两年未见，但二人风采依旧，睿智中带着幽默，严谨中带着天真。他们欢迎王卓然来美留学。孟禄还在家中设宴欢迎王卓然。孟禄对王卓然说：“我们到奉天去参观调查时，遗憾的是时间太紧，再加上去你的家不通车，否则我一定去看看你的家、看看你的老父亲和你的妻子及孩子。现在他们都好吗？你来美国留学，他们让你来吗？我听你说过，中国东北的民间流传两句俗话：‘两亩地一头牛，老婆孩子热炕头。’这是满足于天伦之乐，这好也不好。好是它符合中国人中庸的思想，不张扬，不会出大错；不好是把人束缚了，都这样想社会就不能进步了。”王卓然说：“是啊！我不认同这种思想，我就是愿意出来闯荡的。如果我当年不出来上学，现在就是在乡下老家，过着老婆孩子热炕头的日子。出来上学，知识增加了，见识广阔了，社会责任感增强了，才懂得人不能只为自己活着，为自己家人活着，更应为社会活着，为社会的进步尽自己的一份责任和义务。我来留学，家里人都不同意，这也是正常的，我费了好大劲才说服他们。说实话，真难为他们了，我真感谢他们。”孟禄说：“你既然来了，就安心学习吧，你学好了，是对你父亲、妻子最好的报答。以后生活、学习上有什么困难尽管找我好了。”

王卓然在哥伦比亚大学入师范学院研究生班，他是研究生班里唯一的中国学生。他所研究的课题是教育哲学、教育心理、教育行政。在王卓然看来，哥大的教学是一流的，但所教的东西与中国的国情不符，如照搬到中国多半行不通。

王卓然留学，生活费和零用钱要靠自己打工。做工使他得到全面、深入了解美国社会的机会，他觉得这是在上社会大学，在这所广阔的社会大学中所学的知识和对社会、对世界的了解，远胜于哥大这座世界名校。

王卓然在哥大读了四年，每年的暑假都外出做工。第一个暑假，经朋友介绍先到一个天主教神甫学校做工，报酬很低。工作倒是不累，就是打杂之类，但最痛苦的是早饭前、晚饭后的两次祈祷，有时还要加一次。祷告时神甫领着跪在水泥地上，一跪就是十多分钟，冰凉梆硬的水泥地让人从心里发怵。每次跪祷时，水泥地的凉气直往腿上、身上窜，让人觉得浑身透凉。每次跪完双膝痛疼，两脚发麻，这可真叫遭洋罪。王卓然想，这些神甫们是用什么方法先把自己麻醉，然后再口中不停地叨念拉丁文经典与不间断地跪拜祈祷，使自己成为完全没有思想、没有灵魂的行尸走肉。我如果继续在这做工，自己不也成了他们一样的人。身体跪垮了，精神麻木了，回国用什么来报效国家、振兴教育？

他在这里干了一个月就辞别了。

随后，经另一位朋友的介绍，王卓然又到费城附近的一个家庭式学校做工。这里与神甫开的学校在理念和形式上截然不同，不像前者那样机械、教条。这所学校代表着基督教最自由的一派，叫奎克教，又名朋友教，他们是以爱好和平为教义，不相信传教，所以没有职业牧师，他们主张以平等博爱的行动来发扬耶稣基督的精神。王卓然在这里工作了两个月，遇到了各种各样的人。人们来自不同国度、不同阶层，有着不同的文化背景，但都能和谐相处，相敬如宾。这两个月的时间对王卓然的思想产生了很大的影响，他痛恨战争，希望世界永远和平。抗战胜利后，蒋介石欲发动内战，他积极参加反战运动，与在这里所受的影响是分不开的。

第二个暑假，即 1925 年的 7、8、9 三个月，王卓然受杂志广告商的吸引，承担了下乡卖地图的工作。正式下乡以前，先接受一周的培训，学习地图的内容、作用以及推销的方法。培训结束后王卓然便到小城及乡村去行销。他所卖的地图是美国地图及首都与周边四省的公路地图，每张地图成本不过三五角钱，而卖价却是 1.95 美元。明明是一个以盈利为目的的纯商业性的公司，在推销时却让你说，这是“国家测量的代表”。这家公司的董事长很会笼络人，在王卓然最初工作的两个星期内，每天写一封快信给他，鼓励他坚韧不拔，要不懈努力，还表扬王卓然具有“卓越精神”。王卓然懂得，这位董事长表扬我，给我加油打气，其目的是让我为他卖命地工作，好多给他获取利润。因为卖一份地图，除了付王卓然的薪酬，他至少能获9角钱的纯利。他雇了很多像王卓然这样的学生，每天他获得的纯利是相当可观的。由此次做工，王卓然认识到美国的商人于盈利之道是何等的精通，于剥削的手段是何等的娴熟，还让受剥削者感到心情舒畅。

这次广泛地深入美国民间，王卓然还知道了不少美国的黑幕。有一次，他遇到一位铁路工人，他见王卓然是来自中国的青年，就问王卓然：“你知道第一次欧战是怎么打起来的吗？”王卓然回答是德国威廉皇帝挑起来的。他坚决地说：“不是！不是！是纽约华尔街十几家银行家制造出来的。因为他们立意要急着放款或投资，去制造军火发财。”他的话让王卓然感到意外，他万万没想到资本家为了攫取最大数额的剩余价值会这样灭绝人性，变相挑起战争，这真是草菅人命。后来日本人制造“九一八”事变，表面上看是由于日本军人帝国主义野心的膨胀，实际上他看出是三井、三菱、安田几大财阀在背地里作祟。第二次世界大战的爆发，也是资本主义国家为了转嫁经济危机，转移国内人民的视线而发动的。这三个月的做工，他挣够了一年的生活费，也使他更加了解资本主义社会的本质和资本家的虚伪。

有了生活费，使王卓然稍稍感到宽慰。然而，这年11月的一封家信，却让他感到如五雷轰顶，悲痛至极。原来这年秋末，庄稼已收割完毕，他的父亲王镇在地里放马。忽然飘来一大块云彩，不大工夫便下起了雨，还夹杂着雷电，可怜他的父亲，没注意防雷，竟被雷公夺走了生命，当时还不到70岁。看到这里，他恨不得自己变成一只能快速疾飞的雄鹰，拍动双翼，眨眼间飞到慈父坟前，痛哭一场。他还想，假如自己不来美国留学或许父亲不会遭此天灾。从信中他还得知自己出国后，儿子福时已到沈阳读书，妻子李卓琳和继母关系不睦，便领着两个女儿离家出走，到李石寨村给大户当家佣。父亲去世后，继母离去，妻子才返回家。现在妻子带着两个孩子，在家过着忧郁的日子。他一边看信，一边啜泣，慈父、慈母、妻子、儿女们的模样一个接一个地浮现在他的眼前。

父亲的去世，使王卓然恍惚了好一阵子。时常梦见慈父。转眼第三个暑假到了，王卓然很想回国回家看看，可一算账，回国往返就得用去两个多月的时间，到家也待不了几天。回去一趟要花去一年的生活费，回家要花钱，还不能做工挣钱，第四年的生活费就成了问题。最后打定主意还是不回去，继续找工作。

王卓然听说讲演可有收入，通过讲演还可以提高自己的英语水平，于是他预备了几个关于中国问题的题材，再征求同学和社会上朋友的意见，看哪个题材能受美国民众的欢迎。大家最看好的是《中国人的人生哲学》。有了大家的认同，为了准备好这一题材，他去图书馆，借来多本老子、孔子、孟子的中文本及英译本进行研究、对比。他将《礼记·大同篇》中的“大道之行也天下为公”，孔子的“己所不欲勿施于人”，《中庸》中的“四海之内皆兄弟也”，“天视自我民视、天听自我民听”；老子的“生而不有为而不恃，长而不宰”这些话重点加以阐释，再加上自己的一些观念，准备了长达一小时的讲演稿。反复推敲、修正，再一遍一遍地背诵，背熟了，再在屋里对着镜子配以适当的具有东方人特点的动作。功夫不负有心人，经过一个多月的准备，他已能驾轻就熟地讲演了。临放假前，他把这个题目和讲演提纲打印在一张纸上做广告，再找了一本通讯地址，选择沿铁路线近的学校，由西向东地寄出几十份，上边还标明每讲一次收费 30 美元。信发出后竟有不少学校对此感兴趣，有的按价付他讲演费，有的仅供他吃住。就这样，整个假期三个月时间，他由大西洋岸边走到太平洋岸边，见了社会上许多各阶层的人物，既宣传了东方文化和文明，又赚了钱，还获得了许多社会经验，这远比在课堂上学到的要多。他还对各处的风情、轶事做了记录，记了几个日记本。此时的王卓然已成为地道的美国通了。

有了第三个暑假做讲演的经验积累，第四个暑假到来以前，他又做好了准备，这回他又增添了两个讲演题目，有中国的历史，有日本帝国主义侵略中国的事实。本来第四年是应该做博士论文的，可在他看来，到美国各地进行更广泛的宣传介绍中国，揭露日本对中国的侵略，让美国人民全面广泛地了解中国，远比个人获得一份博士证书更重要。所以他舍去了晋博士的机会，往返于大西洋和太平洋之间，进行讲演，足迹历全美 36 个州。所到之处，无不受到诚挚的欢迎。最令王卓然难忘的一次讲演，是洛杉矶一个共产党的小团体召开座谈会，到会的共有 30 多人，他们万分亲切而诚恳地听着王卓然的讲演，有时还向王卓然提问。他尽己所知，力使他们满意。他的这些讲演有力地宣传了中国的历史和文化，揭露了日本对中国的野心和侵略。他也提示美国人民，日本绝不是仅想吞并中国，还想控制世界，成为世界的霸主。

四年的留学时间一晃就快结束了，早在一年前，王卓然就获得了教育硕士学位。第四年他放弃了晋博士的机会。几年的做工、讲演让他积攒下一笔足够去欧洲旅行的路费。他想欧洲是老牌资本主义的发迹地，有巴黎公社起义，有意大利三杰建国的光荣历史，有资产阶级革命和工业革命的旧迹，有美丽的泰晤士河、塞纳河、多瑙河、伏尔加河，有阿尔卑斯山，可转道去那里一做讲演，宣传介绍中国文化，二可考察社会民情、教育做法，三可欣赏那里的风光。他把这种想法向奉天省教育厅做了请示再经省长公署同意，1927 年 8 月便登上了去往欧洲的轮船。轮船劈波斩浪，经过 20 多天的航行，王卓然首先在英国登岸。

从美国离开时，有位叫任德的老女士，是一位虔诚的朋友教教徒，她向王卓然介绍到英国后去找朋友教帮助。按任德的介绍，王卓然得到热情接待。经他们介绍，王卓然到苏格兰、爱尔兰、英格兰的各大城市参观讲演，同样受到热情欢迎。同时他也看到这些国家人民的奋斗精神，尤其是爱尔兰人，他们以蕞尔小邦，一切都在英国人势力的笼罩之下，但他们坚强不屈，保持民族自尊、民族文化，硬是不肯服从于英国人，并坚决求得政权的独立。这里的朋友教的人同样是热爱和平，他们一致向王卓然表示要为争取和平而奋斗。

在英格兰，王卓然还去爱丁堡大学看望好友阎宝航。此时阎宝航正在这座大学的研究生院学习，所学

1927年秋王卓然（左一）、老舍（中）、阎宝航在英国爱丁堡大学门前合影。

的专业是哲学、社会学，又选学世界经济地理。因王卓然与阎宝航经常通信，彼此的情况能及时知晓。在阎宝航那里，正逢阎的朋友舒庆春（字舍予，即老舍）也在，阎宝航将老舍向王卓然做了介绍。原来老舍也出身寒门，父亲为抗击八国联军，战死在保卫北京皇城的巷战中。他当时才1岁，现在他在伦敦大学东方学院教华语。王、阎两人各叙别情，分外亲热。阎宝航向王卓然介绍了这几年奉天的情况，日本在东北的势力又增强了，东北的形势更严峻了。三人合影、聚餐，边吃边叙，都对中国的现状感到忧虑，都对中国的出路发表着自己的见解。

王卓然在英国讲演的主题是日本侵略中国及远东的危机。他用亲眼所见的一桩桩血的事实来揭露日本侵略者的罪行，引起了许多来自不同国度的人们的关注。他在参观英国巴力门（议会）时，恰巧遇到一位共产党员，他是印度籍，名叫萨克拉蒂瓦拉，此人立场坚定，旗帜鲜明，以雄辩的口才、铁的事实、严密的逻辑，痛骂英国保守党政府出兵上海，干涉中国工人运动。他单兵作战，慷慨激昂，毫无惧色。他演说了两个小时，挨骂的保守党人面面相觑。王卓然看着感到非常解渴，痛快万分。

王卓然也到英国的海德公园演讲。这里是英国最有影响的群众讲坛。每到周日，这里汇集着形形色色的人。讲演者站在肥皂箱或椅子上开讲，有的宣讲共产主义，打倒帝王制度；有的讲无神论、打倒宗教迷信；有的印度人讲印度自治，痛骂英国人的压迫和剥削；等等。内容五花八门，时间有长有短，听的人有多有少。群众各取所需。在这里任何题目都可以讲，任何制度、任何人物都可以评论、责骂，所以有的讲演者能和群众良性互动，有的讲演者却和群众激烈辩论。

王卓然讲演的情况也是如此，尤其他讲的《中国人的人生哲学》，突出中国“和为贵”的思想，中国人奉行“己所不欲，勿施于人”的处世原则，很受这里群众的喜欢。也有人向他提问，因他对此题已烂熟于心，能应对自如，对宣传介绍中国的历史文化起到了很好的作用。

王卓然在英国住了5个月，开始还觉得英国才是真正的自由、民主的社会，特别是海德公园的自由讲演，是真正自由的体现。但经过以后深入地观察和了解，才感受到，其实英国是在封建制度下，实行资产阶级统治，民主自由全是伪装的，如同恶霸地主向穷人施粥施衣一样，其目的是收买人心，不反抗他们的剥削。而报纸、教育、政权及国家机器都掌握在资产阶级手里，无论何党执政，不过是换汤不换药，对外是推行帝国主义政策，对内维护资产阶级的根本利益。

1928年2月，王卓然渡过英吉利海峡，进入欧洲大陆。他先到巴黎，次到柏林，由柏林再去慕尼黑、莱比锡等地。而后又往比利时、荷兰、丹麦、奥地利、瑞士、意大利等国游历、参观名胜。

王卓然是一位心细手勤的人，所到之处都详细记录风景的特点、游历的情况、参观的感受，以备日后出版游记之用。

王卓然仍想在欧洲大陆继续他在美、英时的讲演，但因后来所去的这些国家不使用英语，他的讲演计划未得实现。但也在法、德两国各开了一次座谈会，由朋友教组织一些懂英语的人参加。王卓然向他们介绍了日本对中国东北的侵略及对世界和平的威胁，又回答了他们的一些提问。

1928 年 7 月中旬，王卓然到了苏联首都莫斯科，小作览胜之后，购得开往中国的车票，登上经西伯利亚返回祖国的列车。尽管沿途那特有的迷人景色美不胜收，令人陶醉，王卓然已无心欣赏。他恨不得插翅飞到家乡，飞到故友中间，向亲人、向朋友、向同事倾诉这五年海外游学的所见所闻、所思所感。

第六章 竭诚辅少帅

1928年7月末，王卓然回到了阔别五年的沈阳。这座东北的最大城市是他的第二故乡。他青春的最好时光是在这里度过，他的爱国思想是在这里升腾，他的多位挚友是在这里结识，尤其是已经执掌东北军政大权的少帅张学良。下了火车，走出站台，王卓然看到熟悉的车站依然，周围的建筑依然，但见人们的举止表情，似乎笼罩在怅然若失、恐惧茫然的氛围中。还在车上，他就从哈尔滨上车的旅客口中得知张作霖被炸身亡，东北军政事务由张学良接替的消息。乍听张作霖被炸的噩讯，他大吃一惊。他为大帅暴亡痛哀，为张学良突然丧父寄予同情。他预感到对大帅下此毒手的肯定是日本人，这些丧尽天良的恶魔既然能对大帅下手，自然也能对少帅下手，所以他在悼念大帅的同时，更对张学良的安全感到担心。

张学良得知好友王卓然学成归来，很是高兴。此时他刚挑起东三省军政大事的重担。尽管他身边有数百文官武将，更不乏对他忠心耿耿之人，但真正学贯中西，有才气、有胆略、有见地的并不算多。他求贤若渴，当即邀请王卓然来府相见。

因为还在守孝，张学良身体消瘦，面容憔悴，身着孝服出来迎接王卓然。两人紧紧拥抱，心潮翻滚。两人都紧闭着嘴，眼里噙着泪花。王卓然从张学良拥抱自己的手劲中似乎领悟到了。“王老师，我现在正处于人生中最艰难困苦的时候，我太需要你的全力帮助了。”而张学良从王卓然坚定诚笃的神态中清楚了他的心声：“汉卿，你放心，我非常理解你，我会不遗余力地辅佐你，纵然上刀山，入火海，也在所不辞！”张学良挽着王卓然的手走进大青楼内他的办公室。

王卓然扼要地介绍了自己五年留学游历的情况，十分关切地说：“汉卿，大帅的情况，你的情况，东北现在面临的情势我都知道了，你现在首先要节哀，保重身体。东北政治、经济、军事所有的大事都要由你处理，你的担子太重了，你的身体不好怎么能行呢？听说日本派林权助为特使来吊唁大帅，还向你提出一些无理要求，被你给呛走了。呛他倒对，但他们没达到目的绝不会善罢甘休，你可要提防着他们呀！”

张学良对王卓然说："王老师，你可回来了，在我的朋友中，你、玉衡（阎宝航）、遁赓（卢广绩）都是精明强干、有学问、有见地的人，可是我摊上这么大的事，你们都不在沈阳，让我真想你们哪！这下好了，你可回来了，在国外又有如此丰富的经历，你可得好好帮帮我呀！"张学良深有感触地说："我现在成了蜘蛛屁股，衔多。什么东三省保安总司令，什么东北临时保安委员长，什么东北海军总司令，什么东北大学校长，数都数不过来，你想丢都丢不掉。你刚才说，日本特使林权助来，拿的是玻璃花圈，什么吊唁，那是敲竹杠，趁火打劫来了。他小看我，说我如此年轻，竟能承担管理东北的偌大责任。言外之意你能行吗？我说：'我与你们天皇同庚，他能统治你们全国，我承东三省人民爱戴拥护和先父旧属辅佐有何不可！'"王卓然说："你呛得好！"张学良接着说："他向我敲诈，跟我要权利，要东北的森林、矿产、铁路。说我父亲三次入关问政，每次都有日本的饷械和道德的援助，说我父亲曾许诺，成功后把东北的林、矿、铁路给他们作报答。我说父亲说没说过这样的话我不知道，他也没和我交待。我是一个守土的军人，军人就懂一寸国土也不能给别人，我也没有那么大的权力。"张学良还告诉王卓然说："林权助还劝我不要接受三民主义，不要和国民党政府实现统一，那样国民党政府就会把你的权力逐渐地剥夺了。我说，我个人有没有权力都无所谓，只要国家强大了，人民不再吃苦受罪挨欺侮，我无权力也不足惜！再说我们东北与国民党政府统不统一是我们自己的事，这用不着你们操心！”张学良说：“我厉言正色地正告林权助，使他无话可说，灰溜溜地走了！”

通过这一番交谈，王卓然感到张学良经过这些年的历练，确实成熟了，他的洞察能力、判断能力、说服能力、领导能力、交往能力之强，远远超出了原来的想象。

说完林权助被呛走的事，张学良以真挚的口吻问计于王卓然：“王老师，你见多识广，以你的识见，你说我现在应怎么办？”王卓然见张学良如此诚恳地求计，就把自己回来后看到、听到的情况，觉得其中存在的不利于东北安全、发展的因素及如何改进的措施和办法告诉了张学良。他说：“现在东北面临的形势很严峻，日本步步进逼，必欲取之，中日之战迟早会发生。如全国一心，团结一致，共同防御，日本就会觉得取之付出的代价太大，就不敢轻举妄动，就可能推迟战争。如中国人不能团结一致，全国不能统一，经济不能发展，国力不能增强，战争就会加快来临。如战争来得早，仅靠东三省之力，根本无法抗击日本。所以当前的东北必须尽快与全国统一，使政府成为能调动全国资源的政府，这是第一点。第二，要大力发展经济，增加税收，改善民众的生活。现在中国与欧美国家的发展水平相差太悬殊，东北的父老乡亲的生活太贫困了，政府的职能是让他们过上好日子。所以，只有发展经济才能让百姓过好日子，而要发展经济就要精简政府机构，裁撤冗员，提高政府的工作效率。军队的责任是保护国家和百姓的安全，军队只有强大才能守土护民。而军队不一定要数量多，多不一定强，数量少不一定不强。把养兵养官的钱省出一些来改造工厂，发展生产，就会促进经济的发展。比如现在沈阳的兵工厂，如对其加以改造，改生产兵器为生产农业机械，把农业和手工生产转为半机械化或机械化生产，就会提高农业生产水平，增加粮食产量，增加农民的收入。要更多地培养懂得如何发展经济、强国富民的人才。我国的教育重书本，轻实践，培养的学生实际能力不强。美国的教育注重实践、注重语言表达能力和实际动手能力的培养，这方面我们应该借鉴。”

听了王卓然的意见，张学良非常赞赏，他说：“听君一席话，胜读十年书。王老师所言很有道理。看来实现全国统一，服从中央政府，挂青天白日旗的进程应该加快。其他两项也应及早落实。”张学良接下来说：“王老师，你是世界最权威的师范学院毕业的硕士，你就别再当视学了，到东北大学去当教授，当系主任，把你学到的最新的教育行政管理知识都运用出来，帮我把东北大学办好。我还要聘请你当东三省保安司令长官公署顾问，遇事有你给我出谋划策，我就不用愁了。此外，还得委屈你，帮我调教调教我的孩子，当我孩子的家庭教师，教他们英语和世界常识。大学教授教小孩，让你大材小用了。”

张学良得知王卓然暂住在卢广绩家，就说：“这不行，这么多年你和嫂夫人过着牛郎织女的生活，现在该结束了。我告诉东北大学给你安排住处，抽空回老家把嫂夫人和孩子都接来，该团聚了。”

张学良的安排，王卓然甚为感激，虽然觉得张学良给予的三个角色有点多，但哪个都难以推辞。

张学良派人领来了三个孩子，即他的女儿闾瑛、长子闾珣、次子闾玗。三个孩子进屋，张学良告诉他们：“这是我给你们请的老师王先生，是刚从美国回来的大教育家，他以后就教你们。来！你们要拜见老师。”三个还戴孝的孩子见这位新老师身材高大却文质彬彬，面容慈善，和蔼可亲，就给王卓然下跪叩头，齐呼“王先生好！”王卓然见这三个孩子家教严格，又这样有礼数，心里既高兴又有些激动，忙说：“快起来吧！以后我一定好好教你们。”

此后，王卓然制定了教学计划，每周二、四、六三次课，往返由专车接送。

1928年下半年，张学良在东北办了几件大事：一、调整了东三省的文武机关；二、设立兴安屯垦区；三、缩减军队，人数由40万减至30万；四、压缩兵工厂；五、整顿财经；六、将驻扎在关内的军队全部撤回关外；七、通电全国，东北服从国民政府，实现祖国统一，挂青天白日旗。易帜后，还报请国民政府将奉天省改为辽宁省。张学良实行这些励精图治的措施，有的就是听取了王卓然的意见。

为了支持张学良易帜，王卓然请省议会议员开会支持易帜，还联络沈阳、抚顺、辽阳、铁岭、新民、黑山、清原、新宾、开原、锦西、昌图等14个县的代表刘仲明等联名上书省议会，请愿挂旗统一。对于张学良安排王卓然担任东北大学教授的工作，他也非常珍惜。他辞去省视学进入东北大学教育学院担任教授、教育行政系主任。

东北大学成立于1922年。初衷是东北三省联合办学，但吉林想自办大学未参加，便由奉天和黑龙江两省出资，办了起来。经费是奉天出九成，黑龙江出一成。由王永江担任校长。经过一年的筹建，1923年7月招考第一届新生，两科（文法科、理工科）九个系（文法科有英文、俄文、政治、法律四系；理工科有数学、物理、机械、电工、土木五系）共招300名学生。1927年11月王永江辞去校长，奉天省省长刘尚清兼任到1928年8月，校长便由张学良兼任。1928年7月东大的招生报考就已开始，试后招新生400人，其中有女学生近百人。

张学良兼任东北大学校长后，对于东大的发展倾注了大量的心血，使该校声名雀起，成为名副其实的东北最高学府，堪与清华、北大等全国著名大学相媲美。张学良鉴于当时学校教学点分散的情况，加大了北陵校园的建设，建成了汉卿南楼、汉卿北楼大礼堂、图书馆、体育馆、化学馆、纺织实验室、教授俱乐部以及西新村教授住宅等。他还捐私款150万元用于办学之用。1929年7月，南校全部迁入北陵新校舍，教授也搬进了西新村教授住宅。学校给王卓然配的房子共有五室，条件优越，卧室、书房、客厅、餐厅、厨房、卫生间一应俱全。

1928年秋季新学期开始，9月1日，东大举行了开学典礼。张学良将军戴孝出席典礼仪式，他首先讲话，要求全体学生要认识到自己的责任，刻苦读书，为驱逐外虏、建设好东北而努力。

张学良讲完，王卓然代表文法学院讲话。这天是王卓然首次在全校师生面前亮相，他身着合体西装，精神抖擞，健步走上讲台，做了短暂的即兴讲话。擅长讲演的王卓然一开口就抓住了学生的心理，调动了师生的注意力。他在对新生致以热烈祝贺并欢迎后，又简要介绍当前的形势。他说："我们中国当前有三大害。一是黑祸；二是黄祸；三是红祸。黑祸是鸦片，是毒品；黄祸是日本人对东北的占领，对中国的威胁；红祸是苏俄。外国人用毒品来残害中国人民；日本人在东北多处驻兵，不断挑衅，制造事端；苏俄控制中东路，想把大连港作为他们的出海口……现在面临着来自多方面的威胁，同学们一定要发愤学习，使中国强盛。"最后他用"请看今日之东北，竟是谁家的天下！请看今日之东北，竟是谁家的天下！"做结。他的话音刚落，满场就爆发了热烈而长时间的掌声。他的讲话使张学良百感交集，难过得低下了头。有的教授对王卓然的讲话感同身受，眼里也噙满了泪水。

在东北大学，王卓然既担任教育学院教育行政系主任，还要亲自给学生上课。作为系主任，系里的行政管理、教育管理、教师的思想工作、教师的教学，如教案的制定，教法的充实、提高，他都科学安排，亲自过问，身体力行，做细做好。他讲教育行政课，深入浅出，旁征博引，效果很好，深受学生的欢迎。

这时王卓然的薪酬是月 400 块大洋，他交家里 100

多块，用于全家的生活费用，自己留 100 多块用于买书等个人开销，其余用于资助困难学生。他自己是贫苦家庭出身，知道穷孩子求学不易，自己现在有条件应尽量帮助那些困难学生完成学业。

王卓然对学校的工作充满热情，为了保证和鼓励同学们学习，学校成立了以他为主任委员的助学金委员会。为了募集助学金，王卓然到南京募捐，蒋介石、孔祥熙、宋子文等要人都捐了款。在王卓然的努力下，委员会在国内劝募了一大笔款，由学校放入银行作为助学基金。委员会下设的助学基金董事会负责为家境贫寒或遇有重大灾害的学生和学习成绩满 80 分以上的学生办理贷款。在采取这种做法以前，有些学生因家贫中途退学，自从实行助学金贷款后，学生皆大欢喜，都能孜孜向学、奋发图强。大家都认为王卓然为学生办了一件大好事。

1928 年 12 月 30 日，南京国民政府任命张学良为东北边防司令长官，奉军改为东北边防军。张学良又聘任王卓然为东北边防司令长官公署顾问。1929 年 1 月 4 日，张学良在奉天宣誓就职，王卓然参加了仪式。仪式上张学良誓言："只有竭尽智能，效忠党国，务期边防巩固，中央少北顾之忧，内政修明，黎庶具春台之乐。"两天后，东北政务委员会成立，张学良被南京政府任命为主席，励志图强的张学良靠众人的支持，正按计划一

1929年东北易帜后，东北主要军政要员合影。前排右七为张学良，其后左为王卓然。

步一步地实现着他对东北建设的目标。

然而有两个人与他面和心不和，在暗中为他的脚步设绊，这就是杨宇霆、常荫槐。杨宇霆，1886年生于奉天法库县，字邻葛，日本士官学校毕业，历任奉军参谋长，东北陆军训练总监，奉军第三、四方面军军团长，东三省兵工厂总办等职。1925年任江苏军务督办，被直系军阀孙传芳逐出南京。他回奉天找张学良，张学良又任命他为奉军参谋长，但他暗中投靠日本帝国主义。常荫槐，奉天梨树县人（现吉林梨树县），字翰襄，奉天法政专门学校法律系毕业。一直在黑龙江任职，受杨宇霆赏识，于1925年任京奉路局长，1927年任代理交通部长兼京奉路局长。张学良主政东北后，任命他为黑龙江省省长。杨、常二人狼狈为奸，俩人都是张作霖的重臣。张作霖死后他们常以资历老自居，轻视张学良，不满意张学良。作为兵工厂的总督办，杨宇霆任意花钱，常使东北财政捉襟见肘。杨宇霆在张学良面前还常表现出长辈姿态，怠慢张学良。1929 年元旦后两日，杨宇霆为父作寿，张学良偕夫人于凤至前往，满堂人对张不温不火，而见杨却态度大变，群起高呼，其威势远超张学良。这令张大为不快。他想，我要号令东北，杨在我面前如此傲慢，此人不除，我岂能立威。1 月 9 日，张学良急电杨宇霆、常荫槐来府议事，第二天杨、常到，兵士将两人枪杀在张的客厅。

在枪杀杨、常的第二天早晨，王卓然按教学计划到张学良家为孩子们上课。一进院感到空气紧张，进楼后方知杨、常的事。张学良见到王卓然，立刻请他谈话。王见张很是兴奋的样子，不知张要问什么。张学良对王卓然说："王老师，杨、常的情形你也知道，现在我杀了二人，你对此怎么看？"王卓然说："这不是法律问题，因为论法律，这未经合法审讯即加以处决是违法的。这实质是个政治问题。论政治，就看你以后的作风如何，要把通电上所列杨、常的罪状，一反其道而行之。特别是这个兵工厂虚耗民财民力，在日本驻屯军的炮火射程之内，只能供内战，不能供国防。今既以这个兵工厂为杨、常应死的罪证，那么最好把兵工厂不可改造的部分移到辽西，缩小规模，做成一国防性的修械厂。把现有的兵工厂改为制造农具与装修汽车的厂子。”张学良立时接受了王卓然的建议，说：“老帅被日本人炸死后，日本人派林权助伪装吊丧前来要账，我一概拒绝了，我怕杨、常与日本人勾结害我，阻碍统一，才把他们除掉，要挽救东北，非与国内团结不可。我现在想派人去欧美宣传东北的危机，现即特派你延聘专家，来改造这兵工厂为生产农具和装修汽车的工厂。”

随后，张学良又选四人，与王卓然一起乘火车取道西伯利亚去欧洲。到欧洲五人又分了手，王卓然与一位叶姓人士去了美国纽约。他俩打听到有一个专门做国际工程的公司，叫斯通—韦伯特，经过谈判，草签了改造东北兵工厂的合同，请该公司派一名工程师，先来调查设计，而后估价公开招标，该公司有以同等价格认标之权利。王卓然把条文要点电告张学良，经同意后与该公司签订了正式合同。此行，王卓然去了母校哥伦比亚大学，拜访了孟禄和杜威。7月末王卓然返回了沈阳。

王卓然回到沈阳，正逢儿子王福时也回到沈阳，父子相见百感交集。此时的王福时正在南京晓庄师范学校读书，该校是王卓然校友、后来成为我国著名教育家的陶行知先生创办的。王福时于1922年离开故乡莲岛湾，由父亲王卓然安排入沈阳南关第一师范附属小学读书，1925年入北陵三中，1928年夏毕业，只身从大连乘船去上海，再去南京在晓庄师范就读。爷俩几年未见，这次终得。

王福时在晓庄师范的一年，思想上有大进步，知识上有大增长。学校开展军事训练，进行实弹射击，更锻炼了他的胆量，培养了他的尚武精神。今天父子相见，王福时向爸爸介绍学校的情况，谈自己的收获、感受，条理清晰，语言流畅，详略得当。王卓然见儿子已长成了小伙子，身体结实，清秀斯文，心里很是高兴。这时东北大学为教授修建的房子已交付使用。爷俩决定回莲岛湾将王福时的母亲和妹妹们接来，一家人要生活在一起，过团圆安定的日子。

王卓然在儿子福时的陪同下，于这年的8月初回到离别六年的故乡。六年的岁月虽然不长，但对一个人来说并不算短。王卓然回到家，见到长女淑时、次女贤时都长高了。爸爸、哥哥回来了，淑时、贤时高兴地围了过来，问长问短，一家人沉浸在幸福之中。

第二天上午，王卓然、王福时父子去祭扫王镇墓。王镇夫妇的墓在村东山四道沟口南坡的一片松林里，从这里北望，莲岛湾村尽收眼底。父子俩来到坟前，见坟上长满青草和小灌木，不禁放声大哭。王卓然哽咽着说：“爸爸，儿子不孝，您为家、为我操劳，可儿子却没为您做什么！那年我陪孟禄回奉天参观调查，您大老远的去看我，而我只和您匆匆见一面就分手了，让您自己在铁匠铺里住了一夜。每想起这件事都觉得对不起您呀！中国有句古话：养儿防老，养老送终。您就我这么一个儿子，可晚年，儿子却不在您身边，没给您端过一碗水，没递过一次药，在您临终时，儿子也不在身边，棺材也没抬着，想起来真让我抱憾终生。”王卓然想妈妈一辈子又劳又苦，他仿佛看到妈妈那慈祥又布满皱纹的脸，又看到妈妈那弯曲又粗糙的手。一到冬天，妈妈的手指关节裂着深深的口子，经常淌血。当时，自己曾许下诺言，长大要多挣钱，好好侍奉妈妈，让妈妈享福。还记得自己上奉天两级师范的第三年，妈妈挎着装满鸡蛋的篮子，走了70多里路到学校看自己。同学们都说，你的妈妈太好了。可怜妈妈没等到儿子毕业挣钱就去世了，自己挣的钱，妈妈一分也没花过。爸、妈！现在我在东北大学有了自己的家，如果你们在世，我把你们接去，好好享享福，让儿子好好尽尽孝心，你们连这点机会都不给我，让儿子太对不住你们了！”王卓然越想越伤心，越伤心眼泪就越多。

父子俩给坟添了新土，在坟前又坐了好一会，才离开长眠在地下的亲人。这座坟令王卓然父子在以后的岁月中魂牵梦萦。

王卓然把家里的房子、大院托付给王忠叔叔照看，拜别了村邻，用两辆马车拉上可用的家什，全家人离开了莲岛湾，搬进了东北大学西新村教授住宅。从这次离开故乡，再回村就是1957年了，中间相隔整整28年。

1929年8月，帮助改造沈阳兵工厂的美国工程师来沈。张学良令组织一个“东北建设委员会”，以辽宁省主席兼工厂督办臧式毅为委员长，兵工厂总办米春霖为副委员长，王卓然等人为委员，专事兵工厂的改造事宜。因1929年冬，张学良对苏作战，欲武力收回中东路未果，遭到惨败，而后又因参与蒋、冯、阎中原大战而搁浅，直至“九一八”事变，沈阳兵工厂全部财产终被日本人掠去，其损失无数。王卓然心痛万分。

1929年10月28日，第三届太平洋问题国际讨论会在日本西京（京都）召开。中国政府就派员参加会议事宜与张学良进行商议。因为当时西太平洋的主要问题是日本和中国之间的关系，更突出表现在东北上。经过讨论，这次会议中国政府派出32人，其中东北7人（辽宁5人、吉林2人）。东北政务委员会决定派阎宝航、王卓然、周天放等5人参加此会。

太平洋会议是由美国政府发起，有中、美、英、法、日、荷、葡、比、意等九国参加，专门商讨限制军备及远东太平洋问题的地区性会议。首次会议于1921年12月在美国首都华盛顿召开，美国国务卿休斯为主席。中国的北京政府派施肇基、顾维钧、王宠惠三人为全权代表与会。1924年至1925年相交之际的此会，在檀香山召开，会上确定每两年召开一次。当时，中国各界对此会寄予厚望，希望中国能争回山东，废除不平等条约，维护民族权益。上海商界总联合会特致电美国公使，感谢美国总统哈定发起这次大会，但美、英、法、日各列强完全漠视中国的愿望。会上顾维钧提出关税自立案，阐明中国有自行规定及自由区分本国税率之自由，当即遭到反对。施肇基提出撤出外国驻华军警案，日本代表植原首先跳出来反对，各国代表齐声附和，致此案也未通过。这次会议，中国的正当要求均未实现。

为了在太平洋问题国际讨论会上揭露日本在华的罪行和对中国的侵略野心，阎宝航、王卓然等在筹备参加会的材料时，广泛收集日军在华的罪证。这年9月下旬，日军在铁岭的滋事案，更增加了他们对日军的憎恨，坚定了他们利用好这次会议的决心和信心。此案是驻铁岭日军宪兵于9月23日酗酒滋事，大闹戏院，我方警察加以制止，其不服，当场打伤三名警察。下午3时，日军包围了县公安局，逮捕保安队官兵30人，监押于日本宪兵队。25日，国民政府外交部向日领事提出释放被捕的中国公安人员。辽宁省政府交涉署向日本提出严重抗议，要求严惩铁岭肇事日军；释放被捕人员，交还枪弹；赔礼道歉，赔偿损失。结果日本蛮横无理，于30日反提出要求中国赔偿损失30万元为日本兵治伤，并要求将肇事地区的广裕大街划为铁路附属地。日军这一强盗行径激起了阎宝航、王卓然等的强烈愤慨。他们又从张学良那里得到了日本欲扩大侵华的秘密文件《田中奏折》，他们共同把它译成英文，决定在会上散发。

“田中”即田中义一，他于1926年4月任日本首相。他曾研读《曾文正公全集》《大清一统志》，是个中国通。他曾召集驻中国东北的外交和军事人员，开了两次专题会议，研究日本对中国的战略，即“东方会议”和“大连会议”。会后他将两会的结果写成70多页的奏章呈报天皇。同时向世界宣言称：“中国内乱能波及满蒙，紊乱治安。帝国因为特殊地位与权益，不论乱自何方，帝国决予以适当之处理。”各国对这一宣言，皆感震惊，纷纷判断日本的最新政策。为弄清这一宣言的全部内容，各国派出2000多名情报人员云集东京，而日本增派3000多名外事警察严加防范，还招募900多名学生，办速成间谍学校，配合警察保护《田中奏折》，严防外泄。不少国家愿出重金购买此文件，如美国欲出

20 万美元购买。

为了获得此文件，张学良利用在日本的关系，打通了日本主管皇室书库的关系，将原文一字不差地抄下，秘转沈阳。

阎宝航、王卓然等将《田中奏折》译成英文后，装订成册，带进太平洋国际会会场，向各与会代表散发。各国代表得到此文件后立即向国内报告。这使日本欲控制世界的狼子野心大白于天下。

日本方面称《田中奏折》存于皇室书库，防守严密，不可能泄露，诬称是中国伪造。而阎宝航、王卓然等辽宁代表披露获此文件的相关细节，证明此文件绝对真实，气得日本与会代表松冈电告日本政府追究责任，把管理皇室书库的 28 个官员全部免职。

在这次太平洋国际会上，王卓然在发言中用流利的英语揭露了日本侵略者在华贩卖人口、贩卖毒品、窝藏盗匪、寻衅滋事、炸死张作霖等罪行，使日本代表十分难堪和恼火。王卓然的胆识、爱国热情和发言的水平引起了出席该会的英国工党领袖麦克唐纳的好感，会后他决定到王卓然任教的东北大学参观。麦克唐纳来校参观时向全校学生发表了讲话，王卓然在一旁为之翻译，翻译的准确、流利，神态的潇洒、自然，令东北大学的同学们多年之后仍不能忘怀。

太平洋国际问题讨论会上虽然没有通过约束和制止日本扩张的决议，但日本“欲得世界须先得亚洲，欲得亚洲须先得中国，欲得中国须先得满蒙”的战略构想已臭名昭著。各帝国主义国家考虑自身的在华利益，对日本有所掣肘，致使日本在中国东北的挑衅活动有所收敛。从这个意义上说，阎宝航、王卓然等代表为捍卫中国人民的尊严和主权立下了一功。

京都是日本著名的旅游城市，曾是日本的首都，有“千年古都”之誉，这里10月份仍在16℃左右，因旅游景点众多，文化积淀厚重，气候宜人，吸引了许多游客。各国代表会后争相游览，而王卓然无心欣赏异国风光，闭会后即乘船回国。

通过太平洋国际问题讨论会，王卓然在辽宁特别是在沈阳教育界的声望与日俱增，他在辅佐张学良处理东北军政要务上发挥的作用也越来越大了。教学之余他还常受邀为社会各界讲演，揭露日本欲吞并东北、侵略中国的野心，呼吁人们提高警惕、团结一致，防范日本侵略。

同年，王卓然的三女儿王英时出生。

1930年1月18日下午6时，辽宁省教育会在故宫西院会场，召开由沈阳各校代表参加的报告会，请王卓然做题为《太平洋国际讨论会与我国民众应有的觉悟》

1930 年，王卓然（前中）、阎宝航（后左）、卢广绩（前左）、王化一（后右）、杜重远（后中）、孙恩元（前右）在沈阳合影。

的演讲。王卓然向全体与会者介绍了此次太平洋问题国际讨论会的情况，介绍了中国与会代表与日本代表交锋的激烈程度。他介绍说，我们到日本后，他们给我们的生活安排得非常好，把我们待为上宾，实际是想收买我们，堵住我们的嘴。他指出：“日本人在大会上无赖宣传，说东三省不是中国领土，这说明日本政府吞并东北、侵略中国的决心已下，何日下手在等待时机，当前我们要克心克物乃是救国的真谛。”

1931 年 4 月，东北大学的领导机构实行委员制，共设 11 名委员，王卓然被选为委员。11 名委员是张学良、宁恩承（校秘书长，牛津大学经济学博士）、袁金铠（国民政府监察委员）、刘尚清（原奉天省省长）、臧式毅（辽宁省政府主席）、张伯苓（南开大学校长）、章士钊（北大教授、曾任北京政府教育部部长）、刘伯昭（东北大学文法学院院长）、杨毓桢（东北大学理工学院院长）、王卓然（教育学院代院长），还有一位东北大学学生自治会主席，名字现已不详。

1931 年 5 月，南京国民政府要召开国民代表大会，给辽宁的代表名额 13 人，另可安排 2 名随团秘书，计 15 人。对谁做代表最为合适，张学良做了斟酌，最后由他提名，交由相关的选区选举。教育界的选举分为两个选区，东北大学是一个选区，教育工会是一个选区。东北大学选区要选的代表是王卓然、王化一、赵雨时。4 月 25 日，这三人的代表提名交与东北大学，让东北大学当日下午组织师生选举。张学良本想自己担任校长的东北大学能顺利选出他所提名的代表，但却发生了变数，酿成了风潮。产生风潮的原因有三：

一是张学良提名的三人都不是国民党员，引起国民

张学良校长与东北大学委员会委员合影。后右一为王卓然。

党方面的不满。当时“东大”各院各班的班长大多是国民党员，他们乘机煽动，不让学生投张学良指定的候选人。

二是“东大”的教授多为留欧美归来的知识分子，他们受欧美资产阶级民主的影响较深，说张学良指定代表的做法侵害了学生的选举权，客观上为风潮起到了煽风点火、推波助澜的作用。

三是对秘书长宁恩承不满，说宁恩承将学校经费移借给南开大学。因为他当秘书长是南开大学张伯苓推荐的，他曾是南开学生，与张伯苓交好。张伯苓也是“东大”委员，南开大学经费不足，宁恩承就帮了张伯苓。这当然是学生们的猜想。

选举这天上午8时，宁恩承召集班长开会布置选举事宜，并向班长们介绍了候选人的情况。会后班长们私下商议不选张学良指定的候选人，另选他人，并做学生工作。下午投票时，学生大多投了班长们指定的三名国民党员候选人。监票人发现问题后，想把票运走，学生们不让，群起护卫。学生们还赶走了前来调解的沈阳市警察局局长。监票人无奈，只好开箱验票，结果张学良指定的候选人全部落选。

张学良获悉此事，即令把当选的三人撤掉。学生们见自己选的代表被撤，就宣布罢课。次日，张学良到校对学生们训话。他说：“说好，我是你们的领导；说不好，你们摊着我这个领导就算倒霉了。”“我听说你们罢课，闹学潮，我要来看看，有人不让我来，说我来了，你们要打死我，我是不怕打的。”他又说：“我在路上一看见戴东北大学校徽（盾形，图案是白山黑水）的学生，心里就非常高兴，但你们要体谅我的困难，不要闹事。我过几天就要去南京开会了，你们不要让我在南京坐不住。”王卓然虽然落选，但他不计较个人荣辱，积极做学生工作，让他们要学会独立思考，不要轻信别人。他做了大量化解矛盾的工作，进一步赢得了同学们的好感。虽然“东大”没再选举，但还是由张学良指定的三人出席了会议。

这时候王卓然经常乘坐张学良的车出入学校，他已成为张学良实际的秘书并发挥着左膀右臂的作用。

4月27日，辽宁13名代表偕2名秘书乘早9时40分从沈阳出发的火车，前往北平，翌日11时抵达，住西珠市口中国饭店。晚5时，王卓然、阎宝航、卢广绩、王化一、赵雨时晋见张学良。张学良做了四点指示。

一、禁烟问题恐投鼠忌器暂时不提，因中央有公卖之说。

二、最高问题之应付随时观察斟酌。

三、会场外之联系，以“到东北去”为口号，宣布于代表之间，他们到东北来实地了解了解。

四、提案视情形而定，会场发言以公正、光明、简捷为宜。

5月4日，全体代表在南京，张学良召集开会，再次强调三点。

一、提案应审慎，无关重要或范围较小者不谈，组织提案审查委员会，由王卓然、梅公任、徐士达、王宪章、赵仲仁、张节涛为委员。

二、在会场以少发言为佳。

三、会场外的行动要特别谨慎，别出笑话给东北丢脸。

5月6日至17日国民会议正式召开，辽宁代表谨记张学良指示，谨言慎行。6日全体谒中山陵，16日观看阅兵式，17日举行闭幕式，会后王卓然与王化一返回沈阳。

国民党对这次会议控制很严。各省代表都看出个中隐情，都三缄其口。会上只有蒋介石的老师庄崧甫，以为自己是委座恩师曾发言提出清算大官财产，原有多少钱，做了几年官后有多少钱，说得很痛快，但没等他说完，蒋介石就把他按下，不让他再说下去。这一情景与会代表看得清楚，在今后的岁月中，蒋介石将怎样领导中国，他将以什么样的姿态、什么样的风格行事就不难让大家猜测。王卓然心想：不能严格监督官员的政府就是不廉洁的政府，而一个不廉洁的政府就会脱离民众，得不到群众的信任和支持，这样的政府迟早要垮台的。

王卓然本想通过此会提振精神，然而，整个会下来，不但没有达到目的，反而心头增加了隐忧，甚至对于东北有不祥的预感。

第七章　一心为抗战

国民会议后，王卓然回到沈阳。这时，他的第四个女儿王华时刚刚降生，他想自己已有五个孩子，培养他们成人的责任更重了。不久，接张学良从北平打来的电话，请他速去北平。

原来张学良在国民会议后，又在南京逗留几日才回北平。因连日的劳累，加之南京天气的炎热，5 月 28 日他患了重伤寒症，住进了协和医院。就当时的医疗条件而言，伤寒病是一种短时间很难治愈的重病，一般的患者即使不死也会留下诸如耳聋等后遗症。郭沫若的重听就是患伤寒病后留下的。张学良患此病，连续发烧三个多月，最重时两个星期高烧不退，昏迷不醒，体温最高时达 41℃，濒于死亡边缘。大家都为张学良捏了一把汗。

王卓然去后的主要任务是看管张学良的儿女，教他们英语和国际常识，还要到医院照看张学良。他还被北京大学、北京师范大学聘为教授，有时到该两校上课。

张学良经过三个多月的住院治疗，到9月初，病症全消，但身体仍然虚弱。9月18日午夜，接沈阳东北边防长官公署参谋长荣臻打来的电话，请示说，日军炮轰北大营，正向那里进攻，我军应如何处理。张学良回电，按委座指示，不得抵抗，应采取回避态度。第二天，张学良赶忙出院，回顺承郡王府。

日军的这次军事行动是蓄谋已久的。早在1928年谋害张作霖时，他们就想借张死之机，发动大规模的军事行动，但张学良秘不发丧，迅速稳定、凝聚了人心。之后，他励精图治，整军经武，特别是太平洋问题国际会对日本的揭露，使日本不得机会下手。为了寻找机会，在东北发动大规模军事行动，1931年夏，他们一手导演了中村事件，这是郑家屯事件、铁岭事件的翻版。事件的起因是，日本参谋本部军事间谍中村震太郎等4人，乔装成农业技师，携带军用地图、测量仪器、调查笔记和手枪等，在东北边防要地进行军事侦察活动。6月27日在洮安至索伦铁路葛根庙附近探测地形，被当地驻军逮捕并处死。随后，日本帝国主义以中村事件为借口，提出要“以武力解决悬案”，并调集军队，扩大事态，大肆为侵略东北制造舆论，准备条件。

为了不使中村事件成为日军发动大规模军事行动的借口，根据张学良的指示，东北边防长官公署参谋长荣臻和辽宁省主席臧式毅多次与日方交涉，甚至考虑让步赔偿，但是日方对任何条件都不接受。到9月中旬，他们调集军队，控制了要害部门和交通要道。

对日军的调动，荣臻和臧式毅都有一种不祥的预感，便报告给了张学良，张学良立即向蒋介石做了报告。9月12日，蒋介石电约张学良在石家庄车站会面，蒋指示张，如日军发动军事行动，东北军不得还击，一切听从国民政府的安排。蒋介石的指示令张学良非常气愤，回到北平后，他对部下何柱国说："不得了，日本人要动手了，蒋司令要我们不要还手。"随即，张学良命令，把蒋介石的指示电示各部。

9月18日，日本帝国主义蓄意制造了柳河沟事件，即自己炸毁了沈阳的一小段铁路，反诬东北军所为。他们大造舆论，侵华气焰十分嚣张。是日午夜11时25分，便炮轰北大营，派重兵攻进北大营，占领飞机场、兵工厂，使东北军遭受沉重的打击和巨大的物质损失，仅飞机就被日军缴去42架。荣臻见日军已经动手，且目的已很明显，不是一般的挑衅活动，而是要占领整个沈阳城，由于电话打不通，他拍十万火急电报给张学良请求指示。张学良接到电报时，正在召集紧急会议，有戢翼翘、于学忠、万福麟、鲍文樾等重要将领参加。张学良说："日人图谋东北，由来已久，这次挑衅的举动，来势很大，可能要兴起大的战争。我们军人的天职，守土有责，本应和他们一拼，不过日军不仅一个联队，它全国的军队可以源源而来，绝非我一人及我东北一隅之力所能应付。现在我们既听命于中央，所有军事、外交均系全国整个的问题，我们只应速报中央，听候指示。我们是主张抗战的，但须全国抗战，如能全国抗战，东北军在最前线作战，是义不容辞的。这次日本军队寻衅，又在柳河沟制造炸毁路轨事件，诬称系我方的军队所为。我们避免冲突，不予抵抗，如此正可证明我军对他们的进攻，都未予以还击，更无由我方炸坏柳河沟路轨之理。总期这次事件，勿使事态扩大，以免兵连祸结，波及全国。"当时各将领均以张学良的主张唯命是从，连夜将荣臻所报告的情况电告南京中央。

19日晨，张学良又召集顾维钧、汤尔加、章士钊、罗文干、王树翰、刘哲、莫德惠、王卓然等名流，咨询对东北问题的意见。顾维钧、汤尔加等人主张请国联迫使日本撤兵。20日，张学良再邀请京津名流和东北高级官员共27人，磋商东北问题。出席会议的诸名流也均希望通过国联出兵干涉和依靠中央政府采取措施。通过这两次会议，张学良依靠国联和国民政府解决问题的思想更坚定了。23日，张学良派万福麟、鲍文樾去南京面见蒋介石。蒋听了两人的叙述，对他俩说："你们回去告诉汉卿，现在他一切听我的决定，万不可自作主张，千万要忍辱负重，顾及全局。"二人回平将蒋介石的意见告知张学良。张学良又召集戢翼翘、于学忠、王树翰、王树常、王卓然等商议对策。于学忠建议："集中几个旅的兵力，给敌人以打击，宁可牺牲三团人，也要挫其侵略气焰。并取谅于国人。"于学忠这个建议没被张学良采纳。

沈阳被日军占领后，沈阳城大乱，日军烧杀抢掠，人们纷纷逃离家园，一时火车站人满为患。阎宝航、卢广绩靠英国朋友帮助挤上火车，赶到北平。王卓然妻子李卓琳只身带着四个女儿逃进关内。

一批流亡进关的沈阳市民、学生、教师带来了沈阳被日军占领的最新消息，北平躁动了。各界人士群情激昂，尤其是东北籍旅平的学生以及东北的中下级官兵，都要求与敌人决一死战，誓死不当亡国奴。人们要求张学良支持并领导对日作战。

张学良接见北平市各界人民代表说："我姓张的如有卖国的事情，你们将我打死，我都无怨。大家爱国，要从整个做去，总要使之平均发展。欲抵抗日本，必须中国统一；如果中国在统一的局面下，我敢说，此事不会发生。我如有卖国行为，你们就是把我的头颅割下，我也是愿意的。”

张学良还接见东北流亡来北平的学生代表说：“我听从中央，忍辱负重，不求见谅于人，只求无愧于心。我敢断然自信的，第一，不屈服，不卖国；第二，不贪生，不怕死。我现以二事与同学们约：一是请你们尽力研究中日间的条约关系和妥善解决途径，有何意见，可随时函告。二是愿投笔从戎者，请先行报名，以便将来我与你们一同抗日。”他还对主张立即与敌人作战的中下级军官们说：“我爱中国，更爱东北，因为我的祖宗庐墓均在东北，如由余手失去东北，余心永远不安。但余实不愿以他人的生命财产，作余个人的牺牲，且不愿以多年相随、屡共患难的部属生命，搏余一人民族英雄的头衔。日本这次来犯，其势甚大，我们必须以全国之力赴之，始能与之周旋。如我不服从中央命令，只逞一时之愤，因东北问题而祸及全国，余之罪过，当更为严重。诸君爱国热忱，可暂蓄以待时，将来必有大可发挥的一日。”

这时的张学良内心非常矛盾，他很清楚蒋介石欲借日本人之手削弱自己的势力，甚至除掉自己，所以绝不能同意举全国之力对日作战，而仅靠东北军力、财力与人力，就是拼光家底也难胜日本。况且东北军既无对日作战的详细计划，又没做充分的准备，只好把一切梦想寄托给国联。

为了应对“九一八”事变后出现的新局面、可能出现的新情况，张学良采取了三项措施：一是将正规军全部撤入关内，保持力量，整训待机；二是发动关外义勇军抵抗日军，保持抵抗态势和力量；三是推动南京，向日内瓦国联说理，争取国联向日本施加压力迫其撤军。

东北同胞逃亡来北平的越来越多，且衣食住行都无着落，急需救济，大家组成“东北同乡反日救国会”开展互助。张学良非常关心来北平的东北同胞，派王化一负责安置救济事宜，将奉天会馆、江西会馆、习艺所等地定为男生收容所，将红十会定为女生收容所，湖广会馆定为普通民众收容所。张学良还安排给每名学生发3元救济费，从行营调出150套棉衣发给穷苦学生。让北平市政府拨出1万元赈灾款救济普通民众。9月23日阎宝航、卢广绩到北平，去顺承王府见张学良，备陈沈阳情形，质问张学良为什么不抵抗。张说明原委，阎、卢见张身体尚虚弱，就不再深说。张赠两人生活费各200元。此时王卓然也在场。张说眼下当务之急，让他们生活有着落，能为抗日多做些事情。

9月27日，旧刑部街奉天会馆内聚集东北同胞400余人。大家知道，张学良不抵抗是听了中央的命令，人们对此极为不满，一致认为再也不能依靠当权者，只有自己组织起来“共赴国难”。大家强烈要求成立民众自己的组织，名称就叫“东北民众抗日救国会”，于是大家推举卢广绩为大会主持人，召开了东北民众抗日救国会的成立大会。选举了阎宝航、卢广绩、高崇民、杜重远、王卓然、王化一、陈先舟、车向忱、黄显声、孙一民、张希尧等31人为执行委员。又在执行委员中选出阎宝航、卢广绩、高崇民、杜重远、王卓然、王化一、车向忱等9人为常务委员，为救国会的最高领导机关。常委会下设总务、宣传、军事3个部，总务由卢、高负责；宣传部由阎、杜负责；军事由王化一、彭振国负责，王卓然负责与张学良的沟通联络。

全体与会者还在一块画有东北地图的白布上签名，表达誓死抗战的决心，有的咬破手指用鲜血签名。王卓然的名字签在了家乡抚顺的位置上。

9月28日，“救国会”发表了《告东北民众书》。其中首先痛述了日本帝国主义蓄意制造“九一八”事变，“破坏我城镇，屠戮我人民，焚毁我房屋，劫掠我财产”，还于事变之后，步步进逼，“易帜设官，进兵吉长，既据我辽吉，复窥我黑哈”的险恶用心，愤怒呼吁“咄彼倭奴，欺我太甚，此而可忍，孰不可忍”。指出目前唯一的办法就是团结起来，武力抵抗，“以与倭奴决一雌雄”。这是“为主持正义而战，为保卫和平而战”，“为民族生存、国家安定”所进行的最后之一战。最后号召全体同胞，为保卫与收复“我祖若宗，辛苦经营，方有今日之繁荣”的神圣国土东北，要“速起自救”，并表示“本会甚至愿追随全国同胞之后，其效驰驱。一息尚存，誓死废他，时机迫切，急不择言，凡我同胞，曷兴乎来”。

“救国会”成立之初，常委会就研究制定了明确的奋斗目标，即进行抗日宣传和组织武装斗争。在抗日宣传上办了《救国旬刊》，后来王卓然又提议创办《覆巢》报，即覆巢之下岂有完卵之意，不久改为《东方快报》，由王卓然兼任社长。阎宝航、杜重远等还组织南下宣传队，沿平津路、平汉路宣传东北人民遭受日本侵略的苦难，号召各界人民为东北义勇军捐款和以各种实际行动支持义勇军的抗日斗争。王福时主动要求加入了南下宣传队。而阎宝航、王化一、杜重远、车向忱等人亲自出马到宁、沪、粤、闽、浙等地进行宣传，以争取全国民众团结抗战，打击侵略者。

救国会的工作得到了张学良的暗中支持，而其中的沟通联络就是王卓然负责的。在救国会的主要领导成员中，只有王卓然在张学良的身边工作，能每天相见，沟通信息。张学良对救国会的工作计划、安排，东北义勇军的情况，主要是通过王卓然的汇报介绍了解掌握的。而对如何支持、在哪些方面支持、以多大程度支持救国会和义勇军，张学良还要征求王卓然的意见。救国会和义勇军的经费、武器弹药、粮食等大部分是由张学良暗中供给的。为什么张学良不公开支持救国会和义勇军的抗日呢？因为他是国民党军队的副司令，国民政府的政策是不抵抗，张学良只能与国民政府保持一致。但身为东三省的父母官，又不能眼睁睁地看着东北沦陷、东北父老乡亲遭难，只能选择暗中支持的做法。

在军事斗争上，“救国会”派出大量联络员，手持张学良亲笔信出关到东北各地动员组织抗日义勇军，开展游击战。仅半年多的时间义勇军就遍地开花，在东北全境打击日军，有效打击牵制了日军，使其不能集中兵力南下。在派黄宇宙联络员去长白山区建立抗日根据地的决策和准备上就可看出王卓然所发挥的作用。为了加强长白山区义勇军的组织建设，更多地杀伤日军，王卓然、阎宝航、王化一、卢广绩、宁匡烈、夏尚志等人商量决定派黄宇宙担此重任。因为黄宇宙参加过北伐战争，打过仗，有作战经验，还参加过破坏日本在辽宁的军事工程、抵制日货、禁吸鸦片等活动。黄宇宙虽然新婚，但他深明大义，坚决接受了任务。为了保证黄宇宙的安全，王卓然草拟、由张学良亲笔书写了一封介绍信，并加盖了公章和私章，让黄宇宙缝在棉袍里。信写在一块白绸布上，内容是：

> 辽吉热黑军政民均鉴：
>
> 派黄宇宙秘书前往代为问候，并协助组织联防部，以防胡匪。
>
> 张学良

信的措词简洁严密，即使被日军截获，他们也看不出其中玄机，因为上面没有日军字样，只是“胡匪”，其实这胡匪就是指日军。临行前，王卓然安排黄宇宙、车向忱、张德厚在顺承王府与张学良见了面。见面时，王卓然向张学良介绍了黄宇宙的情况及所做的爱国工作。张学良很是满意，他对黄宇宙说：“我听说你新婚不久，就坚决要求出关抗战，你是好样的！不过出关抗日，生死莫测，但为国捐躯，虽死犹荣。为安全起见，我写了一封亲笔信，你看到了没有？”黄回答说：“看到了！”张学良接着说：“这封信是补助救国会文件的不及。因为救国会刚刚成立，东北的老百姓都不知道救国会是干什么的，万一发生误会，你一个人在那孤军奋斗的环境里，有口难辩，危险太大。你见到东北军、政、民等方面人士，就说我张学良派你去问候他们，问问他们能不能抗日、有多少人、枪，等把详细情况调查回来后，救国会好根据情况计划抗日，打回老家去。可是，万一这封信被日本人搜查出来，你就说是为了防止胡匪，千万不要说出抗日二字，以免日军借口多找麻烦！我们一面用救国会这个民众团体的名义抗日，一面再电请蒋委员长命令全国兵力收复失地。只靠我们东北军抗日是不行的，何况东北的主力部队，多半都调到关内来了。总之，你出去，要特别谨慎，不要叫敌人查出我们抗日的活动。”张学良说完这番话，王卓然又叮嘱黄宇宙：“诸葛一生惟谨慎。望宇宙要胆大心细，见机行事，早日胜利归来。不辜负国家和汉卿将军对你的期望和信任。”黄宇宙表示：“请张将军和王老师放心，一切按命令办事。”走出张学良的办公室，王卓然代表张学良交给黄宇宙 2000 元钱作路费。黄宇宙为了安全起见，只留 200 元。当天下午，黄宇宙化装成商人，由救国会安排的一名家是吉林临江县八道江的东北大学学生陪伴，出发往东北。到了长白山区，黄宇宙不顾苦累，积极发动联络，很快在通化、抚松、临江、桓仁、新宾等 14 个县组织起辽东义勇军，自任司令，开展对日作战。

在救国会的领导和张学良的暗中支持下，义勇军以惊人的速度发展壮大，到 1932 年 5 月，辽宁省义勇军就达到 30 多万人。5 月 28 日，“救国会”常委会决定把东北义勇军划分为五个军区，第一军区为辽西热边一带，由袁振国任总指挥；第二军区为辽南沈阳一带，由王化一任总指挥；第三军区为东边道一带，由唐聚五为总指挥；第四军区为辽北一带，由军事部领导；第五军区为热东开鲁阜新一带，由高文彬任总指挥。同时还帮助建立了各军区的领导机构，任命了各军区下属54路义勇军司令和27个义勇军支队长，并为各义勇军购置了电台，加强通讯联络。

救国会还训练愿意从军杀敌的东北流亡青年学生，每期两三个月，然后派出关外，充实义勇军任基层干部。

在派出的基层干部中，苗可秀表现得最为突出，他的事迹在全国广泛流传，对激发全国人民的爱国热情，积极投入抗战行列，起到了极大的作用。

苗可秀，1906年生于本溪县的农民家庭，1926年入东北大学文学院，两年后入本科，他勤勉好学，成绩优异，担任级长，还主办过文学刊物《夏声》，发表不少诗文作品。“九一八”后，他流亡北平，参加了东北民众抗日救国会，组织东北学生军，担任大队长。他还参加赴南京请愿活动，更坚定了抗战的信心。1932年他被派往辽东三角地带，联络义勇军邓铁梅部。后他主动请求留在邓部，办东北民众自卫军军官学校，亲自上课，培养了数百名干部。为了保存实力，他建议将义勇军化整为零，开展游击战。他组建了辽东少年铁血军，被推举为总司令。此后，他率部打过数次胜仗，给日伪军以沉重的打击。日伪军把他作为主要进剿对象，必欲除之而后快。1935 年 6 月 13 日，在一次战役中他臂部中弹，21 日被俘。投进监狱，在狱中，他应看守要求书“誓扫匈奴不顾身”诗，抒发自己誓死抗战的决心。日本老翻译前山受其精神感动，向他求字，他书“正气千秋”相赠。前山劝他给亲友写信，由他代邮，于是苗可秀写了两封信交给前山，前山果然将信寄出。其中有一封信是写给王卓然的，字里行间充满了爱国主义情操和大无畏的英雄主义精神，及对王卓然的高度崇敬和信任。信是这样写的：

卓然恩师：

生于 6 月 13 日在岫岩与日军作战，当被炮弹中伤臂部。在养伤期中于 21 日又被日军侦骑所得，作此书系卧床伏枕力疾为之者，一烛荧然，四窗外虫声唧唧，似悲余之有志不遂者！然而生则以为余之事业于此已告大成矣！日军守护士兵求余书以纪念，余书“誓扫匈奴不顾身”诗一首赠之。日本老翻译前山人甚和善，求余作书“正气千秋”四字赠之，彼又频频嘱余遗书友人，盖今夜其为余死期也！余死固无所顾虑，所虑者二事：

一、余父所遗之产业无多，悉为余读书之故，耗费荡尽，致令舍弟于今竟作流门户，且负债500余元之多，日积月累，将来更不知若何，此皆生不事家事之故也。若吾师能为生解决此一问题，则生可以安慰吾弟，即生之私心亦可安慰于地下矣。

二、余妻至愚鲁，生一子今年大约6岁，斯子幼失其父，长谁教之？？其将与鹿豕同矣，此生所最痛心者！生拟名此子为苗抗生，勉其继余之志耳，但谁为教之者？生筹至再，顾以此事劳吾师，不识吾师以为何如耳？生意吾师可以义孙视此子，即令抗生以祖父礼事吾师，余妻即令为吾师家作佣妇。人虽愚鲁，吾师若善用之，伊尚能任劳苦也。如此则吾子可以不失教，吾妻可以不失吃饭之所，生自为谋者，至矣尽矣，不知吾师究以为何如耳？吾师待生之厚谊生惟有图报于来世。吾弟吾妻现在流落何处，生亦不详，但令赵氏叔侄设法总可得其梗概也。生自入狱以来，心地坦然之至，此境殊不易作到，生不知由何日修养得来也；古语谓慷慨就死易，从容赴义难，自生观之两皆易易耳！第视其真知义与否，吾师负整顿中华之责任至为重大，望乞努力而珍重之！不多谈了！××诸同学同此不另祝为国珍重！为国努力！

晚生苗可秀鞠躬

24 年 6 月 23 日

7 月 25 日，苗可秀被日伪军杀害于凤城南山嘴子。他就义前大义凛然，慷慨激昂，高呼“打倒日本帝国主义！”“中国人民抗战必胜”的口号。他的英雄壮举，使见者无不动容。后来，“救国会”把苗可秀的信印成小册子，广为散发，极大地鼓舞了中国人民抗战的决心。著名剧作家吴祖光将苗可秀的英雄事迹写成剧本，在山城重庆演出 40 多场，剧团还到南洋巡演，影响巨大。

为了解决义勇军的经费保障问题，“救国会”的常委会通过各种办法募集资金。负责与张学良联络的王卓然除争取张学良的资金物资支持外，还争取张支持发行“爱国券”，每月可得一两万元收入。除少部分用于会机关开支外，其余全部分发到义勇军。同时，张学良也暗中帮助解决经费问题。

为了加强东北人民的抗日宣传，王卓然向张学良提议创办东北人自己的报纸，在北平向社会发行。其宗旨是：团结东北军民，抗日救国，收复失地，复土还乡。张学良同意王卓然的建议，指示将原《覆巢》三日刊改为日报《东方快报》。为了这份报纸，救国会同仁四处募捐筹集经费。经过大家努力，冀、察、绥、热四省以及平、津、青三市每月资助800元，作为经费。由于日报是在《覆巢》基础上改办的，社址还在《覆巢》原址的中南海运料门里，印刷机器由王卓然要来宪兵司令部没收的设备，经过十几天的筹备就一切就绪了。

1932年10月下旬的一天，在报社召开了创刊筹划会议，由社长王卓然主持，到会的有卢广绩、赵雨时、张庆泰、朱焕阶等20余人。会议对报纸的组织、规模、人选、版面都做了具体的研究。大家认为把《覆巢》改为日报很好，抗日救国，人人有责，尤其东北人更责无旁贷。会议议定，办报的经费少，工作人员不付薪水，只给生活费（非东北人除外），外埠不设通讯员，本市不设外勤。报社设两部，一为编辑部，一为经理部。编辑部只管新闻、副刊及撰写社论，经理部主管发行、广告、财会、印刷厂管理等事宜。

会议还确定了编辑人员。赵雨时为总编辑，张庆泰负责编务，陈雨天为要闻编辑，朱焕阶为地方新闻编辑，王一叶为文艺副刊编辑，林霁融为幽默编辑。社论委员为赵雨时、刘奇甫、张庆泰。张展为经理部经理。该报为四开小型报，版面分为国内外要闻、地方新闻、副刊等。1932年12月25日正式发刊。

这份报纸注意它的家乡特点，大量登载与东北有关的文章，反映东北流亡者的心声，使身居关内的东北人能及时了解到家乡的情况。该报的副刊办得十分活跃，有《晓园》《大观园》《书园》《剧光》《朔风》等栏目，吸引了许多读者。该报的文艺版也办得很有水准，登载过鲁迅、巴金等著名作家的文章。由于该报注意以知识性、趣味性吸引读者，所以成为当时北平销量最高的报纸，其销量多时可达 1.2 万份，比当时发行量第二的《小实报》多出 2000 多份。取得这样的成绩原因固然很多，然而与王卓然领导有方是分不开的。但也有过所刊发的内容与办报宗旨不符，险些给报纸带来厄运的情况，使王卓然大为不满，对当事人进行了严厉批评。

1935 年夏，文艺版上刊登了一个谜语，打一《三国志》中的人名，实则从政治上讽刺了蒋介石。该迷语稿件排好后，新闻检查所没有看出来，发表后被宪兵三团发现，派一个少校来找编辑部负责人质问。张庆泰接待了他，并巧妙地应付了过去。王卓然要求大家以此为教训，他批评编者道："蒋介石不准抗日，导致东北大好河山落入敌手，东北同胞当了亡国奴，东北人恨蒋介石，骂蒋介石，但这种情感不能体现在我们办的报纸上，更不能让人一看就是在讽刺蒋介石。如有人将此事报告蒋介石，他恼羞成怒，质问副司令（即张学良），让副司令也不好交待。我们利用《东方快报》这块阵地醒民唤众，这块阵地多重要啊！如果我们逞一时之勇，图一时之痛快，惹恼了国民政府，将我们查封，我们失去了这块阵地，这个损失该有多大。这样我们既辜负了副司令对我们的信任，也对不起东北的父老同胞。”经他的批评开导，编辑们更加明确了办报的方针和原则。

日本帝国主义蓄意制造了“九一八”事变，强占了大片中国东北的领土，反倒强词夺理，说他们这样做是“履行自己权利”，说握有“中国有违约侵权”的大量事实，他们罗织了颠倒黑白的所谓五四案，报给国联。南京政府不清楚这五四案的内容，电问张学良。张学良告诉南京，档案都存放在沈阳的交涉署中，现在对日本人所谓的五四案无法答复。这样中国丢了东北，失去了大片领土，而“理”，又叫日本占去了，南京政府想要向国联说理，又无理可说，真是哑巴吃黄连，有苦说不出。

为了给南京政府向国联说理提供材料，王卓然向张学良建议成立 “东北外交研究会”，收集、准备材料批驳日本提出的所谓五四案。张学良采纳了王卓然的建议并任命王卓然为主任，抽调人员，研究整理材料。王卓然领命，立即组织力量，分头合作。他聘请了对东北问题有研究的学者，如东北大学教授刘奇甫及清华、北大、燕京大学的几位教授参加此项工作。他们请当事人回忆事件原委、经过，整理出材料；他还组织人力，查找各图书馆（包括大学图书馆）、档案馆相关资料，再将这些资料梳理分类。经过不到两个星期的努力，就整理出批驳五四案的材料并上报给南京政府。南京政府外交部根据这些材料，向国联控告日本。

国联根据中国政府的强烈要求，于1932年1月21日决定，正式成立调查团，来华调查日本侵占中国东北的情况。调查团由英、美、法、意、德等国派员组成，英国前代理印度总督李顿爵士（1876—1974）任团长。该团在英、法等国的操纵下进行了“调查”。他们磨磨蹭蹭，行动迟缓。2月29日到达东京访问日本当局。3月14日到达上海，26日抵南京访问南京政府。4月10日至北平，张学良设宴款待。宴会前王卓然将东北外交研究会整理的日本侵略东北的大量资料交给了张学良。张学良又交给调查团。4月20日到沈阳，至6月4日，共在东北调查44天，其间访问调查了许多城镇，重点在长春、吉林、哈尔滨、旅顺、鞍山、抚顺、齐齐哈尔等地。6月5日回北平。在北京饭店设立临时办事处，开始整理所获材料。9月4日完成调查报告书。报告书长达272页，共74.4万字。全体团员签字后，调查团派员取道西伯利亚送日内瓦国联秘书厅。

报告书在对“九一八”事变以前的东北情况、“九一八”事变前后发生的事实，日本在东北和整个中国的经济权益及中国人民抵制日货的影响、苏联在东北的权益做了详细的描写和介绍，然后提出了解决中、日纠纷的一系列基本原则和方法，最后的结论是：建立一个东北地方自治行政制度，并提出十大原则。调查团建议国联理事会邀请中、日两国直接谈判，达成解决纠纷的协议。

中国政府和一些天真的官员、百姓们所期待的国联调查团就以这样的调查报告书结束了在中国的调查。报告书容忍侵略，迁就现实，反对恢复“九一八”以前的原状，主张东北自治，将东北划为非军事区。这就意味着中国政府在自己的国土上驻扎军队、抵抗外国侵略的权力将要丧失。

就是这样一份姑息纵容日本侵略的报告书，日本也加以拒绝。1933 年 2 月 23 日的国联大会通过了根据报告书起草的决议，而日本却反对并声明拒绝这个决议，日本代表团还退出了会场。四天后，日本政府宣布退出国联。这就表明，他们不受国联约束，可以继续对中国进行侵略。至此，南京政府指望国联调解中日关系、制止日军侵略的梦想彻底化为泡影。

应该指出的是，中国某些人在捍卫国家主权和领土完整的关键时刻，不但不能以国家利益为重，兢兢业业，发愤工作，而是自私怠惰，贪生怕死，麻木不仁。

在调查团当中，中、日双方都配有工作人员，日方的工作人员积极工作，不断与有关方面联络，提供调查团情况，干扰破坏调查，极力为日本政府效力。而中方的工作人员，整天打麻将、赌博，被质问后则晚上打麻将，通宵达旦，白天睡觉。有的听信日本人的恐吓，坚决不出关，怕有生命危险。而对日方调查人员每到一地拿地图研究中国、分析中国防务情况的活动视而不见，不加制止，实在令人心寒。

正如新任国联秘书长爱文诺有感于无力解决中、日间的问题而发出的感叹："当一个国家受到外国侵略时，首要的是在他自己起来抗战，然后才有希望得到他国的援助。如果他自己不去抗战，而希望别人替你火中取栗，这是史无前例的。所以中国今后必须自己起来抵抗日本的侵略，才是唯一的出路。希望中国的朋友们及早体会这个真理。"

与那些麻木的国人相比，王卓然在国联到来后，带领他的东北外交研究会，加倍努力地工作。他们收集资料，编辑东北问题丛书，先后出版了中英文小册子 40 多种。后又编辑印发《外交月报》，该报所载文章材料扎实，立论得当，且有独到见解，很受读者欢迎。王卓然还带领外交研究会的同志利用掌握的所有资料，编辑出版了《外交大辞典》。这是我国史无前例的、十分珍贵的外交专业工具书，而参与编辑工作的大部分是东北大学的毕业生，从开始到付梓整整用了四年时间。这本工具书，对我国在外交上战胜敌人具有重要的指导作用。外交研究会的众多成果在宣传中国人民的抗战，调动中国人民抗战的积极性，广泛争取国际社会对中国人民抗战事业的同情和支持方面，产生了积极良好的作用。

1932 年 9 月 16 日，日军驻抚顺守备队包围了抚顺露天矿附近的平顶山、栗子沟、千金寨等村，集体枪杀了无辜群众 3000 余人，烧毁民房 700 余间，然后焚尸灭迹，制造了骇人听闻的平顶山惨案。惨案发生后，身为抚顺人的王卓然得知消息十分焦虑。为了弄清事件真相，他派人到抚顺了解情况，然后据实电告中国驻国联代表顾维钧。顾又将日军的暴行通报给各成员国，使各国更加认清了日军的侵略行径，纷纷谴责日军灭绝人性的兽行。

1932 年 4 月，日本帝国主义扶持的伪满洲国政权在长春成立，东北的大好河山大部分陷入敌手，张学良不抵抗将军的恶名成为千夫所指，令张学良陷入极度矛盾和苦闷之中。为了保卫东北未失的领土，1933 年一二月间，张学良进行了努力，召开中外记者招待会，召集有关将领商讨对日作战问题。他还陪宋子文亲赴承德视察，部署热河保卫战，还与 27 名将领联名发表抗日通电。然而热河守将尽是贪生怕死之徒，当日军进犯时，有的虚放两枪就望风而逃，有的敌军未到就先行撤退，致使热河轻易丧失。热河失守，张学良觉得愧对国人，便向南京政府请求辞去一切职务。

3月9日，蒋介石约张学良在保定见面，王卓然、端纳等陪同前往。蒋介石、宋子文分别与张学良商谈。蒋对张说："现在风浪太大，我们两人都在船上恐有翻船的危险，必须下去一人，才能安全，你既提出辞去职务，我就同意你去职。"

从保定返回北平的途中，张学良大哭，王卓然赶紧相劝，说："副司令，你还记得老子的话吧？'福兮祸所伏，祸兮福所倚'。你现在正好可借机休息，恢复健康。若是真要责成你反攻热河，你的身体精神皆不胜任，那时失败，不如现在痛痛快快一走，把病治好了，留得青山在，不怕没柴烧。"听了王卓然的话，张学良突然一跃而起，仰天狂笑，拉着王卓然和端纳坐在他的身边，副官谭海在一旁呆立。他说："我是闹着玩，吓唬你们呢！我刚才听宋子文说蒋先生对日本仍以外交为主，并想用黄郛到北平来主持政务，专办对日外交。这使我想起一个笑话，让我们一同开开心。说有一个财主，土匪夜里来抢，持刀要杀人。财主跪地乞求饶他一命。土匪一眼看见财主老婆还好，说：这样办吧，我玩你的老婆，罚你跪在旁边叩头，头磕得好就饶你的命。财主连声答应。及土匪尽兴席卷而去，财主老婆起身整衣哭骂财主说：‘哪有你这样无耻的人！我被贼作践，你应拼命救我，怎么还在旁边跪着叩头？’财主说：‘你别哭，你哪知我们还占了他便宜呢！’妇人大哭说：‘老婆被贼奸污，你有什么便宜好占？’财主说：‘当你们最紧张的时候，他顾不得看我，我少叩了很多的头，岂不是占了便宜！’”张学良说完对王卓然说：“老王！你好好翻译给端纳听，问他若有这样的便宜交涉，他干不干？我看这位财主最好当外交部长，好与黄郛唱双簧。”端纳认真地听了王卓然的翻译后，领会了张学良讲这段笑话的用意，他也说了一段讽刺故事，王卓然又翻译给张学良听，大家彼此又笑了一阵。到站时王卓然乘车陪张学良回顺承郡王府，这时已是午夜12时。

张学良下车时，王卓然问他：“蒋先生要你明天马上飞去上海，你想想我可以帮你做些什么准备工作。”张学良沉思了一下说：“老王，你看我放弃兵权和地盘，像丢掉破鞋一样，别的军人能做到吗？但是中日问题，蒋先生以和为主，还不知演变到什么地步。人骂我不抵抗，我也不辩。但是下野后，天知道我这不抵抗的罪名要背到哪天呢！我记得仿佛林肯有几句话，说人民是欺骗不了的，你替我查查原文，最好能马上来给我。”王卓然进屋翻参考书，查出原文是这样三句话，译出来是：“你可以欺骗全体人民于一时，或欺骗部分人民于永久，但不能欺骗全体人民于永久。”王卓然将译文送给张学良，这时已是午夜2时，张学良还在阅读文件。

此时的王卓然已成为张学良的左膀右臂，许多大事小情他都要听听王卓然的意见。张学良虽然胸襟宽广，肚量宏大，求贤若渴，从善如流，但他毕竟曾是纨绔子弟，他喜欢浪漫，喜欢放纵，生活没有规律，有时晚间不睡觉，白天叫不醒。这样王卓然就非常辛苦，每天都工作到半夜，有时刚睡下，又被张学良叫醒，完成他交办的工作，或回答他请教的问题。有时张学良白天睡觉，有重要宾客需要他会见，或有重要事情需要他处理，王卓然催促再三，他才起床，致使客人不悦。对于张学良的缺点和不良嗜好，王卓然也曾多次相劝，但收效甚微。尽管如此，王卓然对张学良还是敬重的、忠诚的。他想在那风雨如磐的年代，刚过而立之年的张学良执掌如此大的权力，担当重大的责任，实属不易，所以他竭尽全力辅佐他，纵使吃遍千辛万苦也毫无怨言。

第八章　艰难撑东大

宋子文、张学良率众到承德视察工作，张学良等将领通电全国，表示誓死抗战，保卫热河。这使全国人民看到一线希望。可是那些身着军装的怕死之徒，不经交战，就望风溃逃的军人，让国人大失所望，万分痛恨。全国舆论纷纷谴责蒋介石、张学良和南京政府。有舆论强烈要求蒋介石下台，蒋介石为了自保，同意张学良辞职的请求。为了缓和舆论风头，蒋介石决定让张学良去意大利考察，并让他 3 月 12 日去上海向何应钦交接工作。

张学良临去上海前，召集部下训话，要求都铭记责任和希望，就是复土还乡，要健全本身，好好干。然后，他邀请王卓然到他的办公室，与王卓然交谈今后工作的意见打算。王卓然说：“我们要想复土还乡，必须重视‘文武’两字。文，要发展东北大学及东北中学，培养还乡干部；武，要保存实力，待机未来。”张学良认为王卓然的见解很有道理，当即决定让王卓然接办东北大学，担任东大秘书长，代行校长职权。他说：“我还保留校长名义，你就担任秘书长，代行校长职权资格，代表我全权负责。”张学良还用“托孤”的口吻说：“在此国难当头之际，让你挑起东北大学这副重担，勉为其难了。”他还讲了他办东北大学的想法和东大存在的意义。他说：“我办东北大学，先后几次捐款，共约有200万元，实费了好多心血。当初的目的，在培养实用人才，建设新的东北三省，助成现代国家，消弭邻邦野心。谁知祸起仓猝，尽失所有，师生避平复学，今后训练，要在明耻自强上注意，即不必怨恨日本人太凶横，要怨恨自家人太不长进，所谓‘人必有侮而后人侮之，国必自伐而后人伐之’。要训练东北青年知耻自强，要天天在那流汗，刻刻准备流血，而后可达到复土还乡之目的。”又说：“我保存东北大学，不是由于封建思想，是因为东北土地亡了，要用东北大学作联系东北的生命线。在国家，可借此以维系东北人心；在东北大学，可借此知道国家不忘东北；在流亡的东北青年，可借此睹物伤情、痛鉴覆车，可愈知效忠党国。所以，东北大学，除了它的本身使命之外，实具有最深长的国家民族意义，一定会受政府的维持，及国人援助的。”张学良真诚地说："严格讲起来，我不配做大学校长，但是命运与历史造成我的地位与责任，我没法逃避现实，为担负起这责任起见，我需要一般前进青年同抱着救国还乡宏愿，一德一心，共同奋斗。我管理这个大学，可以按着使命的需要，特别的发现他们，认识他们，并训练他们。若是有丝毫造就私党之心，以遂个人争权夺利之欲，必遭天诛地灭，永世不能做人。"张学良对王卓然说这番话，是希望王卓然按照他的办学思想和方针，克服困难，把东大办好。张学良还对王卓然说："你帮我想想，还有哪些应办而未办的事，临走前都办妥当。"

这时，王卓然想起前几日陪同中国民权保障同盟杨杏佛先生视察北平陆军监狱时，遇到一个青年政治犯。这个青年叫刘尊棋，有一腔爱国热情，擅长英语。他通过秘密办法写信给中国民权保障同盟主席宋庆龄，揭露北平草岗子陆军监狱对政治犯的虐待，使他们的基本人权得不到保障。宋庆龄接到信后，即派杨杏佛副主席兼总干事来北平调查政治犯的关押情况。杨杏佛是江西清江人，早年留学美国哈佛大学，曾任南京高等师范学校教授，东南大学工学院院长和国民党政府中央研究院总干事，1932 年与宋庆龄、鲁迅等组织中国民权保障同盟，反对蒋介石法西斯统治，营救被捕的政治犯。当时同杨杏佛视察的还有胡适。视察时，监狱长领着杨杏佛、胡适、王卓然到关押政治犯的牢房查看。在关押刘尊棋的牢房前，刘尊棋见他们三位文质彬彬、气宇轩昂、仪表不凡，估计几位会讲英语，就用英语试探打招呼。三人齐用英语回话，使刘尊棋心中有了数，因为监狱长及狱卒们不懂英语，他可以用英语同几位长者交谈，控诉监狱对政治犯的非人待遇。他控诉说，监狱虐待他们，连水和咸菜都限制。当时被他的不屈精神所感动，王卓然记下了他的名字，并用英语安慰他再等几日，一定设法营救他出狱。现在张学良问他还应该办哪些事，王卓然就想保释刘尊棋和另一位姓李的青年（该青年是因办印刷厂被捕入狱的）。王卓然说："这两个人都因是共产党的嫌疑被押在陆军监狱的，都是有为青年。他们在外边可以为抗日做工作，我们何苦替老蒋为虎作伥，应当把他们放出去，多一个这样的青年，抗日就多一份力量。"张学良稍加思索，即说："好吧！你替他们找个保，我批放好了！"于是，王卓然用《外交月报》印刷所担保，写了保释书，张学良签上"同意释放"的字样。王卓然拿保释书去陆军监狱，让狱方放人。可是狱长得知张学良已经下野，故意刁难，不予释放。王卓然几经周折，费了好多口舌，才保释出这两名青年。

刘尊棋出狱后，来谢王卓然。谈话中又透露他的妻子郑绮红在山东泰安教书，被韩复榘逮捕，判了徒刑，再请王卓然费心营救。身为教授的王卓然最喜欢好学上进、奋发有为的青年，他答应一定设法救出刘妻。后来王卓然找韩复榘的代表刘熙众帮忙，他与刘两人联名出具保释书，保释很快见了效，郑绮红获释出狱。

张学良在起飞赴沪之前，还叮嘱王卓然，接手东北大学后，把东大事务稍做安排即去上海，帮他料理出洋事宜。1933 年 3 月 13 日，王卓然接下了东北大学秘书长、代行校长职权的职位，开始着手东大的工作。开了几个会，对学校工作略做安排，便去上海，为张学良出洋做准备。

这时，王卓然想到要彻底解决张学良的毒瘾问题。张学良的毒瘾是由来已久的，1928 年 6 月 4 日张作霖被炸，张学良乔装返回帅府，当时各种矛盾交织。家人为失去大帅万分悲痛；日本步步紧逼不断打探消息，欲兴兵发难；民间谣言四起。当时不满 30 岁的张学良，顶着巨大压力，沉着应对各种情况，那些日子他很少睡觉，得不到休息，还要强打精神处理各种事务。有人建议他吸点鸦片提神，谁知一吸便成了瘾，想戒戒不掉了。后来有人介绍一日本医生帮他戒除鸦片，说是打一种叫巴比耐尔的药针，以后就不再想吸鸦片了。可是打上这药针后，除掉了旧瘾却产生了新瘾，改吸鸦片为扎毒针了，且毒瘾日渐加深，最后发展到每天扎 400 针。原本英俊潇洒的少帅变成了面黄肌瘦、双目无神、精神不振的病秧子。谁看到他这个样子，都觉得心里难受。到热河视察督战时，每行 30 里，车队便停下来，为他注射药针，全队人马都等着他。许多人在想，这样的统帅如何能指挥打胜仗？早在他吸鸦片时，王卓然就好心相劝，让他立志戒除毒瘾，为将士和下属树立榜样，鼓舞东北军民士气，可他盐水不进，毫无戒意。

现在张学良每天要注射 400 多针，每次注射的时间合起来是多少？除了注射他还有多少时间处理军务和政务？据医生说，这 400 多针，若是一次给无病的人注射，每人一次打上 10 针，可以打死和致重病 40 多人。张学良的毒瘾太深，离开此毒竟不能生活了。不仅张学良注射毒针，他的夫人于凤至、女友赵媞也染上了毒瘾，一个个都是面黄肌瘦、精神疲倦。

张学良在上海住的是上海滩黑社会老大杜月笙曾开轮盘赌博的大厦。其入住后竟有流氓往院内扔过一次炸弹，事后杜月笙表示保护，方才平静。这件事有人猜测是杜月笙耍的小伎俩，暗示他在上海有不可侵犯的权威地位，让张学良领教一下他的厉害。

为了让张学良戒毒，王卓然、端纳请来宋子文，共议如何为张戒毒事宜。宋子文介绍上海疗养院院长米勒博士来诊视。米勒博士是美国安息会的教友，曾在沈阳向张学良捐款捐地要建疗养院，与张学良熟悉。他向给张学良注射毒针的雍大夫、左大夫、陈大夫详细询问了张注射的情况，说戒是可以戒的，但因毒瘾太深，戒时会有很大危险，让王卓然、端纳、宋子文与张学良本人和妻儿认真研究和答复。

王卓然与宋子文、端纳及张的子女研究戒是不戒，怎么戒，什么时候戒，研究的结果，大家都认为一定要戒，且越早越好。根据研究的结果，大家做了分工。宋子文负责政治方面，端纳负责医疗方面，王卓然负责家庭方面。

决定之后，王卓然与端纳向张学良报告请米勒来为他戒针的想法和大家研究的意见。张学良此时正在自己试戒，即采用减针戒法，由每天400针减到200针，再由200针减到100针，依次递减。过去这样试验多次都失败了，他正晕晕沉沉，毫无精神。王卓然与端纳向他报告后，他半晌无语，而后说："你们这办法我不同意，还是让我自己戒吧！我怕痛苦，我更怕你们眼见我的痛苦。"王卓然、端纳听张学良这样一说，站了很久后无奈退出。端纳说："王先生，你和副司令有多年的友谊，你又特意从北平来，还是你想办法吧！"王卓然想了想说："只有一条，采用苦肉计。"于是，王卓然召集张的子女、雍医生、谭副官，告诉他们如何施行这苦肉计，就是下跪求张戒针，他不答应就不起来，什么时候答应，什么时候起来。大家都同意这样做。然后，王卓然领着众人一齐进入张学良的卧室。王卓然说：“副司令，你不是有家仇国恨在身，决心要复土还乡吗？那么你必须痛下决心戒除你的这个嗜好，东北 3000 万父老兄弟都在希望你，全国爱护你的人民都在希望你，你的几十万部属也都在希望你，我们现在代表他们向你请命，我们给你跪下了，不答应戒针，我们就不会起来的！”王卓然此言一出，他的儿女和忠诚的仆人、谭副官都痛哭起来。张学良是条富于感情和热血的汉子，看见比自己年龄大、又能忠心耿耿地辅佐自己的王卓然给自己下跪，又讲出这些肺腑之言；看见谭海副官、仆人和儿女们都跪在自己的周围，又哭得那样凄切，他的心在激烈地斗争着，约有五分钟，张学良睁开眼睛叹了口气说：“你们起来吧！我答应你们了，从明天起开始戒针。”见此法奏效，大家非常高兴，王卓然说：“副司令，说的话得算数，不许反悔。”张说：“当然！你们放心好了，我张学良不是没有骨气的人。”

端纳在楼下等候消息，听到张同意戒针，马上打电话给米勒，通知了这个结果。本来米勒已订好了去香港的船票，得知张学良同意戒针，便退了票，领着助手，带了器械、药品就来了。张学良知道米勒为给自己戒针退了去香港的船票，很受感动，决定立即开戒。大家一齐忙碌，将三间卧室改成病室，还设有医药室、看护室。米勒调来两位女看护、一位男看护，还让大家把病室内所有的角落有孔的地方仔细搜寻一遍，看有没有藏匿的药针、毒液，然后开始了戒针行动。

米勒采用的戒法对毒瘾很深的人是相当痛苦的。先是立即根绝药针和一切毒品，以病人本身的血清来克服病人身上的毒素，用人工起泡法抽出血清，再注射到血管内。实施了十个小时后，张、于、赵三人都像疯了一样。但因毒瘾的深浅不同，疯狂的程度也不一样，以张的表现最为突出。他时而昏迷时而清醒，昏迷时呓语不断，清醒时大吼大叫，有时破口大骂，骂米勒、骂端纳，祖宗八代都骂遍了，骂王卓然，要枪毙王卓然。为了照顾好他，王卓然和端纳轮流值班，王值夜班，端纳值白班。米勒在最初的一周内也是日夜守候，每小时皆看脉听音，除了注射血清外，还注射生理盐水与葡萄糖，以加强他的心脏跳动。就这样，经两个多星期的戒疗，张学良也慢慢清醒过来，米勒说危险期已过，只剩休养复原了。又过了三四个星期，张学良恢复了健康，脸色也好了，皮肤也有了光泽。尔后问他在病中所说的疯言疯语，他概不知道。大家向他叙说如何如何，他得知自己出了那么大的丑，说：“我对不起你们了，请你们原谅！”

1933年4月11日，张学良从上海乘船前往欧洲考察。送走张学良后，王卓然返回北平，着手东北大学的校务工作。

这时的东北大学已进入最艰难的时期。王卓然临危受命，接下了这个烂摊子，并牢记张学良的嘱托，苦苦地支撑着。

东北大学曾是中国大地上最好的大学之一。在“九一八”事变前，东北大学地处北陵陵园与新开河之间，校园辽阔，园内有四层教学楼三座，二层教学楼、办公楼各一座，三层教授俱乐部一座，三层图书馆楼、校办工厂办公楼各一座，罗马式体育场一处，化学馆一座，教职工住宅三个村，学生宿舍四个区，有平房160多间，楼房150多间。校园内绿树成荫，红砖绿瓦的欧式建筑掩映，景色可谓美不胜收。每近黄昏，同学们胸佩校徽三三两两或手握书本在树下诵读，或漫步林荫郁蔽的小径，真是一派静逸祥和的校园景色。那时学校有学生1200多名，学校的经费相当充足。当时北大的常年经费是90万银元，清华的常年经费是120万银元，而东北大学的常年经费则是160万银元。东大教授的薪金是360—800银元不等，而清华、北大教授的薪金是300银元，南开大学教授的薪金是240银元。建于新开河的教授俱乐部专供教授及家属休息和娱乐。令同学们难忘的是1929年元旦，张学良校长在奉天北陵别墅，特地为同学们安排了一次游园会。入场时，每人发一张券，然后持券抽签，签上写着奖品的名称，每人都能获得一份奖品。有照相机，有指甲刀，有小镜子，有毛衣，有化妆品，等等。有的男同学抽到化妆品或女式衣服，立即找女同学交换，大家玩得十分开心。然后大家齐到张校长住所，给校长拜年。张学良还安排人搭了好多席棚，摆好餐桌，和同学们共入宴席。这是师生们共同度过的一个最欢乐愉快的节日，这样迎接新年的方式在其他大学几乎是没有的。

“九一八”事变后，同学们有的参加了义勇军，有的辍了学，有的流亡进了北平。来北平的学生的学习问题，一度成为张学良最棘手的问题，他与北平当局多方协商。首先安置了学生的住处，再将学生分送清华、北大、南开、北洋（今天的天津大学）、开封的河南大学借读。再借位于东城区南兵马司的前税务监督署旧址做教室，于1931年11月28日开学，使得部分借读生来此复课。随后张学良拨西直门原陆军大学旧址收容来北平的沈阳冯庸大学的学生，并入东北大学；再借彰仪门大街原国货陈列馆旧址收容锦州东北交通大学来北平的学生，并将其并入东北大学为交通学院。王卓然接替秘书长兼代校长时，东北大学就是这种状态，校址分为三处。他接手后，将校部迁入陆军大学校址，称为总校，彰仪门大街国货陈列馆为第一分校，东城南兵马司为第二分校。

张学良安排王卓然替换原秘书长宁恩承，将宁安排为河北省财政特派员，目的是为东北大学毕业生的就业做准备。

王卓然接手后的东北大学存在四个方面的问题。

一是经费严重不足，限制着学校的教学活动。东北大学迁入北平后，白手起家，处处需要钱，而张学良经过多方努力，争取到：1. 北京政务委员会每三五个月拨给补助费 12530 元；2. 财政部每月拨 6000 元。王卓然就任后，经过他的争取，从 1933 年 9 月起，南京政府每月拨给补助费 2.5 万元。1934 年 3 月，铁道部令北平路局拨给东大交通学院补助费每月 2850 元，补助至翌年该院学生毕业止。11 月南京国民政府决定，每年补助东北大学设备费 2 万元，补助 10 年。王卓然经过多方努力，争取到这些经费，即使如此，也很难满足办学需要。

二是师生思想复杂，组织派别不一，明争暗斗激烈。

东北大学是国民党、共产党争夺青年学生的阵地，各党都有不同的外围组织，都有不同的刊物。王卓然是非党的爱国人士，他忠于张学良，而有的师生是反对张学良的，因此这部分师生自然也就反对他。国民党中的CC派，认为东北大学是一块可以谋私的肥肉，是可以培植党羽的阵地。张学良在时，他们投鼠忌器，不敢下手，张学良出洋后他们开始了夺取东北大学的行动。这里所说的CC派，是国民党中央常务委员兼组织部长、中央财政委员会主席陈果夫与其胞弟陈立夫所主持的中央俱乐部、中央执行委员会调查统计局（简称“中统”）。他们从事法西斯特务活动，镇压人民革命，屠杀共产党员和进步人士。因为陈的名字打头的英文字母是“C”，二陈就是“CC”，凡“中统”的人都属于“CC派”。国民党中东北的CC派齐世英，说服了特务头子陈果夫，说东北大学是培植党团的很好地盘，应当拿过来，免为张学良造党或被共产党利用。陈果夫便写一信给蒋介石。蒋即同意让齐世英接办东北大学，蒋电令华北政务委员长黄郛照办。老奸巨猾的黄郛问明了部下原委，便回电给蒋，说东北大学校长是张学良，王卓然只是秘书长，代行校长职务，要免掉王卓然得电请张学良批准，王卓然是张学良倚重的幕僚，电请张学良，他是不会同意的。所以黄郛建议，此事暂缓，待张学良回来再议。齐世英见明争不行，便加强暗斗。他们鼓动CC派的学生，企图以闹风潮的形式驱逐王卓然出校。齐世英还勾结教育部部长王世杰，对王卓然处处掣肘，以迫使王卓然自动辞职。

东北大学的共产党组织虽为地下，但却十分活跃。它的外围组织是“反帝大同盟”，这个组织曾设有校内和校外两个支部。他们多次组织学生开展爱国进步活动，如组织反对国民党不抵抗的示威游行，参加为李大钊送殡的示威游行，追悼抗日将士的示威游行等。1935年夏，上级党委根据党中央的指示，决定将反帝大同盟改为“中华民族武装自卫会”（简称民卫会），原校内、校外的两个支部均改为民卫会支部，过去的团员、会员均改为民卫会会员。

中共的另一个外围组织——共青团组织也很活跃。在共青团北平市委的领导下，“东大”成立了团支部，下设两个团小组。

国民党在“东大”也有青年组织，即“力行团”，是由“东大”教授、国民党CC派的梅佛光组织的，东北青年中的国民党员大多出自这个组织。他们出版《东北青年》半月刊。该组织在破坏北平各校的爱国活动上起了很大的作用。他们是反对张学良的，所以也反对王卓然。

三是校领导成员各怀心腹事，不能形成合力。王卓然是一位性格温和的知识分子，张学良深知他的性格特点，为了弥补其不强硬的弱点，在他就任后不久，又派东北元老刘哲到东北大学担任董事长，这样有好多事项王卓然还要请示刘哲。刘哲是张作霖主政东北时期曾担任过教育总长的人物，张作霖在皇姑屯被炸，他也在车上。但临近爆炸地点前他离开了张作霖的车厢，毫发无损，故有人对他颇有微词。此人性格粗暴，好打麻将，和王卓然往往意见相左。与他共事弄得王卓然左右为难。

四是校园分散，不便管理。有的分校校舍条件简陋，校园狭小，学生无法开展体育锻炼和娱乐活动，给学校的管理带来许多不便。

尽管学校存在上述诸多困难，王卓然还是不忘张学良的嘱托，不负他的信任，尽自己最大的努力，办好这所培养复土还乡干部的学校。

张学良教育思想的一个显著特点是：适应社会的需要，培养实用人才。王卓然接手东大后即按照这一思想对院系进行调整，以适应当时中国的国情。他认为，眼下日本占领了东北，东北人民成了亡国奴，现在的东北大学学生肩负着复土还乡的使命，人人都应该成为复土还乡的骨干。他还认为中国的落后是妇女接受教育的太少，妇女没有文化就会使儿童得不到更好的教育，这是一种不良的循环。妇女的教育在整个社会教育当中居于重要地位。

为了复土还乡，王卓然决定设立边政系，撤掉外国文学系。设立该系的目的是培养对东北的强邻苏联和日本深入了解、能够和他们打交道的人才。然而王卓然这一改革措施却遭到政法系和外国文学系十几位教授的抵制。他们半夜包围了王卓然的家，逼王卓然取消这一决定。王卓然经过耐心细致地解释，希望他们往远处看，不但要理解，还要支持、要配合。费了好多口舌，才说服他们。该系下设俄文组和日文组，从 1934 年开始招生，每级两个班，共 153 人，聘请进步教授来校任教。俄文班聘请的是曹靖华、王之相。学习的课程是俄国的文学和列宁的《国家与革命》等经典著作，还订了苏联的《真理报》、《红星报》等俄文报纸杂志，使学生在学习俄语的同时，了解苏联的历史和现状，增添学习兴趣，增进对无产阶级革命的理解和认识。为了让俄文班的学生更多地了解苏联，王卓然还建议系里安排他们去哈尔滨实习，住在俄侨的宿舍里，以便熟练俄语。俄文班的学生大部分倾向进步，在后来的“一二·九”运动中成为骨干。

为了培养女学生，1934 年春，东北大学开始筹建家政系，并于暑期招生，秋季开学开始上课。首批录取 60 名女生，均为东北籍。办学经费由张学良夫人于凤至个人资助。办学宗旨是提高妇女的文化程度，提高妇女的社会地位，提高中华民族的整体素质。学制定为三年，课程有国文、历史、哲学、经济学、英语、家政学、服装学、烹饪学、儿童教育、妇幼保健、音乐等，聘请的师资均为京城知名的教授。家政系第一期的学生于 1937 年暑期毕业。1935 年招收的第二期学生在校仅学习二年，因发生七七事变，平津沦陷，东北大学再度迁徙而停办。

王卓然为了顺利落实张学良的教育思想，加强对学生纪律整顿，借助军事训练，培养学生遵守纪律的观念和尚武精神。

1932 年起，国民党政府规定，高中以上学生均应参加军训，以培养学生尚武精神，以备救亡图存之需要。开展军训也正符合张学良让学生“天天流汗，刻刻准备流血”的主张。所以，王卓然十分重视学生的军训，他安排得力教师负责此项工作。1934 年，学校根据教育部及训练总监部的规定，决定进行暑期军训，地点在南校。训练方法是将学生定名为学生军，共编一个营，下分三个连，每连三个排。营长及各连排长均由国民党中央军第二师黄杰部的现役军官担任。军训期间，校方委托这些军官全权管理，并拟定了四条处罚办法：1. 记过；2. 罚站；3. 禁闭；4. 开除。7 月 2 日开始训练，张学良还发来军训词："诸生在溽暑炎氛之下，从事军训四星期，劳苦可想。方今国势微弱，痼疾已深，军事训练是其药石。期限虽促，成功实巨。所望艰苦自持，胙从永矢，实事求是，积健为雄，愿诸生共勉之。"军训中还到地坛打靶一次，到野外演习三天，27日举行毕业典礼。

对于军训，进步同学有不同看法，认为是蒋介石借军训之名，行培养学生绝对服从之观念，以便让学生成为他发动内战的炮灰。为此不少学生请假，不参加军训。

为了让学生参加军训，王卓然在向学生讲话时引用意大利总理墨索里尼的话说："我的目的是把意大利治理好了，向着这个目标往前做，你们要无条件地随着我做。到我退却的时候，你们把我打死，如果我在前进途中不幸而死，你们还要继续我的意思向前做。"接着王卓然说："我把这段话借用来说明我的想法。我的目的在把东北大学办理好，我们同学也要像墨索里尼党徒那样监视着我，追随着我。这个意思，请诸位同学记在心头吧。"这种主张是张学良在欧洲考察时形成的思想，因为王卓然常与张学良保持联系，也认同了这种思想，现在王卓然用这种思想来教育学生，其目的就是让学生们无条件地服从他，服从张学良。

张学良出国考察后，东北民众抗日救国会已不能开展工作，处于名存实亡的状态。为继续救济东北流亡进关的同胞，培养干部，实现复土还乡的目的，高崇民、阎宝航、卢广绩、王卓然、王化一、杜重远等人又研究成立新的组织“复东会”，即光复东北之意。1933年9月18日晚，这些人在欧美同学会以同乡聚会的名义，秘密召开了“复东会”成立大会。他们在关羽和岳飞像前共饮苦水，以示卧薪尝胆。他们宣誓：“团结一心，誓死救国，不达目的，永不罢休。”会上选王卓然为理事长，高崇民为秘书长。翌年2月，阎宝航担任理事长。

张学良在欧洲考察半年多，大部分时间在意大利，和意大利总理墨索里尼的女婿颇多来往，和墨索里尼本人也多次会见。墨索里尼对张学良说：“你们中国没有形成一个统一的领袖，国再大，人再多，也强大不起来。如今的德国人也不都拥护希特勒，但为了德国的国家的利益，人们都自觉地服从他的领导，往军事强国方向发展。你们中国要想强大，要想把日本赶走，也必须拥护一个统一的领袖才行。”在意大利的考察，张学良受法西斯主义影响较深，从思想上完全赞成法西斯的做法。1934年1月8日他回到祖国。在航行途中，他就发电报给王卓然，让他去香港迎接。到港后，王卓然与张学良乘同一条船往上海。在船上张学良对王卓然大谈旅欧感受：“中国要想抗日救国，须效法德、意，集中力量，拥护统一的领袖，这个领袖就是蒋介石。”到上海后，他对记者发表谈话，大讲这种思想。他的讲话稿是王卓然根据他的授意起草的。蒋介石十分喜欢张学良的讲话，遂任命他为武汉“剿匪”副总司令，特设武汉行营。

张学良为了贯彻他拥护领袖、实现国家社会主义的统一主张，1934 年 3 月初，电令高崇民、阎宝航、卢广绩、王化一、王卓然等到武汉他的行营，听他讲旅欧的感受。张学良要求大家和他一样，拥护领袖。早在这以前，蒋介石就已知道东北这些人又成立了复东会，他以为是张学良的指使，要求张取缔。这次张学良得知详情后，派王卓然、王化一于 4 月 6 日去南昌面见蒋介石，详陈复东会成立的经过与宗旨。蒋介石要求张学良取消复东会，成立一个拥护领袖的组织，名为“四维学会”。“四维”即孔子的“礼仪廉耻”。张学良很赞成成立这个组织。

5 月 9 日下午 5 时，蒋介石、张学良双方的要人在汉口银行分会举行了“四维学会”成立大会，刘健群主持会议，他报告成立经过。会上选举蒋介石为名誉会长，张学良被选为名誉理事长，王卓然被选为理事长。还选高崇民、阎宝航等 17 人为理事。但不久蒋介石又把这些人召集到南昌，说“四维学会”成立之声势过大，声气过头，遭到一些人的反对，为此要求该会绝对秘密起来，以后不得用“四维学会”搞任何活动。实际上，这是蒋介石取消复东会的阴谋，用“四维学会”作过渡，再取消该会。这就使张学良一厢情愿与蒋介石忠诚合作的梦彻底破灭。

1934年9月18日，东北大学在总校召开了纪念“九一八”三周年大会，王卓然在会上发表了讲话。他号召学生，不忘国耻，发愤读书，早日实现复土还乡。他还在《东方快报》《东北大学学报》上发表文章《“九一八”事变之演进与前途之展望》。通过这篇长文，王卓然精辟地分析了中、日的国力，指出中国抗战与日本侵华是两种不同性质的战争，中国的抗战是正义的，日本的侵华是非正义的，只要全国人民团结起来，坚持长期抗战，胜利必然属于中国。他的这篇长文由于发表在当时北平影响最大的《东方快报》上，对于批判当时存在的亡国论和速胜论起到了一定的作用。

为了加强对东大学生的管理，王卓然建议制定《惩戒条例》。在经过几次征求意见后，于1935年3月26日予以公布。此条例共八章四十五条，通篇体现一个字，即“罚”。规定学生在宿舍招待异性宾客要罚；擅自集会者要罚；晚睡迟起要罚。《惩戒条例》引起了学

1935 年 5 月王卓然（前左五）等校领导、教授与东北大学经济系毕业生合影。

生们的普遍不满。

更令学生不满的是王卓然所主张的“读书救国论”。作为学校的管理者，他要求学生遵守纪律，认真读书，学好本领，毕业后更好地报效国家。他反对学生组织集会、结社、发传单、喊口号的做法。他坚持这样的主张，乃至于 1935 年 12 月爆发的“一二·九”运动发生后，他见学生罢课，游行示威，学校秩序大乱而焦虑万分，深感自己没有管好学校，辜负了张学良对自己的信任，愧对张学良，愧对学生的家长。为了恢复教学秩序，他与北平六所重点高校的校长联名，在《北平晨报》《东方快报》等报纸上发表《告同学书》，要求学生停止游行，回校复课。第二次的《告同学书》全文如下。

各位同学：

在 12 月 9 日北平各校学生请愿游行之后，我们曾联名发表告同学书，指出“诸位同学请愿及罢课的目标可以说是已经达到，希望诸位同学勿别生枝节，勿虚掷光阴，即日恢复学业。”不意那篇告同学书发表之后，又有 16 日北平各校学生大游行的事，参加者数千人，受伤者总数约近百人。我们对于青年同学爱国心的表现，当然是很同情的。但此等群众行动有抗议的功用而不是实际救国的方法。诸位同学都在求学时期，有了两次抗议，尽够唤起民众昭告天下了。实际报国之事，决非赤手空拳喊口号发传单所能收效。青年学生认清了报国目标，均宜努力训练自己成为有知识有能力的人才，以供国家的需要。若长此荒废学业，虚掷光阴，岂但于报国救国毫无裨益，简直是青年人自弃其本身责任，自破坏国家将来之干城了！现在各校被捕学生都已保释，受伤学生渐告痊愈，我们很诚恳的希望诸位同学即日复课。报国之事，任重而道远，青年人切不可激于一时的冲动而忽略了将来报国的准备。

北京大学校长　　　　蒋梦麟

清华大学校长	梅贻琦
东北大学代理校长	王卓然
北平大学代理校长	徐诵明
北平师范大学校长	李　蒸
燕京大学代理校长	陆志韦

“一二·九”运动后，王卓然指责学生游行是“轻举妄动”。远在西安的张学良从报纸上看到了东大学生参加运动最为积极的消息，也发来电报。电文是：“东北大学王秘书长回波兄转全体同学均鉴：顷平市各校对时局之举动及诸生爱国之心，良当表同情。惟我校情况特殊，所历艰困，想为诸生所素悉。值此时艰，务望忍辱负重，安静，慎勿卷入漩涡，致学校受其影响。盖唯贞固足以干事，救国不忘读书。诸生共勉！”

“一二·九”运动是北平学生发起的爱国救亡运动，并得到全国学生的响应。但在蒋介石看来，运动的兴起打乱了他推行的对内“剿共”、对日妥协退让的国策。为了扑灭这一席卷全国的抗日高潮，国民党南京政府颁布了《维持治安禁忌办法》，规定：军警可以枪杀游行示威学生，逮捕支持学生运动的教授，还指示冀察绥靖公署主任宋哲元，立即对平津两市的学生运动进行镇压。

由于运动中，东北大学的学生斗争最为勇敢坚决，宋哲元大为恼火，他抱怨“东北大学学生闹得太凶了，张副司令是他们的校长，我能怎么办？”南京政府的指示使曾为东北军将领的宋哲元左右为难，抓学生对不起张学良，若不抓又无法向南京政府交待。他打电话给东北大学董事长、冀察政委会常委刘哲，说：“对东北大学学生再也不能放纵了，如果学校不想办法，我就要派兵捉人。”刘哲与王卓然商量用“压压气”的办法，与其让国民党政府抓，不如让东北宪兵司令部邵文凯抓。邵文凯是自己的人，什么时候放咱们说了算，这叫“明抓暗保”，待势头过去，再把这些学生放出来，岂不更好。刘哲便打电话给邵文凯。邵文凯到后对刘、王二位说：“我正想找你们老二位，东北大学内激烈分子太多了，若是出了乱子，大家都对不住副司令。”当时东大 CC 派师生已将运动中表现积极的学生名单提供给国民党 CC 派，要是将这些学生逮捕押往南京，那么这些学生的后果就不堪设想了。据此，刘、王、邵认为还是我们先抓为上策。于是，邵文凯指挥东北宪兵队在 2 月 20 日后分两批共抓走 46 名学生，关了四个多星期。王卓然亲自去保释他们，张学良也写信给邵文凯，让他放人。但抓了容易，想释放就不容易了。因为何应钦知道了东北宪兵抓学生的事，他电示宋哲元让其将这些学生押送开封审理，若释放他们必须有他们登的反共启事。

为了尽快让他们出来，保释他们时，王卓然让庶务主任刘德邻以这些学生的口气草拟了反共启事，再由刘哲的亲信、东北籍的爱国人士、冀察政权机关报《北平晨报》社长田雨时修改定稿，登在《北平晨报》《东方快报》上。启事是这样写的："学生等本不是共产党，因同情爱国运动，被当局传讯，回校后反对共产党，安心读书。"

对于该违背学生意志的启事，这些被抓的同学都没有看到，大家都认为是张学良营救他们出来的。30 年后的十年浩劫中，这些同学均因此被打成叛徒，蒙受不白之冤。王卓然也被北京卫戍区逮捕，还是他为每个学生写了证明他们无辜的材料，才使他们解脱的。

这些同学回校时，全校同学夹道欢迎，鞭炮齐鸣，歌声欢呼声响彻云霄，场面热烈。28 日学校召开了欢迎大会，欢迎被捕同学返校。

为了解"一二·九"运动情况，张学良三次电邀学生派代表赴西安。12 月底学生代表到了西安，将前后经过原原本本向张做了介绍。张学良将这几位学生留在身边工作。

这年的春夏之际，王卓然也经常奔波于西安与北平之间，他在忙于东北大学西迁的工作。张学良认为西安安全，将学校迁到这里，他也便于照顾。西安校址选好后，由王卓然撰词，张学良书写了奠基碑。“沈阳设校，经始维艰。自九一八，惨遭摧残。流离燕市，转徙长安。勖尔多士，复我河山。”

通过留在张学良身边工作的学生介绍，张学良知道王卓然与学生之间已产生了很深的矛盾，若再让他继续担任代理校长已不利开展工作，就决定免去他的职务，让他留在西安西北“剿匪”总司令部任办公厅主任。王卓然知道张学良的身边有蒋介石安插的亲信，他不愿意和那些人打交道，便以不擅从事军务为由，依然留平，继续担任《东方快报》社长，同时兼任北京大学、北京师范大学教授。1936 年 8 月，王卓然将东北大学的工作交待给了周鲸文。

第九章　营救张学良

1936年3月下旬，张学良电邀正在西安忙于迁校事务的王卓然去洛川相见。洛川在陕北黄陵县城以北不远，是一个小镇。这时张学良正在这里“督师剿共”，他派飞机接王卓然去住了三天。在张的办公室他俩白天谈，晚上聊，连吃饭也没有停下话题。

三月的洛川小镇，春风虽度，青草却眷恋着大地，不肯吐出嫩芽。放眼四顾，到处是荒山秃冈。此时张学良的心情如同这荒凉、贫瘠的黄土高原一样，充满了迷茫和忧愤。

张学良的办公室很清静，正因为清静，他想找位知己倒一倒心中越积越多的苦水，换一换脑筋。谈话中张学良流露出极度的苦闷和积怨。他说：“过去，我们不研究红军，不了解红军，听国民党灌输的太多，认为他们真是流寇，真的不堪一击。所以，去年秋天老蒋让我来剿匪，我从鄂豫皖调来一个军的东北军，对陕甘宁的根据地发动了三次围剿，没想到红军真能打仗。10月5日，我的一一〇师直属队和下属的两个步兵团在甘泉、劳山被红军吃掉。10月22日，一〇七师的四个营和六一九团团部在甘泉榆林桥被红军吃掉。11月20日我的一〇九师和一〇六师的一部分被红军歼灭于直罗镇。短短三个月，我就损失了近三个师的兵力。而且蒋介石还不给我补充兵员，他的目的是借我的手消灭红军，再消耗我的力量。照这样打下去，我将会全军覆没，再也没有复土还乡的本钱了，我的不抵抗将军的坏名就得永远背下去了，所以我现在必须寻找新的出路。”

张学良还说：“论武器装备，东北军的比红军的好，可是他们个个能打仗，而且善于攻心，没等打呢，他们就在喇叭里喊话，唱《我的家在东北松花江上》，听得我的士兵都没心打仗了。有的还带着枪跑到红军那头去了。看来要想消灭红军是根本不可能了。前些日子我和红军的李克农将军进行了接触，他很实在很直率，坦诚地和我说蒋介石在利用我们东北军，想让东北军和红军打仗，互相消耗。他还建议红军和东北军打仗应假打，真打就上蒋介石的当了。李克农说，红军才是替中华民族着想，才是真正要抗日的。我们想抗日，想赶走日本鬼子，可你却来打我们，你打我们把老本打光了，还用什么打回老家去？看来红军是真正抗日的。我想努力改变蒋总司令‘攘外必先安内’的政策和他们合作，老王你看怎么样？”

听了张学良的话，王卓然心想，张学良转变得真快。从欧洲回来时，他形成了那么强烈的拥护领袖的思想，尔后，口口声声拥护领袖，忠实地执行蒋介石“攘外必先安内”的方针。现在从与红军交战中，损失了部队，受到了启发，这就叫此一时彼一时。王卓然也深为张学良把最近与红军将领接触的情况告诉自己而感动，说明张学良对自己还是一如既往的信任。张学良对自

1936 年秋，王卓然（前右）、阎宝航（前左）、卢广绩（后左）、王化一（后右）在南京合影。

己介绍这些新情况虽然太突然，但自己也应把想法说出来，两人共同探求新的方略。想到这，王卓然说："过去我们对共产党、对红军了解得不多，研究得不够，通过你最近几个月的交战、接触，有了了解，看来可以做朋友。但交这样的朋友，风险太大。蒋介石把红军作为死敌，我们东北军和共产党、和红军没有过结，而且红军还要去东北抗日，所以我们能成为朋友。和蒋介石的敌人交朋友，蒋介石能高兴吗？以他的行事风格一定设法治我们，或吃掉我们。因此，与共产党、与红军打交道一定要谨慎，要防止被蒋介石发现。而要改变蒋介石'攘外必先安内'的政策，是不大可能的。用文的办法说服他，他不会听；用武的办法，弄不好会出乱子，所以一定要慎重。"

三天后，张学良再用飞机将王卓然送回西安的东北大学西安分校。东北大学工学院和补习班的同学共260多人正在这里学习。

1936年11月初，阎宝航以视察新生活运动开展情况为名到达西安。14日，张学良在金家巷公馆召集阎宝航、王卓然、卢广绩、王化一、黎天才等会面。大家就当前的形势、如何转变蒋介石的国策等问题进行了广泛的交谈。从上午10时至下午4时，谈了近一整天，晚餐也是在讨论中进行的。张学良明确而坚定地表示了绝不再参加内战和实行联共抗日的决心，并进而谈到如何调整人事、掌握舆论等问题。但他表示还要以至诚去感动蒋介石，以实现其主张。张学良在结束谈话时，还要求大家去和高崇民谈话，把这次谈话的内容通报给高崇民。

这次长谈，使东北这些著名的爱国人士和社会活动家们统一了认识，即当前的主要任务就是停止内战，联共联苏，实行抗日。这次长谈，距西安事变不足一个月，张学良发动西安事变的思想根源与这次老友通过长谈取得共识不无关系。

在这次谈话之前，蒋介石曾来西安部署“剿共”，后又以避寿为名到洛阳调兵遣将。张学良曾以祝寿为契机，从太原接阎锡山来洛阳共同给蒋祝寿，并一起说服蒋放弃违背民意的“攘外安内”的政策，遭到蒋训斥。事后张学良再写一信给蒋，又进一步说服，使蒋对张更为不满。蒋为使东北军、西北军继续为他“剿共”，又在王曲召集受训的东北军、西北军军官训话，重申他的“攘外必先安内”的政策，说：“违背这个政策就是反革命，反革命我就要打倒他！”说这番话时，蒋介石声色俱厉，激愤异常。两军军官们群情大哗，都明白蒋介石话锋有所指，是谁？那就是张学良。

1936 年 11 月 29 日，杨虎城盛大举行纪念“西安围城”十周年大会，东北军、十七路军的高级将领全部参加，张学良也莅临大会并讲话。他说“一个人必须具有必死的决心，才可求生”时，情绪非常激动。

1936年12月9日，西安市的学生举行纪念“一二·九”运动周年大会，会后游行示威。学生们表示，要到临潼面见蒋介石，请求抗日。蒋介石得知，布下驻军和宪兵，并指示，如学生到，不听劝阻，就动用武力。张学良为了学生的安全，亲自驱车拦住学生，好言相劝，说你们若去，会有生命危险。学生们说：“为了抗日死也心甘情愿！”张学良受学生们爱国热情的感动，抓住蒋介石实行兵谏的决心下定了。

强烈的爱国热情，坚定的抗战决心，惊人的胆量和对东北3000万父老同胞的负罪感，致使张学良做出了艰难的选择，对蒋实行兵谏，迫使他同意抗日，这就是震惊中外的西安事变。

事前，张学良和杨虎城做了分工。张学良负责对付在临潼的蒋的宪兵和卫队，并抓住蒋介石，杨虎城负责解决西安市内蒋的部队和中央人员。张学良还安排高崇民、卢广绩、黎天才、洪舫等人拟定通电稿。

1936年12月12日凌晨4时，西安市内、临潼骤然响起枪声。枪声划破了宁静的夜空，也惊醒了进入梦乡的市民。人们不知道发生了什么事情。两个小时后，枪声平息了，杨虎城的十七路军将西安城内的中央宪、警部队全部缴械，还逮捕了中央要员。中央宪兵团团长杨震亚被击毙。临潼方面，经过4小时的战斗和搜索，捕获了蒋介石。

当天，张学良面见蒋介石，对他及中央要员陈诚、蒋百里、蒋鼎文、卫立煌等进行了妥善的安置并致慰问，同时向全国通电扣留蒋介石促其抗日的消息。通电提出八项主张：一、改组南京政府，容纳各党各派共同负责救国；二、停止一切内战；三、立即释放上海被捕的爱国知名人士；四、释放全国一切政治犯；五、开展民众爱国运动；六、保障人民集会结社等一切政治自由；七、确实遵守孙总理遗嘱；八、立即召开救国会议。

事变翌日晨5时，北平王卓然家的电话铃骤响，他接过电话，是西安打来的，告之张学良已将蒋介石抓获。素知张学良性格为人的王卓然立刻判断是“兵谏”，为让北平尽快知道这一消息，他当即指示《东方快报》予以报道。当时报社印刷厂已经排完了是日的版面，但根据王卓然的指示，将一版头条的内容撤掉，用大号铅字做标题《张学良为抗日救国，在西安兵谏，以息内战》。当时全国的报纸都是由南京政府控制，国民党实行新闻检查制度，北平的所有报纸都称西安事变是“兵变”。《东方快报》是最早报道西安事变消息的报纸，并用了“兵谏”的字样。

为了达到兵谏的目的，实现通电的八项主张，王卓然与在北平的原东北民众抗日救国会的于毅夫、王化一、陈先舟、张克威、韩立如、杜超杰、宋星池于13日下午开了一个会，商议如何配合西安事变。大家研究决定：1. 成立一个组织，名为图存学会，以学会的名义来进行工作。2. 设立一部电台，以保持与西安的联系，保证和西安密切配合，协调行动。购置电台由陈先舟负责，电台的使用、呼号由于毅夫负责。3. 派人与在北平的东北元老莫德惠、刘哲联系，请二位做宋哲元的工作，再请宋哲元与阎锡山、韩复榘联系，支持张、杨发动的西安事变。4. 王卓然继续利用《东方快报》报道西安的最新消息。

12月15日，图存学会的电台即与西安张学良的总部成功地连接，能够互通消息。根据总部的指示，图存学会的同志开展了下列工作。第一，向各省、市转播西安事变的主张和事实真相，派遣代表携带张学良给李宗仁、白崇禧、刘湘的专电去广西、四川活动，争取他们的支持。第二，继续推动莫德惠、刘哲做宋哲元的工作，使冀、晋、鲁形成共同支持张学良的主张。第三，防止国民党在京、津、保三地进行反宣传，破坏东北人的团结。

12月16日，北平的《中央日报》在头版用特大号字发表题为《万福麟深明大义，拥护中央》的新闻，内容是说万福麟不支持西安事变，愿尽军人天职，一切服从中央等等。万福麟是张学良的亲信，是东北军五十三军军长，该军有六七万人，驻在保定。他若反对西安事变，就会带来不良的连锁反应，使宋哲元、阎锡山、韩复榘都不支持张、杨。认识到问题的严重性，图存学会的同志于当日下午在正阳门饭店紧急开会，研究对策，决定派王卓然和于毅夫去保定，了解万福麟的真实想法，如声明不是他的本意，则让他给宋、阎、韩发电，挽回影响。如他真心支持张、杨，则说服他发兵郑州，堵住西安的东大门，策应张、杨，减轻中央军对张、杨部队的军事威胁。大家觉得王卓然是张学良的核心幕僚之一，最受张学良的信任，由王卓然去说服万福麟最为合适，所以公推王卓然去做说服万福麟的工作。于毅夫因电台工作离不开，则另派杜超杰与王卓然同去保定见万福麟。

万福麟是一个胆小怕事的人，虽然他带兵多年却未打过大仗，他更不研究政治，缺乏政治远见。王卓然和杜超杰向他提起《中央日报》声明的事，他不置可否，但表示自己绝无背叛张副司令的想法，只是不同意张这么做。还说东北军斗不过中央军，既然捉了蒋，就不能放他。王、杜听了他的话，知道他的想法便给他说了很多抗日救国、复土还乡的大道理，提议让他出兵郑州，策应西安，免得张副司令孤立无援，或遭到蒋介石派系的毒手。如真出现这样的后果，到那时皮之不存，毛将焉附。王卓然和杜超杰向万福麟讲明了道理，摆清了利害关系，可万福麟就是无动于衷，他还反批评张学良的举动太冒险，不该发动兵谏。为了给王卓然、杜超杰台阶下，最后他说："我可以给河北宋哲元、山东韩复榘、山西阎锡山发电呼吁联合反蒋。如他们响应，我才能行动。我自然要走在他们的前边。如他们那里没有动静，不愿挑头，我也不能挑这个头，冒这个险。"王卓然、杜超杰两人见万福麟坚持按兵不动，便离开保定，返回北平。

根据张学良的指示，图存学会派人到各省说明事变真相，澄清谣言。各省军政大员态度不一。河北的宋哲元、山东的韩复榘表态模棱两可，四川的刘湘、广西的李宗仁、白崇禧表示支持张、杨。而山西阎锡山既不支持，也不反对，却提出如何处置蒋介石的问题。

事变第二天，张学良即撤销了"西北剿匪总司令部"，成立抗日联军临时西北军事委员会，任命了一批高级指挥官，准备北上抗日。

张学良还成立了设计委员会，由东北、西北的文职人员组成，设计如何处理事变后出现的各种情况。设计委员会由高崇民担任主任。他们向张学良建议，请共产党派代表参与事变的善后。随后，以张学良名义给延安中共领导人发邀请电。

张学良还一面安抚蒋介石，消除他的恐惧心理。张向他表示我一不要钱，二不要地盘，三不想加害总司令，就是请求带兵回东北抗日救国。16日，蒋介石的私人顾问端纳到西安。端纳是张学良到欧洲考察后，被蒋介石请去当其私人顾问的。

16日，西安召开了“西北各界支持张学良、杨虎城两将军抗日主张市民大会”，参加大会的有10余万人。

17日，由周恩来副主席为团长，秦邦宪、叶剑英为副团长的中共代表团到达西安。

22日，以张学良、杨虎城、周恩来为一方，同蒋介石的代表宋子文、宋美龄一方举行会议。张、杨再度表明采用兵谏的用意不是要加害总司令，就是请求总司令不打内战，团结一致，共同抗日，请求总司令接受八项主张。周恩来代表中共希望以此事变为契机，实现国共第二次合作，枪口一致对外，共同抗日救国。24日，双方再次会谈，并达成六项协议，蒋介石以领袖人格作保证，执行这些决议。25日，张学良为了表示诚意，未和周恩来商议，便亲自乘飞机护送蒋介石回了南京，周恩来闻讯赶到机场阻止，到机场时，飞机已经起飞。见渐渐消失在空中的机影，周恩来不禁慨叹。这一去，两位伟人在有生之年，竟再未相见。

12月25日下午，王卓然得到西安消息，说蒋介石接受了张学良的全部条件，张学良已亲送蒋介石去了南京。

对这一消息，有人不相信，认为张学良不可能这样做。因为南京的人际关系太复杂了。蒋介石在西安被扣，大折了威信，张学良此去即使蒋本人不将他如何，别人也会为难他。作为能统率千军万马、聪明好学的张学良来说不会想不到这些。

王卓然相信张会去送蒋，因为他太了解张学良了。他知道张学良正直善良，光明磊落，敢做敢当。同时，张学良不墨守成规，行事常出奇招。他有英雄胆魄，有时敢于冒险。所以，他认为张学良会去送蒋的。但王卓然也了解蒋介石，他认为蒋的为人阴险狠毒，他的左右亲信又多是张学良通电攻击的卖国贼，有的在西安一起被扣押，这些人绝不会善罢甘休。想到这些，王卓然认为张学良此去必凶多吉少。

为了让更多的人了解张学良，创造有利于营救张学良的舆论氛围，王卓然决定立即动笔撰写介绍张学良的书，书名就叫《张学良到底是个怎样的人》。这个决定一做出，张学良从少年到现在20多年来，他们相识、相知、相处的一幕幕就在他的脑海里过起了电影……

张学良虽是纨绔子弟，但他不醉生梦死、昏庸懒惰。他有理想有追求，好学上进；他的父亲虽重权在握，身居高位，但他不骄傲蛮横，仗势欺人；他平易近人，广交朋友；他虽出身名门，但他不愿坐享富贵，凡事都愿自己动手，广钻多积，他学会开飞机、开汽车、开摩托车，他喜欢运动，爱打网球、排球、乒乓球；他喜欢艺术，喜欢收藏古玩书画，他自己也喜爱书法，对王羲之的行书、黄庭坚的草书都花很多时间进行临习。他的字有王羲之的清秀妍美，又有黄庭坚的舒展飘逸。他知人善任，乐于听取不同意见；他爱憎分明，疾恶如仇，他深明大义，不怕威逼……想着想着，书的提纲在心里育成了。于是他奋笔疾书，从他与张学良相识，到“九一八”前后，牺牲个人名誉，忍辱负重，维护国民政府的利益，服从蒋介石的领导；从强烈要求抗日救国到主张改变“攘外必先安内”的政策等等。1.2 万多字的书稿他一夜就写成了。第二天《东方快报》印刷厂的工人一上班，就见到他们的社长来交办紧急任务，要以最快速度印出此书。

这段时间，印刷厂的工人是最忙碌的。西安事变发生后，《东方快报》是北平唯一正面报道事变真相的报纸。这使报纸的销量急剧上升。前几日，王卓然的长子王福时会同几位同学正在翻译美国《太阳报》自由撰稿人埃德加·斯诺采访延安的稿件，王卓然、王福时要把这些稿件编译成一本书，叫《外国记者西北印象记》。这本书王福时与他的同学郭达、李放边编译，印刷厂边排版，大家不分昼夜地干。现在又加进这本书，工人们更忙碌了。

为了尽快印出此书，王卓然亲自坐镇，亲自参与校对修改，仅用四天就印出了3000册。王卓然拿出200本，其余在北京销售。他拿此书的目的是要去南京散发，并打探张学良的消息，根据情况再确定下一步的行动。

12月30日中午，王卓然与杜超杰带着200本《张学良到底是个怎样的人》一书，风尘仆仆地赶到了南京。不知道是心灵的感应还是从南京过往行人中的脸色和眼神里看到了什么，王卓然和杜超杰的心头都隐隐生出了一种不祥的预兆。

事情果然不出王卓然、杜超杰的预料。来南京以前，他们听说张学良住在好友、国民政府财政部部长宋子文北极阁的寓所。王卓然想，自己与宋子文也是多年的好朋友，是两人的密切配合，才使张学良成功戒毒的，下车后，他俩直奔北极阁。到地方后被告知，张学良已迁到孔祥熙的住宅，不许见客。是日晚他俩住进中央饭店。

经过进一步的打听，他俩得知，12月25日，张学良陪蒋介石到南京后，南京安排了记者招待会，两人对记者发表了谈话。蒋介石说："现在一切问题应该中央政府解决，余既为军队之最高统帅，对于西安事变，理应负责。此系由于余平时未能维持军队之纪律有以致之；私心至为耿耿……"话里透露出对张学良发动事变的不满，及对事变的定性。而张学良心地坦荡，他从蒋的谈话中听出了弦外之音，也感觉到蒋不会放过自己，就用表态式的语气说："今日仅愿意与诸君见面，各位所问无可奉告。此来待罪，一切唯中央及委座之命是从。"

王卓然还听说，在南京官方和军队内，对张的处置存在两种意见；一派主要是蒋的嫡系，认为张学良劫持领袖，大逆不道，罪大恶极，应严加惩治。另一派非蒋的嫡系，认为张虽做法鲁莽，但对蒋无恶意，又亲送蒋回京，表示认罪，就应从宽发落。这两派人在表达方式上，前者公开叫嚣，大有非此不可之势；后者则多在私下议论，公开场合却讳莫如深，噤若寒蝉。

第二天，即1936年12月31日，南京的报纸登出军法会审张学良的结果，说他以下犯上，劫持统帅，适用军法胁迫统帅有关条款应予严惩，但念及他能亲自送统帅回京，又请求服法治罪，特别是委员长又写请呈国民政府特赦张学良。报纸登出这样的消息，给人的印象是张学良确系犯了国法、军法，理应严惩，但委员长仁慈宽厚，又请求政府特赦张学良，其人格高尚，尽显领袖风范。

看到这样的消息，王卓然心急如焚，他清楚蒋介石的葫芦里在卖什么药，他不可能轻饶张学良。为了给张学良争取最轻的处置，王卓然想起曾经有过的四维学会，其中的理事戴笠、刘健群都是蒋介石的红人，应找他们疏通，但费了很大力气也没找到。他又想起肖赞育，他多年跟随蒋介石左右，此人还颇讲交情，便又找他。还好，此人给了王卓然面子，两人见了面。

肖赞育对王卓然说："事变前，张陪蒋游华山，游览中张苦口建议蒋改变'攘外必先安内'的政策，再三再四地说。蒋介石拒不接受，还斥责张年轻无知，应当守军人本分，服从纪律，不要妄议国家政策等。后来洛阳军事分校举行毕业典礼，张陪蒋出席，蒋对学生训话，要他们认识'剿共'是第一任务，日本侵略是皮膏之患，共产党作乱是心腹之患；不能割除心腹之患者，绝不能去掉皮膏之患，不能消灭近身之敌人者，也不会抗拒远来的敌人，乃竟有高级将领妄发议论，主张攘外以安内，其影响会扰乱军心，助长心腹之患，其罪与汉奸相等。"肖赞育说蒋介石的话太刺激了张，所以激出了西安事变。现在，张送蒋来到南京，想无罪回西安是不可能的，但蒋也不会治他重罪。肖说自己没有能力和办法影响蒋、改变蒋。

王卓然见指望不上肖，便又去访见军法会审裁判长李烈钧。

自从李烈钧出任该职以后，一时其家门庭若市，不少党国要人前往探询对张学良的处理意见，特别是宋子文、傅汝霖二人来得最勤，对张最为关心，一再替张求情，请求从轻发落。王卓然来访李烈钧，李知道王与张关系甚密，就说他非常佩服张。“他从容不迫，侃侃而谈，把发动事变的一切责任都揽在自己身上，说杨虎城以及其他将领完全服从他的意见，主谋是他，执行也是他，与别人无关。”李烈钧还拿出四张纸条给王卓然看，纸条上写着十二个问题，说这纸条是上边交给他、让他审问张的。如问张与共产党是否早有联系？12月12日夜间华清池劫持事件是预谋的还是临时定的？若是善意兵谏是否考虑领袖的安全等等。李烈钧还告诉王卓然：“这军法会审及判决是经别人安排的，他不过是演演戏，走走形式而已。”

政治的斗争是残酷的、复杂的，张学良还没有认识到其残酷和复杂的程度。而蒋介石可谓政治斗争的高手。他通过这次事变，所要达到的目的都达到了：一是给张学良判了刑，剥夺了他的职权，使他与30万东北军分割，免去了自己的心头大患；二是改组群龙无首的东北军，壮大了自己的力量；三是本该治罪的张学良，但却将他保下来，既不杀他，更不让他住监狱，而约束他，让张本人和世人都看出他的宽宏大量，给自己树立完美的领袖形象和绝对的权威。对于蒋介石的心理，戴笠和刘健群更为清楚，他们不但不能见王卓然和杜超杰，还让人暗示两人少活动，最好是赶快离开南京。他们既不能帮张学良开脱，更不愿意受牵连。王、杜二人见形势不可逆转，就决定一人先回北平、再留一人打探消息。1月5日晨，杜超杰北返，王卓然继续留在南京，进行营救工作。

1月5日上午，南京的报纸登载了国民政府对张学良的判决命令："张学良处十年有期徒刑，本刑特予赦免，仍交军事委员会严加管束。此令。"至此，西安事变的主要发动人张学良本来出于抗战救国的动机，采用了兵谏形式，却失去了兵权，失去了自由，落了个被"严加管束"的结局，过上了幽居的生活。

最终宣判后，张学良写了遗嘱，让女友赵媞带出交给王卓然。王卓然见此遗嘱，万分难过，想张学良豪情盖世，却遭这样不公正的对待。张学良的遗嘱大意是东北军和东北各阶层人士要搞好团结，不能被蒋拆散；要和西北军搞好团结，不被国民党离间，争取国内各方面人士的同情和支持。如各方团结搞不好，东北军被拆散，不能打回老家，他就自杀以谢国人。王卓然为了让东北军将士、东北的元老、张学良的幕僚们都看到这个遗嘱，大家共同想办法采取下一步对策，遂将其内容报给西安，将遗嘱原件寄给了在北平的于毅夫等人。

又过了几日，王卓然散发完了《张学良到底是个怎样的人》一书，见所有想见张学良的努力都无济于事，便返回了北平。这期间，高崇民、卢广绩在西安与王卓然、阎宝航、王化一、杜重远等人时而联合行动，时而单独行动。大家往返于北平、南京、上海、西安之间，访见宋子文、戴笠等国民党要人，极尽全力开展营救工作。张学良被扣以后，在西安的东北军群情激奋，大骂蒋介石背信弃义，齐声呼吁要营救自己的统帅。关于如何营救，出现了严重的分歧，以王以哲、何柱国、于学忠为代表的高级将领们多数主张采用和谈的方式，争取南京政府释放张学良。王以哲等认为只有加强东北军、西北军、红军三位一体的联盟，国民党军队才不敢轻举妄动，张学良也才有被释放的可能。而以孙铭九、应德田、苗剑秋为代表的下级军官，被称为少壮派，他们主张动用武力营救张学良。少壮派的代表几次要求王以哲军长发兵，王都按兵不动，但也说服不了他们。他们认为王以哲有取代张学良之意，故不发兵。1937 年 2 月 2 日，孙铭九等人闯进了王以哲的家，将他杀害，他牺牲时年仅 41 岁。

2 月 12 日，南京政府电约何柱国军长去南京，想利用他缓和东北军的怒气。何柱国又电邀王卓然同去。何柱国征得蒋介石的参谋长钱大钧的同意，与王卓然由杭州出发前往奉化。

奉化是蒋介石的老家。去那里的公路曲曲弯弯，沿途绿树成荫，景色宜人。王卓然和何柱国无心欣赏这江南的锦绣风光，恨不得马上抵达奉化，见到朝思暮想的张学良。汽车大约行了 5 个小时，他们到了奉化溪口镇西北的雪窦山。此山中有建于唐代的雪窦寺，是我国佛教禅宗十刹之一。寺前有深谷，峻岩峭立，名千丈岩。岩顶有清流飞泻，喷薄似雪崩，故山得此名。上还有妙高台，台下有深谷，台上有古松，枝虬干挺。登台环眺，群山起伏，山下田畴庐舍尽收眼底。蒋介石欣赏这里的景色，在此建了三层的别墅。山上还有一处建筑是中国旅行社，客房十几间，条件优越，卧室、客厅、洗澡室等设施齐全，张学良就被安置在这里幽居。除了张学良、于凤至夫妇外，还有看守张学良的特务队也住在这里。中国旅行社距雪窦寺约有 1 华里。看守张学良的宪兵一个连和特务队便衣警卫的 20 多人则住寺里。何柱国、王卓然到此，天时已晚，四周仍戒备森严。因为南京事先有电话来，便让两人依次与张学良相见。看守张学良的是蒋的亲信、戴笠手下的特务刘乙光少校。他让何柱国先见，约一个钟头后，又让王卓然进见。

交谈中，张学良备述了苦心，前前后后许多往事、心事，向王卓然一吐为快。王卓然拿出了他写的《张学良到底是个怎样的人》给了他，并告诉他这本小册子的写作动机，就是为了公众了解真实的你。张学良告诉王卓然："你还可以多印，钱由我出。"正交谈畅快时，刘乙光推门进来，他说钱参谋长的电话只提到何军长一人来见，现在又多了一人，他负不起责任。王卓然说："已同钱参谋长讲好了，你打电话再问好了！"刘出去打电话。过片刻，刘又进来干涉，说电话打不通，张说你再去打。这样两人又谈了 20 多分钟。刘又进来说还是打不通，让王卓然尽快离开。无奈，王卓然只好与张学良握别。孰料一别竟成人生的永诀。

离开奉化，王卓然与何柱国再去南京。南京方面对何柱国做了一番交待，大意是让他平息东北军的怒气。然后两人又同机飞往西安。

东北军将领知道王卓然是张学良的文胆、亲信幕僚，张学良很尊重王卓然。且王卓然又不在军界，也不住西安，和各将领无特殊亲密关系。他的话，大家都能听进去。

王卓然到西安后，首先委托西安《大公报》分馆代印8000册《张学良到底是个怎样的人》，分发给东北军、西北军中上层军官。后遍见各位将领，传达张学良对东北军的指示。何柱国先召集高级将领开会，让王卓然传达奉化见张的谈话精神。王卓然说："何柱国军长和我分别见了副司令。他对我们的谈话是万分恳切而坦白的，句句以抗日救国为念。他说他既然为抗日统一战线而牺牲，而失掉自由，也绝对不惜牺牲生命而贯彻到底。他要我俩嘱告东北军将领及有关方面，要为贯彻他的八大主张而努力。他希望东北军、西北军、共产党军队三方长期保持团结，但是要竭尽一切方法避免与南京军队发生冲突。他说他个人的生死与自由是小事，只要蒋介石能够实践诺言的重要部分，枪口一致对外，就是自己死了，也会含笑九泉的。他说十年内战，使东北已亡，华北继之，若再自相残杀，国家民族将万劫不复。要切告东北军将领，不要为争他个人的自由而与南京冲突，要为争取枪口一致对外向南京坚持。"

这期间，王卓然认识了周恩来、叶剑英等中共领导人，有时他们在一起进餐，有时在一起交流情况，统一认识。他们曾谈起在沈阳读书的往事。周恩来说，你在两级师范上学，我在东关第六小学读书，两座学校相距不远，那里的风景很美，清清的万泉河，静静的柳树林，蛙鸣鸟唱，草长莺飞，现在我还留恋那个地方，将来有机会，我一定回那里去看看。

周恩来那两道浓眉，释放着英气，炯炯有神的眼睛带着睿智和真诚，说话的语气让你感到亲切。没几天，王卓然和他已成为亲密的朋友了。周恩来对张学良也极其赞佩，高度评价张学良所具有的抗日救国的精神，但说他去南京是个大错，感到痛惜。他说："现在，大家唯有尽最大的努力，求其主张之实现，共产党是抗日统一战线的主动者，自然更责无旁贷。"

通过与周恩来、叶剑英等共产党人的接触，王卓然对共产党加深了了解。他感到，张学良扣留蒋介石，共产党主张保护蒋的安全，主张释放他回南京，这向全国人民清楚地表明共产党是大公无私的，是为了建立抗日民族统一战线，真心抗战。蒋介石"围剿"红军十年，使红军牺牲了几十万人，可他们不主张杀掉蒋介石，偿还他欠下的血债，这表明共产党的宗旨，专为打倒帝国主义及其帮凶，不是要打倒蒋介石个人。事实胜于雄辩，西安事变以后，国民党无论怎样诬蔑共产党，王卓然也不信了。

第十章　曙光传延安

离开西安，告别了周恩来、叶剑英，告别了何柱国军长等东北军将领，王卓然怀着复杂的心情回到了北平，专心致志地办《东方快报》和《外交月报》。

这时担任《东方快报》主编的是张庆泰（新中国成立后任农林部秘书长，辽宁省人大常委会秘书长），担任《外交月报》主编的是关梦觉（新中国成立后历任民盟东北支部书记长、吉林省副省长）。

为了更好地利用舆论武器宣传抗战，鼓动复土还乡，王卓然与张、关研究，如何提高报纸质量，增加销量。王卓然认为只有多登载读者喜闻乐见的新闻，才能使读者掏腰包买你的报纸，而喜闻乐见的新闻就是日军的动向、东北人民的抗战、华北的形势等。要搜集读者喜闻乐见的新闻，记者就要多深入实际采访，多寻找新闻线索。他们研究了提高办报质量和报社经济效益的措施。王卓然也把更多的精力投入到报社中来。上章提到，王卓然在指示报社印刷厂印刷《张学良到底是个怎样的人》的时候是印刷厂最忙的时期。为什么这样说？因为西安事变刚刚发生，许多市民关注事变的最新动态，都想通过报纸了解这方面的信息，所以报纸的印数增加了。当时还在印一本书，名叫《外国记者西北印象记》（一年后上海翻译出版，改名为《西行漫记》），是美国《太阳报》自由撰稿人埃德加·斯诺所著。王卓然之子、清华大学刚毕业不久的学生王福时会同几位同学当翻译，边译，边拣字，边排版，边校对清样，王卓然同样指示，以最快速度出版发行这本书。

这本书为什么叫《外国记者西北印象记》？美国记者的书稿为什么由王福时翻译？该书为什么在《东方快报》印刷厂印？该书的作者埃德加·斯诺是位美国人，他 1905 年出生于密苏里州堪萨斯城，毕业于密苏里州大学新闻系，也在哥伦比亚大学进修过。1927 年，王卓然在美国讲演，宣传中国的历史和文化，斯诺在密苏里州大学看了有介绍中国的讲演广告就前来听讲，从此他就向往中国，想到中国来“寻找东方魅力”。1928 年他大学毕业，这位 23 岁的美国小伙子，怀揣路费和少量的零用钱，便乘船来到中国。他先到上海，在一家外国人办的《密勒氏评论报》当助理主编，在这里既有了收入，又熟练了新闻写作业务。后来他又任美国《太阳报》和英国《每日先驱报》的特邀通讯员。“九一八”事变后，他受聘到在北平的由美国教会办的燕京大学新闻系当教师，教“新闻特写”。

王福时是“九一八”事变时，由沈阳流亡进京，在此借读的学生，他读的是社会系。知道斯诺，但无交往。一年后，王福时又去清华大学就读。“一二·九”运动后，常到斯诺家讨论时政。

受父亲的影响，王福时也是一位好学上进、关心时事的青年。斯诺是一位坚持正义、乐于助人、同情中国人民的知识分子。在燕大当教师时，他已经结婚，他的妻子叫海沦·斯诺，是一位身材修长、极富热情和同情心的英格兰女子。斯诺夫妇的家在盔甲厂胡同13号，在现在北京火车站西部的位置。

由于斯诺夫妇坚持正义，支持进步活动，“一二·九”运动后，这对爱交朋友的美国夫妇的家就成为燕大进步学生常去的地方。因斯诺夫妇是美国人，中国的国民党特务和警察根本不注意这里，所以这里是安全的。

斯诺家的小院，地处城墙根，清静幽雅，几盆盛开的菊花和错落有致的摆设，显得雅致而富有生机，阳光透过明亮宽敞的大玻璃窗射进屋内，显得暖融融的。在这里，主人和客人可以无拘无束地畅谈，话题海阔天空，无所不包。而当时谈论最多的话题是华北的形势，因为东北已经沦陷，山海关已经被日本占领，北京的沦陷也只是个时间问题了。

常来斯诺家的燕大学生有张兆麐（燕大学生自治会主席）、王汝梅（即黄华，燕大学生自治会执行委员会主席，新中国成立后曾任驻法国大使），陈翰伯（新中国成立后曾任商务印书馆总经理兼总编辑，国家出版事业管理局代局长）、俞启威（黄敬，新中国成立后历任中共天津市委书记兼市长，第一机械工业部部长），还有清华大学历史系的姚克广（即姚依林，曾任国务院副总理）和王福时。

王福时在燕大借读虽然只有一年，但他在校时就参加了“反帝大同盟”（中共的外围组织），成为定期时事座谈会的召集人，还担任秘密壁报《昨日与今日》的主编。那时他热衷于苏联的一切，宿舍墙壁悬挂着列宁的画像，书架上摆满了苏联的小说《铁流》《静静的顿河》《钢铁是怎样炼成的》《夏伯阳》等。书中歌颂的爱国主义、英雄主义精神深深地影响着王福时。

斯诺家的消息非常灵通，华北“特殊化”、南京的态度、宋哲元的二十九军、日本特务头子土肥原的进逼，等等，其来龙去脉、林林总总都能听到，连北平人最少知道的有关红军的消息也能获得一些。而每次话题引到共产党、红军时，同学们都想知道得详细些，这也是斯诺最想知道的。大家听说红军正在向陕北挺进，可能还要进入华北，来制止华北的“特殊化”。那么红军现有多少人？他们的司令部究竟在哪里？武器装备如何？他们的领导人是一些什么样的人物？是相貌丑陋的凶神恶煞？还是像手摇鹅毛扇的诸葛亮那样的白面书生？他们能坚持多久？这些都是大家最想知道的。作为记者，斯诺最想去看看，去采访。然而怎么去？通过什么渠道去？恰逢这段时间，与斯诺熟悉的王卓然在西安忙于迁校的工作，经常往来于西安与北平之间。他知道如何穿过西安东北军的防线进入陕北苏区的办法。就这样，经过多方面的联系，王卓然帮助斯诺于1936年8月进入陕北苏区，去了延安。因为西安、洛川、延安都是东北军的防区。

在延安，斯诺采访了毛泽东、周恩来、朱德、彭德怀、李富春、徐海东等共产党、红军的领袖或高级将领。他统计出红军的平均年龄是19岁。他亲眼见到红军的训练、业余文化生活。他也亲眼见到红军的生活极为简朴，食物粗糙，住处简陋，但每个人都整洁卫生，热情诚恳，谦虚礼貌。他更看到红军全军将士身心健康，精神振奋，充满民族自尊心、自信心和勇于战胜敌人的钢铁意志。斯诺熟悉美、英、法、意、德、日的军队，但把红军与这些国的军队做一对比，斯诺认为红军是一支生命无限的军队，是一支神奇的队伍，上帝也征服不了他们。

斯诺在陕北苏区采访了两个多月，其间和军民打成一片，撰写了大量真实报道陕北军民生活的稿件，10月，他返回北平。

在斯诺整理采访陕北苏区的手稿时，精通英语，又担任《东方快报》印刷厂厂长的王福时看到了这些手稿，他对所介绍的内容十分好奇，认为有必要将这些内容翻译成中文，印成中文的书，向中国人介绍陕北苏区的情况，介绍共产党的抗日主张，介绍红军的精神面貌。王福时的想法自然得到斯诺的支持，更得到父亲王卓然的支持，帮助出主意，搞策划，安排整个工作的流程，使得王福时增强了完成此书翻译出版工作的信心。

斯诺整理好的打字稿，交给王福时，其中还有一些照片、地图、歌曲等珍贵资料。对这一摞资料，王福时觉得仅靠自己是很难在短时间内译完的，“众人拾柴火焰高”，还得有更多的人参加进来。王福时便邀请清华的同学郭达、《外交月报》工作人员李放、李华春一起进行翻译和编辑。1936年12月就开始了翻译出版工作。

王福时的家也在《东方快报》印刷厂附近，即府右街中南海大门里不远处。这个以王福时为主的小团队，争分夺秒，通力合作，紧张地忙碌着。工作中有时静静地译写，有时讨论用词是否准确，大家共同斟酌。译好的稿立即排版，打样，校对，在这本书的整个出版印刷期间，从王卓然到经理到车间主任再到普通工人，都积极参与，并付出了汗水。因为大家清楚这本书出版发行的重要意义，它不是一本普通的书，它更是一件宣传抗战、唤起民众的重要武器。斯诺夫妇也为出这本书付出了大量心血。他们不仅无偿提供书稿和资料，还提供经济上的支持和纸张的支持。

正是由于众人忘我的工作，才使这本书仅用了两个多月的时间，即 1937 年 3 月就完成了印刷任务。首印了 5000 本，这印数在当时已是很高了。后来各地出版社纷纷翻印，共印了多少本就无法统计了。

这本 300 页，以上海丁丑社名义出版发行，定名为《外国记者西北印象记》的书，不仅在中国，在世界上也是最早介绍中国共产党、红军长征的艰苦历程、红军现状以及共产党抗日主张的书。它比英国伦敦格兰茨出版社的英文版斯诺的《红星照耀中国》早出版半年，比胡愈之先生在上海根据英文版《红星照耀中国》翻译出版的《西行漫记》早出版 9 个月。

在这本书中，有毛泽东与斯诺的 5 次谈话全文，有 14 篇斯诺介绍陕北苏区军民的文章，还有专门研究中国经济的美国经济学家韩蔚尔介绍红军及苏区经济状况的3篇文章，还有陈云假以一名医生的名义跟随红军长征的见闻录1篇，署名不是陈云而是“廉臣”。这篇文章被公认为介绍长征的最真实、最生动的第一手资料，后来一些外国学者在介绍和评价中国工农红军长征史实的时候，也多引用这篇文章里的段落或全文。在这篇文章里，作者假托一名跟随红军长征的国民党军的被俘军医，以长征的时间顺序为经，以见闻和故事为纬，纵横交错地记录着红军长征的悲壮历程。内容含从江西瑞金出发，到1935年抵达川西至离开为止，计8个月时间，一路经湘、粤、桂、黔、滇、川六省。文章描述沿途所见所闻，多次战役和突围，跋山涉水，夜行军与急行军，突破大渡河，强渡乌江和金沙江等激战场面。还有对官兵作风、军事形势、山川地形、风土人情、军民关系，以及行军中的毛泽东、周恩来及其他一些红军领袖的介绍，都绘声绘色，十分生动感人。书中还收进34幅照片，如毛泽东戴八角帽的照片，周恩来骑马的照片，徐特立的照片，红军体育活动的照片和红军歌曲，如《红军入川歌》《提高红军纪律歌》《渡金沙江胜利歌》《三大纪律八项注意》等。

书印好后，王卓然亲自安排发行工作。一是利用关系在西单商场销售一部分，二是利用东北大学的学生秘密销售。因为书中有毛泽东的诗《七律·长征》，东北大学学文学的同学特别喜欢这首气势磅礴、充满革命英雄主义精神的诗，有的自己买，有的积极推销。通过这本书，人们知道了红军在发展壮大，红军坚决主张抗日并积极为北上抗日做准备，人们从中看到了中国的希望在陕北，中国的希望在共产党、在红军。所以这本书传播的速度特别快，范围也很广，多家出版社予以翻印、发行。几个月后，翻译者之一的李放由天津去广州，沿途看到好几种版本的该书，连广东台山县水口镇的一个小书摊，也有此书出售，但不是原版，可见此书的影响范围之广了。

看到斯诺采访陕北的文章和照片被印成书并得到广泛的流传，斯诺夫妇是很高兴的。斯诺夫人说："当时我自己也是把所有的时间用在整理埃德加一切的笔记、照片说明文字、会谈记录等上面。"她给王福时的信中说："你是我们在那些日子里所从事的事业的伙伴，我们当时都认识到不能浪费一秒钟，后来证明这样是对的。当时每一件事都关系到生死存亡。"信中还说："你所出版埃德加的中译本书，在中国如同闪电一击，使人们惊醒起来。"

斯诺夫人是个争强好胜的女性，她极想去陕北沿着丈夫的足迹再去采访，更加全面地报道共产党和红军的情况。海伦·斯诺的想法与王福时不谋而合。作为有着家仇国恨的东北青年，故乡正在日本帝国主义的占领之下，他是多么思念故乡的山山水水，思念故乡的亲朋好友，可是自己想回而回不去。谁能帮我实现重回故乡的愿望？是共产党，是红军。我也要用我手中的笔介绍共产党，介绍红军，让人民支持共产党，支持红军，实现抗日救国、复土还乡的目的。

王福时把欲与海伦·斯诺同去陕北的想法向父亲王卓然说了，王卓然知道去陕北会有风险，但他深谙一个青年只有经受风雨才能成为优秀人才的道理。他想儿子已是成人了，让他去见见另一种世面，看看延安军民的艰苦生活，把他的所见所闻发表在《东方快报》上，会更好地扩大共产党、红军的影响，如反响好，还可能增加报纸的销量。所以王卓然坚决地支持王福时，不但要去，还应尽可能多地搜集材料。

取得了同去延安的共识后，海伦·斯诺和王福时即进行了行前准备。王福时首先想到要带一些《外国记者西北印象记》赠送给共产党红军的领袖们。准备了一柳条包此书，用火车托运到西安。海伦还给西安的朋友陈翰伯发了电报，请他在西安接应。陈翰伯此时在《西京日报》社工作，该报是张学良提议创办的。1937 年 4 月 21 日，王福时陪海伦乘火车离开了北平，开始了陕北之旅。同行的还有俞启威。海伦一到西安，便被军警控制了，因为她金发碧眼，往陕北去是军事禁区，军警是不许外国人进入的。军警把她送进专门接待外国人的西京招待所，并命令她回北平。在这里逗留了一个星期以后，她认识了招待所经理周天成、美孚石油公司职员康普顿和一位瑞典机械师。三人用计帮她摆脱了军警的监控，潜出西安，绕过咸阳，于4月30日下午到了云阳的彭德怀司令部，与王福时、陈翰伯会齐。红军考虑得很周到，派了李伯剑、丁玲两位红军才女来陪伴海伦。这两位才女一见海伦就亲热起来，处得十分融洽。

当晚，王福时还与彭德怀打了一会儿乒乓球，切磋了球艺。

第二天早晨，成千上万农民来参加“五一”劳动节庆祝大会。农民持红缨枪，列队整齐，体现出崭新的精神面貌，让王福时很是激动。为了让海伦一行尽快赶到延安，彭德怀派出一辆卡车送他们前往。

李伯剑、丁玲也同车返延。同行的还有十几名来自上海的青年，大家很快就熟悉了。当这些青年知道海伦的身份，知道王福时就是《外国记者西北印象记》的编译者时，向王福时投以敬佩的目光，觉得和海伦、王福时同乘一车有一种荣耀感。

青年人毕竟是活跃的，大家谈论着说笑着，有时还唱起歌。《五月的鲜花》《我的家在东北松花江上》的歌声不时从车上飞向远方，对于车的颠簸大家竟全然不顾。

5月1日傍晚，卡车将大家带到了延安城。王汝梅来迎接海伦一行。王汝梅也曾是斯诺家的常客，大家彼此熟悉，用不着介绍，互相问候后，一同去了招待所。

招待所的大院是陕北接待安置重要客人的地方，那里时常有共产党、红军的高级干部进出。招待所旁还有篮球场，朱德总司令常去那里打球。

5月5日，毛泽东主席在招待所接见了海伦、王福时、陈翰伯。接见时因为毛泽东操一口湖南话，王、陈都听不惯，无法翻译给海伦听，王汝梅便充当了翻译。这次接见后，王福时将带去的《外国记者西北印象记》送给毛泽东，还递给毛泽东一张纸条，上写11个问题，请毛泽东择机解答。毛泽东接过纸条说："我一定满足你的请求。"

5月15日，毛泽东安排专门时间会见并接受海伦和王、陈的采访，会见的时间有四五个小时。翻译仍是王汝梅和俞启威。俞是来延安开会的。从北平来时，他与海伦、王福时同乘一车，在邻近车厢，当时他并没有说此行的任务。

毛泽东在回答海伦关于争取民主的提问时，对民主做了精辟的阐述。他说："没有广大人民要求与推动民主运动，则民主政治不会实现。因为要挽救中国，战胜日本，唯有实现民主政治，争取言论、集会结社、出版与爱国救国的完全自由……则统一的民主共和国是能够实现的。”海伦还向毛泽东提出国共合作、阶级斗争和准备抗日等问题，毛泽东都一一做了回答。对王福时所提出的问题，毛泽东也逐条做了回答。因王福时听不大懂毛泽东的湘音，有的记录记不下来或记得不够准确，采访结束后，王福时请毛泽东检查核对笔记，经过一夜的校阅、修改，次日晨毛泽东派人送还给王福时。

在延安采访期间，王福时还采访了朱德、周恩来、刘少奇、张闻天、徐特立、林彪、林伯渠、徐向前、秦邦宪、陆定一、何长工、徐海东、傅连璋、关向应、康克清、王震、蔡畅、廖承志、罗炳辉、李维汉、成仿吾、姬鹏飞等许多共产党、红军的高级领导干部，还参观了中央党校、抗日军政大学、鲁迅艺术学院，等等，对共产党关于抗战的方针、政策，对党的建设与管理，对党政军的培训教育，对边区的文化生活都有了深入的了解。延安经常开展各种活动，举办晚会，每次晚会海伦、王福时都应邀参加，有机会近距离坐在毛泽东、朱德、徐特立、林伯渠等领导人身边。对延安军民团结的鱼水关系，对高级干部和普通群众与战士之间的亲密无间的关系深有感触：为什么红军能存在并发展，原因也在于此。

王福时在延安采访参观进行了一个多月的时间。6月中上旬离延安去西安，再去风陵渡，乘火车去太原，再往石家庄，回到北平。离延安时，负责接待的同志安排他搭乘肖克将军的卡车。将军是来延安开会后返回部队的。王福时送给肖将军一本《外国记者西北印象记》，车上两人进行了无拘无束的交谈。

回北平后，王福时向父亲详细介绍了在陕北的见闻和感受。王卓然认为这些内容更具新闻价值。因为儿子是一名东北的青年，他对东北的沦陷和国家的危亡有深切的感受，由本国青年写出的报道陕北苏区的文章，会产生与外国记者所写的文章不一样的影响，让读者感到更亲切，会产生更好的宣传效果。他要求王福时尽快整理成文，供《东方快报》发表。

在特殊的年代，父亲有可能成为敌人，有可能成为战友。此时，王卓然、王福时不仅是有血缘关系的父子，更是并肩战斗的战友，他们战斗的阵地不是战壕，而是写字桌或是双膝，他们使用的武器不是枪和刀，而是纸和笔。父亲就是自己的首长，父亲的话，就是铁的命令。所以，王福时奋笔疾书，很快整理出长篇通讯《自陕北归来》和访问记《抗日民主与北方青年》。

经王卓然安排，《自陕北归来》的长篇通讯以“丽亚”为笔名，从5月下旬起在《东方快报》上连载，一直发到七七事变，该报被迫停刊为止。每期配有照片，图文并茂。上海的《文摘》杂志也予以连载。访问记《抗日民主与北方青年——毛泽东氏与北方青年的谈话》交由于毅夫在中共地下刊物《人民之友》上发表。王福时还将此文寄给在巴黎的朋友，巴黎的华文报纸《救国时报》予以全文刊发，还配了毛泽东戴八角帽的照片、“九一八”前东北大学学生在校操场集合的照片和编者按。

王福时的这些文章在许多的媒体上发表，无疑是再一次为陕北苏区、为延安、为中国共产党、为工农红军集中做了一次宣传。《东方快报》人们争相购阅，使该报发行量飙升。从6月份起至停刊止，发行量一直在1.5万份左右，上海也有杂志连载《自陕北归来》。许多爱国青年和进步学生看了这些报道后，萌发了奔赴延安的想法。他们经过权衡，终于离开校园、离开家乡，踏上了通向延安、通向光明的大路。

本来《外国记者西北印象记》的出版发行，已经产生了这样的社会效应，奔赴延安的青年已经络绎不绝，而《自陕北归来》在北平、上海发表，使这两市的爱国青年、进步学生更坚定了去延安的决心，使通向延安的公路上行人更多了。这个时期在这段公路两旁居住的人印象最深的是去延安的人络绎不绝，有年轻的，也有年长的；有男的，也有女的；有穿长衫的，有穿学生服的，也有穿西服的；有坐车的，有步行的，有骑马的，也有骑驴的；有挑担的，有背包的；有三五成群结伴而行的，也有单人独骑的。而凡是北行的汽车只要车厢能容下人，见步行往延安方向去的，不用打招呼就自动停车捎脚，因为司机知道，一看外地模样的人往北去，不用问，肯定是奔向延安参加革命的。

从国统区奔向延安的青年学生们，有的上了抗日军政大学，有的上了延安党校，有的上了延安鲁艺，有的到了部队。有数据显示，从1937年春到七七事变仅5个月时间，延安抗日军政大学就增加2000多名新学员，而由成仿吾担任校长的延安党校新增学员500多人，鲁艺等其他学校的学生都出现激增的情况。1993年7月3日，笔者就此访问王福时的校友，中国社科院近代史所研究员姜克夫先生时，他就《外国记者西北印象记》和《自陕北归来》在当时所产生的影响，给予了很高的评价。他说："王福时兄翻译出版的《外国记者西北印象记》和后来在《东方快报》上连载的长篇通讯《自陕北归来》，是为党、为红军、为延安做了两次招兵买马的广告，我和许多同学都参加了卖书行动，都是无偿的、秘密地做。我们就是看了书和连载文章后，受到影响，毅然离开东大投奔延安的。”他还说：“王卓然、王福时父子对中国革命是有贡献的。”

为了纪念王福时当年翻译出版《外国记者西北印象记》，保存下这一珍贵史料，也肯定王卓然、王福时的历史贡献，2006年春，解放军文艺出版社将王福时保存了60多年的原书借去，重新编排，于8月以《前西行漫记》为名再版印行。现在这本原版陈列在沈阳张氏帅府博物馆。

正当《东方快报》因连载《自陕北归来》使发行量不断攀升，而给报社全体职工带来一丝欣喜的时候，震惊世界的卢沟桥事变发生了。战事起来后执掌河北军政大权的宋哲元还梦想让事态“局部化”，他还想通过汉奸们与日本驻屯军司令讲条件平息下来。此时，王卓然已看清了日军欲大举进攻华北的野心，如果宋哲元肯于背水一战，坚持数日，再争取全国支援，或许局势有缓。基于这种想法，他与王化一等人前往天津做宋哲元工作，给宋哲元打气，说服他坚持抗战，不能退缩。王卓然还表态要联络东北元老呼吁各界支援抗战。7月28日，王卓然还让《东方快报》印出宋哲元战胜的消息。但是晨6时南苑方向传来密集枪声，一直持续到中午。报纸尚未发出，就听说南苑已经失守，赵登禹将军阵亡的消息。赵登禹将军一贯主张抵抗日本侵略，1933年长城抗战中，他就率部奋力抵抗，赢得国人的赞誉。此次他被任命为北平南苑驻地的指挥官。28日拂晓，日军向南苑发动猛攻，赵登禹指挥所部四个步兵团、一个骑兵团和日军展开殊死决战。日军派数十架飞机向赵登禹所部阵地轮番轰炸，抵抗至中午，大部分官兵阵亡。赵登禹在向城内转移时遭截击，壮烈殉国。

听到南苑失守的消息，王卓然立即意识到日军很快就会进城。当机立断，决定报纸停办，疏散全体职工。他召开紧急会议，讲清形势，要求大家以保证人身安全为重迅速转移。他发给每人双倍薪金及路费，各寻安全办法。他自己携带重要文件和资料到斯诺家暂避，并把文件资料藏在这里。

这天晚上，宋哲元下令在城内的二十九军全部撤走，使赤手空拳的百姓失去了任何保护。次日凌晨，王福时和斯诺不约而同地来到空荡凄凉的永定门洞，他俩看到被打断大腿的中国士兵拖着血淋淋的断肢往城里爬行。目睹这种惨状，王福时如鲠在喉，内心万分痛苦。他想东北丢了，华北的沦陷又开始了，偌大的中国怎么就打不过弹丸小国的日本呢？伤兵的腿在流血，王福时的心也在流血。看到眼前的惨景，斯诺的脸色铁青，目光冷峻，他同样痛恨日本帝国主义肆意对脚下这个文明古国的侵略。他痛恨战争，哀叹野蛮，诅咒发动侵略战争的决策者。同时他也在思考如何主持世界的正义，保护世界的和平，让无辜、善良的人民永远不受战火的摧残。

穷凶极恶的日本兵开进了北平城，搜索中国伤兵，烧杀抢掠，无恶不作。仅一天之隔，学校停课了，商店关门了，家家门户紧闭，人们笼罩在恐怖、惊慌、绝望的氛围中。

斯诺的家没有被搜查。这位中国人民的朋友把自己的家变成了临时避难所，不仅保护了王卓然，也保护了多位爱国志士。

王卓然在斯诺家足足待了两个星期，到8月15日，他乔装改扮，与斯诺同去天津。北平吃紧时，他就安排家人去了那里。在天津车站，他与斯诺分手，斯诺说要再去陕北，王卓然就把张学良送给自己的一支小手枪交给斯诺，请他代赠给毛泽东。王卓然自己则留在天津，等候救亡总会的同志，以便同去南京投入新的斗争。

第十一章　救亡求民主

在天津，王卓然等待“救亡总会”的同志前来会合。数日后多数委员赶到，大家商议了下一步的行动计划。

这个“救亡总会”全称叫“东北救亡总会”，又叫“东总”，是在中国共产党领导下的抗日民族统一战线组织。1937年春，共产党人刘澜波、栗又文、张希尧、苏子元由苏联回国，四人和高崇民等在北平商量组成一个新的东北人民救亡团体，以适应时势的需要。不久，刘澜波、高崇民、苏子元与阎宝航会商于南京，决定成立一个统一的东北人民抗日救亡的团体，名叫“东北救亡总会”，还决定邀请以李延禄、李杜为代表的东北抗联加入，形成关内外东北人民统一的组织。东北人民抗日复土斗争在共产党的领导下继续和发展。

1937年6月20日，东北救亡总会在北平白塔寺大礼堂召开会议宣布成立。王卓然参加了成立大会，并被选为执行委员。东总成员中的共产党员还秘密召开会议，成立了以刘澜波为书记的中共党组，以加强共产党对东总的领导工作。阎宝航被选为救济委员会主任委员。

东北救亡总会的委员们在天津商量了下一步的工作计划，决定将“东总”迁往南京，大家要南下到那里去从事抗战活动。这时王卓然又添了五女儿寅时和儿子安时，其子王福时已结婚并生了长女王瑞。王卓然决定将一大家人留在天津，福时在津联络消息。临去南京前他给妻子留下遗嘱，说抗日斗争艰险曲折，随时有生命危险，如自己遭遇不测，家庭成员应节哀自重，继承遗志，抗战到底！留下遗嘱后，他便同“东总”委员们一起去码头乘英国轮船南下。他的妻儿到码头送行，一家人洒泪而别，气氛悲壮。他们到青岛下船登岸，再乘火车去南京。到了南京，他与高崇民、于毅夫、关梦觉、于炳然等在芦席营共租一个房子，开始“东总”的抗日救亡工作。初到异地，开展工作缺乏经费，王卓然设法将成立“东北民众抗日救国会”在南京的爱国奖券余额取了出来，支撑工作的开展。叶剑英还送了5000元，使“东总”得以运转。

10月6日，“东总”在南京召开常委会。据周恩来的指示，把领导核心由执行委员会制改为主席团制。主席团成员为7人，即高崇民、阎宝航、王卓然、车向忱、杜重远、卢广绩、王化一。会议还决定了秘书长及各部负责人。秘书长为于炳然，组织部为高崇民、陈先舟，关外工作由阎宝航负责，于毅夫负责总编“东总”的机关刊物《反攻》（半月刊），作为宣传党的抗日民族统一战线政策和团结广大东北人民的舆论工具，要发挥舆论核心的作用。为了起到掩护作用，决定王卓然任《反攻》杂志社社长。

“东总”虽然是在共产党领导下的东北人民抗日救亡的团体，但在当时错综复杂的形势下，共产党员不得不以无党派人士的面目出现，即使是刘澜波、于毅夫等重要负责人也必须如此。为了求得掩护，有效地开展工作，“东总”领导人利用所有与国民党高层有交往的关系，争取国民党有关部门的支持。如他们找到特务头子戴笠，以东北人民成立抗日救亡组织的必要性和便于中央领导等理由，请他予以支持。经过努力争取，戴笠答应每月补助5000元，先预付2000元。

卢沟桥事变是日本新一轮大规模侵略中国的开始。北平被占领后，又不断向南入侵，这是他们侵略中国计划的一部分，从陆地上向中国进攻。他们计划的另一部分是从海岸登上中国东部的大陆，以东部和北面夹击的战略，迅速攻下中国。

8月13日，日军向上海大举进攻。三个月后，攻占了上海。接着，数十万日兵威胁南京。蒋介石见势不妙，仓皇撤往武汉，使那里一度成为中国政治、文化中心。

11月20日，“东总”由南京迁到武汉，在武昌明月桥14号顺直会馆内办公。随着形势的变化，新的任务也在增加。周恩来指示重建“东总”党组，阎宝航被批准为党组成员。

“东总”在武汉时期的活动十分活跃，积极寻找和联络东北流亡进关的学生和失业的工人、职员，帮助他们解决各种困难；主动举办干部训练班；在东北上层人士中进行统战工作；进行抗日宣传和捐款；慰劳前方将士及参加共产党领导下的保卫大武汉、反对投降妥协的各种活动；还往后方输送干部，组织敌后武装。在极其复杂的环境里，“东总”的主席团成员们既领导全体成员进行着各种抗日救国的工作，还要运用智慧去同国民党反动派进行周旋、斗争，捍卫自己的组织，保证抗日救国活动的开展。

国民党反动派惧怕人民，敌视共产党，更怕共产党把民众动员组织起来。一次，国民党特务头子戴笠宴请东北人士，被邀者有王卓然、王化一、阎宝航、田雨时、吴瀚涛等人。席间谈及动员民众参加抗战问题，阎宝航说：“今天是为了抗战，必须动员民众，而现在用国民党中宣部的旧办法来动员民众，其实不是动员而是限制民众的参加。”戴笠听了这话很不高兴，说：“你这话是为共产党开路。老实说，共产党是壮汉子，我们是病汉子，我们不能跟他赛跑，不但不能跟他赛跑，还要拉他后腿，不让他跑。”从戴笠的话中可以看出，国民党反动派所谓的动员民众不过是欺骗民众的幌子，露了他们假抗战、真投降的反动本质。也由此可见，国民政府对“东总”的工作是不会真正支持的。

国民党反动派不但不支持“东总”，还暗中派特务监视“东总”领导成员，纵容东北CC派的组织捏造罪名，欲整垮“东总”。CC派东北籍的头子齐世英，带领一伙东北的败类，办了《东北月刊》《东北论坛》等反动刊物与“东总”会刊《反攻》唱对台戏，大肆进行反共、反苏、反人民的宣传。他还经常派人窥视“东总”的活动，刺探消息，企图干扰、破坏“东总”的工作。更可恨的是，他们捏造了一个密报给蒋介石，说“东总”与共产党勾结，联合武汉工人，准备在武汉危急时，夺取汉阳兵工厂武器，举行暴动，劫杀蒋委员长。他们还假刻了一个印章，伪造了有“东总”主席团成员的签名、各部盖章的“会议记录”和“暴动计划”。企图把“东总”负责人一网打尽。蒋介石派戴笠了解此案。为了证明“东总”的清白并揭穿他们的阴谋，“东总”领导人相继从各地送来了自己的签名和常用的印文，经戴笠手下签名和印文专家的比对，证明所谓的“会议记录”上的签名与“东总”主席团成员的签名不符，这才使“东总”组织免遭破坏。

通过这件事，东总主席团决定，为了保证主席团成员的安全，要将“东总”领导化整为零，分散各地，开展活动。武汉只留下王化一率一部分工作人员继续工作。

1938年2月18日，日军为了攻占武汉，派38架飞机进犯武汉上空。为了保卫武汉，我国空军第四大队和前来支援的苏联空军共出动50多架飞机，与日本空军进行了激烈的空战。战斗进行了近一个小时。交战时，空中的飞机声、炮声、地面的高射炮声、警报声响成一片，而空中的飞机追逐着、翻转着，有的腹下喷着火舌，有的在空中爆炸，有的拖着长长的黑烟坠地。

在这次空战中，我国空军和苏联空军虽然给日空军以重创，击落敌机11架，创武汉空战以来最高战绩，但自己也付出了沉痛的代价。仅中国空军就牺牲了5名飞行员，其中有第四大队大队长李桂丹，队长吕基厚。虽然损失了多架飞机，但这次空战给中国人民的抗战以极大的鼓舞。“东总”主席团决定于2月20日召开“追悼空战阵亡将士”大会。主席团成员多方走访，邀请各方面人士参加。届时，国民党政府代表何应钦、于右任、邵力子、晏道刚，东北人士梅佛光、齐世英、吴瀚涛、吴焕章、莫德惠、陈兴亚、王树常、肖振瀛等出席了大会。

这是一次不分党派和政治主张的大会。会上，阎宝航、孔祥熙、于右任、晏道刚、蒋百忍等先后致辞，一致表示为救东北、救中国，团结抗战。这次大会彰显了“东总”愿与各党派竭诚团结、坚决抗日、共同救国的宗旨。

1938 年 10 月 24 日，武汉失守。这以前，“东总”就将主席团成员一分为三，高崇民、陈先舟去西安分会工作，于炳然、刘丕光去衡阳创建东南分会，于毅夫、阎宝航、王卓然率总部迁往重庆。总部址初设重庆新村 17 号阎宝航的家。董必武在阎宝航家主持了重新改组的“东总”党组会，阎为党组成员。王卓然仍担任《反攻》社长和主席团成员。

当蒋政权迁到武汉后，日本随后就将兵锋指向这个九省通衢，中国共产党和社会各界呼吁国民政府，呼吁蒋介石调动一切人力、物力、财力来保卫大武汉。可是，蒋介石在应付各方面呼吁、进行调兵遣将的同时，仍对和谈抱有幻想。他暗中派人和日本交涉，想说服日本罢兵。可是日本吞并中国的野心已定，故意提出苛刻条件刁难蒋介石。蒋怕答应条件遭国人唾骂，才放弃和谈的念头。

和谈之路走不通，蒋介石才不得不进行武力抵抗。他也看到，正像共产党主张的那样，必须建立抗日民族统一战线，举全国之力，一致抗敌，才有取得胜利的可能，所以才决定成立一个能代表各界的咨询机构——“国民参政会”。

为了召开国民参政会，会前国民政府也做了筹备，召开了各党各派的会议，吸收在野的名流学者为参政员。当然首先还要安排国民党员，其中居多的是CC分子。而对共产党员只给了很少的名额。参政会也吸收了沈钧儒、黄炎培、邹韬奋等社会贤达。王卓然以东北无

1938年夏，王卓然（左一）与东北救亡总会部分成员合影。左二为王化一，左三为卢广绩，右一为阎宝航。

党派人士被选为参政员。

1938 年 7 月 6 日至 15 日，第一届国民参政会在武汉召开，参政员总数为 200 人，其中国民党员为 88 人，实际出席了 162 人；共产党员被当作“经济团体和文化团体”的代表，只有 7 个席位。蒋介石、汪精卫分别在开幕式上致词。会议期间，共产党员参政员毛泽东（列名，人未到会）、王明、董必武、邓颖超、林伯渠、博古、吴玉章发表了《我们对国民参政会的意见》一文，内容包括动员人力、物力、财力保卫武汉，改善人民生活，保卫各党派和人民的合法权利等项内容。12 日，通过了《国民参政会拥护国民政府实施抗战建国纲领案》。5 日，发布了《国民参政会首次大会宣言》。大会选举了驻会委员 25 人，共产党员董必武、博古、王明为驻会委员。选举汪精卫、张伯苓为正、副议长。

在这次参政会上，王卓然提出要巩固抗日民族统一战线，释放所有的政治犯，包括张学良将军。他将他的主张写成提案交给了大会秘书处。他的主张符合共产党的政策主张，所以使共产党员参政员增加了对他的了解，为后来在参政会上的合作奠定了基础。

1938 年 9 月，国民参政会迁往重庆，蒋政权的班底也随后搬到这个西部山城。王卓然随后与“东总”的同志也迁到重庆。这以后，王卓然又多了一层保护色，就以国民参政会参政员的身份，实际从事着“东总”主席团成员的《反攻》半月刊社长的工作，这为“东总”和《反攻》减少了不少麻烦。迁到重庆后，王卓然把家安在中山一路四德里四号，一栋三层小楼，与郭沫若相邻。

在重庆，“东总”经常组织东北乡亲游行，有时晚上也组织游行。游行时，乡亲们打着火把，从都邮街经两路口，上清寺、林森路到“国民政府”，一路上唱着《打回老家去》等抗日歌曲，还进行募捐。每逢“九一八”纪念日，“东总”便组织东北乡亲召开纪念大会。“东总”主席团成员高崇民、阎宝航、王卓然以及徐寿轩、孙一民等都在会上发表慷慨激昂的讲话。会议还吸引一些朝鲜的流亡者参加。如大韩民国临时政府主席金九，外交部部长赵素昂等。会议结束后，全体起立，含着眼泪唱《流亡三部曲》，歌声悲壮激昂，在人们心中久久回荡。

最令人难忘的是“东总”与其他几个进步团体联合举办的话剧《凤凰城》的演出，在山城重庆引起轰动。该剧是后来成为名剧作家的吴祖光20岁时创作的处女作。作品以辽宁抗日英雄苗可秀为原型，介绍了“九一八”事变后苗可秀流亡关内，参加东北民众抗日救国会，奉命出关联络义勇军，组建中国少年铁血军，同敌人勇敢作战，负伤、被捕、就义的经历，歌颂了东北人民英勇不屈、奋勇抗日救国的英雄事迹和爱国精神。演出选在“九一八”事变发生七周年之际，地点在重庆国泰大剧院，黄炎培等许多著名爱国人士、社会贤达和东北元老观看了首场演出，剧场内座无虚席。开演前，邀请曾教过苗可秀的王卓然发表演讲。王卓然身着西装，激情澎湃，慷慨陈词。他在介绍苗可秀及事迹时说：“苗可秀是一位20多岁的青年，是一名东北大学文法学院的学生。他很斯文，他擅长作文写诗。如果不发生‘九一八’事变，他现在可能当教师在教室里给学生上课，也可能当作家、当诗人，写出多部文学作品了。‘九一八’事变发生了，他当老师、当作家的理想破灭了，他选择了当战士。他虽然不高大魁梧，可他作战勇敢，令日本鬼子闻风丧胆。他有妻儿，却顾不上他们，在他转战在辽东三角地带时，连妻儿在哪里都不知道。他受伤被捕后，在狱中给我写信，字里行间充满了爱国之情和视死如归的高尚节操，他就是带着这种大无畏的精神英勇就义的。苗可秀不愧是抗日英雄。他虽然是我的学生，但却是我的榜样。我们每个有爱国心的同胞都应该向苗可秀学习，像他那样把国家和民族的利益放在第一位，为了国家和民族的尊严，为了国家领土的完整，不惜抛头颅、洒热血。只要全国人民精诚团结，以实际行动积极投身抗战，支援抗战，就一定能把日本侵略者从被占领的中国土地上赶出去！我们东北同胞就能结束流亡的生活，再不用过颠沛流离的日子了！”王卓然的话声刚落，台下就爆发了热烈而经久的掌声。

为了更好地唤起全国人民的抗战激情，“东总”派出了南京宣传队。宣传队宣传的内容有日俄战争以来特别是“九一八”以来日本对东北的阴谋活动、侵略罪行，东北人民遭受的苦难，东北人民英勇抗战的英雄壮举等。被中外媒体（包括苏联《真理报》）广为宣传的“游击队之母”赵老太太，名叫赵洪文国。她的儿子赵侗，是东北大学的学生，曾和苗可秀烈士并肩战斗，共同抗击日军。后来他组建平西游击队，同日军进行游击战，机动灵活地打击日军，在东北义勇军中影响较大。“东总”利用这个典型，安排“东总”宣传部的干部、王卓然之子王福时整理赵老太太的事迹，并让王福时等领着她到南方各省边宣传边募捐。王福时为了让赵老太太的事迹更广泛地传播，还编辑了名为《关于赵老太太》的一本书，由生活书店出版发行。

在领赵老太太南下宣传时，王福时的妻子项蕴华也主动请缨，一同前往，她一路陪伴照顾赵老太太，还经管募得的钱、物，及时将钱物通过组织转送给游击队或八路军、新四军部队。他们在香港宣传时，受“东总”委派与廖承志、何香凝、邓颖超取得联系，得到他们的多方面支持和帮助。在越南湄公河三角洲华侨聚居的社区，许多华侨听了他们的宣传，爱国热情空前高涨，纷纷慷慨解囊，捐钱、捐药，积极以实际行动支援祖国人民的抗日战争。

1938 年 12 月，国民党副总裁、中央政治会议主席、国民参政会议长汪精卫出走到香港，通电全国，主张和日，成为彻头彻尾的汉奸、卖国贼。就汪逆的出走，蒋介石发表谈话，表示“一定要抗战到底”。有人问蒋：“委员长主张抗日到底，请问抗到什么程度才算到底呢？”蒋介石回答：“恢复到七七卢沟桥事变以前，就算到底。”

蒋介石关于抗战到底的底线传出，王卓然听到后愤怒至极，不禁大骂：“混账王八蛋！你抗到卢沟桥事变就算完事？‘九一八’失去的东北，你就不要了！非同你讲理不可！”他去找黄炎培，问他：“任老（黄字任之），你听说蒋先生的抗战到底的定义了吗？你有什么意见？”黄炎培做了幽默的回答，他说：“对不起！这话的定义，恐怕得问说这话的人。”王卓然又去问沈钧儒。沈老理解此时王卓然的心情，他气愤地说：“我也听说了，老蒋的话太错了，我们要联合起来反对他，一定得把他的政策改过来。你可以联络参政员向参政会提案。”

得到沈钧儒的鼓励和支持，王卓然便起草了《请政府重申抗战到底决心案》。意是：自从汪精卫出走，通电主和，人心不定，应该由参政会通过决议，请政府重申抗战到底的决心。抗战到底，必须是恢复“九一八”以前的领土主权，进而恢复到甲午战争以前的状态，有敢主张中途妥协者，应以汉奸卖国贼论罪。

这个提案写好后，王卓然请沈钧儒阅示，后王卓然又请同情东北老乡、主持正义的参政员签名。共产党的驻会参政员全部签名。还有许多德高望重、颇具影响的参政员也签了名，如褚辅成、张以麟等。因为这一提案有众多名流贤达的签名，引起了蒋介石的重视，被列在特别第一案，由议长蒋介石亲自回答。重庆的参政员参加听政，禁止旁听。

蒋介石用两个小时做了详细说明，他的话是彻头彻尾的奴才口吻。他说，他是主张对日抗战的，本想要多准备两年，因为西安事变，打乱了他的计划，没准备好就开战了，致使连战皆北。若想抗战胜利，必待几国公约生效，也就是依赖英美出兵干涉，抗战要有步骤、分成阶段。恢复七七事变以前状态要以军事为主，政治为副；进而恢复到“九一八”以前的状态，要以政治为主，军事为副。如中国有力量能恢复到甲午以前状态，当然要更好，等等。到场的参政员多数是国民党党员，蒋介石讲完后，他们还给予一些掌声。正义的社会贤达参政员们听罢，面面相觑，一脸无奈。罗隆基对王卓然说："他不解释，我还明白，他解释这么多，我反倒糊涂了。"这个提案因蒋介石做了说明，并未有提出再议的，也就算了结了。

王卓然到重庆不久，偶遇蒋介石的亲信秘书肖赞育，他对王卓然说："中央训练团要办一期专门训练抗战干部的培训班，你不是坚决主张抗战要恢复到'九一八'前状态、打回东北老家的人吗？何不来试试。"

王卓然对肖赞育颇有好感，因为他对西安事变能持比较公正的态度，认为蒋介石对张学良的训斥伤害了他，这也是他发动西安事变的一个原因，所以王卓然就听信了肖的话，让他代自己报了名。

培训班的内容有军事训练，有政治训练。参加后王卓然才知道，蒋介石是该班的倡导者，他的本意是通过办此班，培植亲信，使更多人死心塌地地跟着他反共。该班共计 40 天，蒋介石亲自来讲课就达 12 次之多。有时他坐在台上，由训练团的教育长王东原替他念讲稿。所讲的内容是《大学》《中庸》等。他把孔孟的理论为他所用，要求人们讲礼义廉耻，实行他提倡的"新生活"。他诬蔑"异党"不知道礼义廉耻。蒋介石还要求每个学员写自传，并提出个人对于时局的意见。王卓然在对时局的意见中引用了古代成语"一叶以蔽目，两豆能塞聪”。为蒋介石作为一国抗战的统帅，日理万机，但以一叶两豆，或蔽聪明，应当闻过则喜。而对于过去的恩仇，应当在“国家至上、民族至上、抗战第一、胜利第一”的目标下，完全忘掉，才能表示出盛德伟大，才能使离者归心、背者改向。

王卓然的《意见》上交后，引起了训练主任段锡鹏对他的注意，认为他“思想有问题”。一次小组讨论会上，话题谈到三民主义，王卓然提出民生主义是三民主义的重要内容，实质上民生主义就是社会主义，别名共产主义，应当作何解释？又提出人类文明既然是进化的，是向前演变的，那么三民主义是不是最好最终最善的真理？王卓然请段锡鹏给解答，段锡鹏对此提问毫无思想准备，支吾了两句，说这是很深的“政治哲学”，有时间再专门同王卓然讨论。

在培训班的表现和参政会的提案，使王卓然“思想有问题”、是“共产党外围”的结论在国民党政府要人的账本上如同铁板钉钉，再也不能改变了。

1940 年 1 月 4 日，参政会组织参政员参加新年聚会，座谈时，王卓然又提出希望政府与美国政府交涉，停止供给日本军火。因为三年的大规模侵华战争，战线越拉越长，对日本的国力消耗越来越大，日本本国的军火生产能力已远远满足不了侵华战争的需要，他们便和美国的军火生产商和供应商商量并达成协议，从美国进口军火。王卓然的提议同样受到共产党参政员及沈钧儒、黄炎培等参政员的支持。国民党政府似乎不太重视此议，最后同样是不了了之。

1940 年 12 月 23 日，国民政府在所控制的媒体上公布了第二届国民参政会参政员的名单，王卓然名列其中。次年 3 月 1 日，国民参政会二届一次会议在重庆召开。这次会议是在国民党反动派挑起了“皖南事变”、破坏抗日民族统一战线情况下召开的。通过“皖南事变”，国民党反动派假抗战、真投降的本质进一步暴露。面对严峻的形势，共产党和坚持正义的社会进步人士，强烈要求国民政府停止对抗日民族统一战线的破坏，实行民主，改变一党专政的政策，继续坚持统一战线，释放叶挺及“皖南事变”中被俘的新四军官兵。

在二届一次参政会上，王卓然提交了《加强东北四省政府机构及其功能》《积极从事救济东北难胞及失业失学青年》的提案，还再提政府要改变政策、珍惜并巩固抗日民族统一战线、释放张学良、释放叶挺、抗战到底、恢复到“九一八”以前的状态的提案。王卓然的提案，被国民党一些上层人物说成是共产党的代言，还说他是共产党的外围。

这次会议期间，蒋介石请 12 位参议员吃午餐，其中有王卓然。蒋的目的很明显，就是以此举密切常与政府持不同意见的参政员的关系，使他们能和政府保持一致，实际是与蒋保持一致。

蒋介石虚情假意地说："重要大事诸位都在大会提案了，请每个人再多想一想改进国计民生的事。诸位尽可讲出肺腑之言，我是洗耳恭听！"蒋介石一边给各位夹菜，一边请大家提出意见。

问到王卓然时，王卓然提出了两点：一、滇缅公路开通后，政府官员经商，与民争利。二、多修防空洞。他说："重庆频遭日机轰炸，每逢警报时，官员及政府的大小汽车向郊外狂奔乱驰，既耗费宝贵的汽油又易生危险。多修防空洞，就可避免这种现象，还能保证更多人的生命安全。"蒋介石听了声色俱厉，反驳说："你受反动宣传的影响太深了。"

在这次参政会议期间，王卓然还想提释放政治犯、恢复张学良自由的提案，黄炎培等人劝说："正面提出是无用的，不如从侧面提出较好些。"他所说的侧面，就是请国民党的要人提出。王卓然领会，去找朱家骅、吴铁成，两人都是国民党重量级的人物。王卓然极力想说服他们帮助恢复张学良的自由。他们却说："共产党都快消灭了，因为张学良发动了西安事变救了他们，致提前抗战，留下了共产党这个祸根。所以张学良是死有余辜的，不但不能放，还应永远关着他。”王卓然见他们这样说张学良，当然不能接受。他争辩说：“张学良顶大的罪状，也不过奉行了孙总理的三大政策，国民党开会还读总理遗嘱。对于总理遗嘱，应当不会忘记，要是说容共有罪，也应当由先总理负责，不应当全归之于实行遗教之张学良。”

听王卓然这样说，他们张口结舌，无言以对。这些人都是看蒋介石的脸色行事，自然不会帮忙。王卓然觉得自己是在与虎谋皮，他暗自责备自己真是太天真了。

1941年9月16日，在“九一八”事变十周年前夕，王卓然在家接受了《新华日报》记者采访。他呼吁救济东北同胞，建立民意机关，加强政府机构，准备力量，早日收复东北失地。

1941年11月17日，国民参政会第二届三次会议在重庆召开，国民党上层人物的本意是通过参政会标榜民主，再笼络这些参政员替他们说话，当他们的传声筒。可王卓然就是不识时务，不能和他们保持一致，甚至同共产党搞在一起，成了不受欢迎的人。所以公布第三届国民参政会参政员的名单时，就再也见不到“王卓然”的名字了。

早在1939年，王福时领赵老太太南下宣传，中途回重庆汇报宣传的情况时，就把宣传途中孕育产生的要创办内外文化供应社的想法与父亲谈起，征求父亲的意见。父子经过分析论证，认为可行。其时王卓然认为蒋政权偏安一隅，尤其是战时，日军的封锁使物资匮乏、信息闭塞，如将内外文化供应社办好，对重庆扩大信息源、丰富山城人的思想文化生活、增强各界人士以及决策者对于世界时势的正确判断都有现实意义。父子还研究了创办内外文化供应社的相关细节、运作方式等。后王福时回到香港，开始了内外文化供应社的筹备工作。

内外文化供应社是抗战时期中国为数不多的进出口书刊及信息的机构，是王氏的“父子公司”。王福时将各国对我抗战有帮助的书刊，包括上海影印的英文科技书、工具书及国外的畅销书，一批批从香港经越南北方的城市海防、河内转运到重庆。后来越南被日军占领，王福时的妻子项蕴华去缅甸仰光设中转站，继续维持世界与重庆的文化及书刊通道。这个通道在重庆的末端就由王卓然牵头，由其妻女具体操作。

在运营内外文化供应社的同时，王福时还创办了《北方通讯》刊物，在香港、武汉发行。王福时的朋友李放在大陆敌后提供稿源，内容多报道敌后抗日活动及沦陷区动态。这个刊物得到东北救亡总会的全力支持。

为了适应抗战形势的需要，把内外文化供应社办好，为抗战服务，王福时不断充实服务内容，使文化供应社成为抗战链条中不可或缺的重要一环。王福时认为，“知己知彼，才能百战不殆”。现在抗战，无论重庆还是延安，都需要了解西方，特别是美、英、日的动态，从而使抗战的领导者们从宏观上驾驭战局，把握战机，才有助于我国夺取抗战的胜利。所以他开展了提供剪报服务，把美、英、日各种报刊的相关文章剪下来，加以分类，邮到重庆。王卓然再安排提供给需要的单位。这项服务需求量越来越大，国民党的中央社，共产党的《新华日报》，苏联的塔斯社，是剪报的最大需求单位。这些单位有时还提出特殊的要求，王福时又分别按其不同要求提供剪报，直接邮给这些单位。他还曾以同样方式将剪报集邮往延安。

为了满足延安需求的日本军方资料，王福时冒险乘一艘太古公司轮船从香港去沦陷的上海，经鲁迅夫人许广平介绍到北四川路附近施高塔路的内山书店，由店主内山完造先生接待，从该书店获得日军的各种手册。王福时得到这些资料如获至宝，带回香港后，迅速转邮重庆及延安。

内外文化供应社的工作是双向的。一方面以香港为窗口，收集世界书刊及新闻资料提供给抗日大后方重庆，供给延安的大部分由新华日报办理；另一方面又搜集全国许多抗日根据地的出版物200多种，在文化供应社展销，使香港各界及市民和过往的西方人了解国内各地的抗战情况。而内地的出版物，大部分由王卓然指导妻女收集提供。

随着内外文化供应社的作用日益扩大，范长江想动员王福时将该社并入左翼阵营。王福时就此给父亲去信，向父亲征求意见。王卓然坚决不同意。因为并入后风险太大，不并入倒相对安全。安全了就能继续运营，就能为抗战服务。若并入左翼，带上政治色彩，就容易引起敌人的注意，有随时被取缔的危险。王福时觉得父亲的分析有道理，就依然以无政治色彩的面目，运营着这个能发挥大作用的小小文化供应社。

1941年底，太平洋战争爆发，香港被日军占领，王福时不得不解散内外文化供应社，回到重庆，但他发现总有陌生人鬼鬼祟祟地跟着自己。经王化一打听，原来特务机关已盯上了他。为了减少麻烦，王卓然给他办了《大公报》驻印度记者证。王福时便带妻子儿女乘机经驼峰航线去了印度，一直到抗战胜利。

这时的重庆，“东总”的工作更加艰难了。1941年初，国民党反动派发动“皖南事变”，压制舆论，实行一党专政。限制各进步人民团体的活动，监视各有影响的进步人士。周恩来指示已暴露的“东总”主席团成员转移，并派叶剑英亲临“东总”，传达他的指示。叶剑英对阎宝航指示：1. 主编《反攻》的于毅夫要限期转移；2. 保护好“东总”服务队中的男女青年；3. 请王卓然接办《反攻》，要尽量灰色些；4. 今后“东总”事务，请王卓然主持。周恩来为什么要这样安排？因为王卓然既有领导好“东总”的能力，还有保护色，那就是国民参政会参政员和国大代表的双重身份。尽管周恩来进行了这样的调整，但蒋介石排斥异己的政策既定，就不会改变。在他的指使下，1942 年 5 月 30 日，复兴社与 CC 派联合密谋，以取消原有东北各团体、另组一个总的团体为由，组织了由 CC 派把持的“东北抗敌协会”，企图扼杀“东总”。为了利用这个组织作掩护，继续出版发行《反攻》，继续“东总”的活动，王卓然、陈先舟以个人名义参加了这个组织。而“东总”形式上虽然被取消，但实际的抗日活动并没有停止，其抗日救亡的精神及坚持团结进步、抗战到底的统一战线政策仍在发扬。尤其是《反攻》的继续出版发行，为团结流亡的东北乡亲，表达他们的心声，坚持抗战到底，起到了重要的作用。

为了加强《反攻》的编辑工作，根据周恩来的指示，将高崇民从西安调至重庆，让他具体做《反攻》的执行总编辑，使《反攻》改变了政治化的风格，较多地刊登东北乡亲思乡怀旧和流亡颠沛之苦，言辞避免过激，因而《反攻》得以保留。此后，王卓然连续在《反攻》上发表文章，鼓舞中国人抗战的信心，引导人们向着光明坚忍不拔，勇敢前进。

1944 年下半年，中国人民全面抗战已进行了七年，日本帝国主义已成强弩之末，中国人民已经看到了胜利的曙光。为了迎接胜利，11 月，王卓然、阎宝航等在重庆的原“东总”领导人决定成立“东北民主政治协会”，设计如何迎接抗战胜利，如何落实东北的民主政治建设。协会会员每两个月在阎宝航家集中学习一次。周恩来每次都来参加学习，并回答会员们提出的问题。不久该会成员集体加入了中国民主同盟。

这时的山城重庆，被国民党一党专政压抑得空气凝重。但王卓然、阎宝航、高崇民、王化一、陈先舟等东北著名的爱国人士仍态度积极，信心坚定，以饱满的热情和努力的工作迎接抗战胜利的到来。

第十二章　肝胆吁和平

1945 年 8 月 15 日，日本宣布无条件投降。

抗战胜利的喜讯，传遍了祖国的大江南北，举国上下，到处可见欢呼胜利的场面，到处可见喜悦的笑脸。王卓然一家和山城重庆人民一样，奔走相告，欢呼雀跃。高崇民、阎宝航、王卓然、王化一、周鲸文、陈先舟、徐寿轩、刘风竹等东北爱国人士，大家聚在一起，欢庆着，畅谈着，个个眼含热泪。大家高擎酒杯，激情相碰，热烈庆祝这得来不易的胜利。欢喜过后，大家又复归了理性。看看八年来蒋介石的所作所为，看看蒋介石其及掌控的国民政府对共产党及其所领导的八路军、新四军的态度，和平能轻而易举地降临吗？抗战前蒋介石奉行“攘外必先安内”的政策，同共产党、红军打了十年内战，竟没有打败共产党、红军。现在抗战胜利了，共产党、八路军、新四军比十年前更壮大了，蒋介石能善罢甘休吗？能不再挑起内战吗？兴奋之余，大家的心头不免又生出沉重的隐忧。抗战胜利后，蒋介石为了抢夺抗战胜利的果实，在美国的支持下欲发动内战。但慑于共产党领导的人民力量的强大和民主舆论的反对，不得不伪装和平。他三次电邀毛泽东赴重庆举行和平谈判。为了揭露美蒋勾结所采用的政治欺骗伎俩，用事实教育人民群众和争取中间势力，8 月 28 日，毛泽东、周恩来、王若飞飞抵重庆开始了和国民党的谈判。毛泽东大智大勇、亲赴重庆的行动，完全出乎美蒋的预料。他们对谈判毫无准备，只是派了王世杰、张群、张治中、邵力子等几个代表虚与委蛇，一切方案全都由共产党方面提出。谈判进行了 43 天，10 月 10 日，双方代表签订了《国共双方代表会谈纪要》。在该《纪要》中，蒋介石表面上承认接受共产党提出的和平建国的基本方针和召开政治协商会议的建议，承认各党派的平等合法地位，保证人民的某些权利，但是拒不承认人民军队和解放区的人民政权，企图在“统一军队”、“统一政令”的借口下，完全取消中国共产党领导的人民军队和解放区。毛泽东、周恩来彻底看清了蒋介石的阴谋，在这个问题上双方没有达成协议。《双十协定》签订后，中国共产党再一次用实际行动向全国人民表明了自己的诚意，将驻扎在长江以南自己所领导的部队逐步撤向江北。而蒋介石却背信弃义地撕毁协议，向解放区发动全面的军事进攻，彻底暴露了他的假和平、真内战的阴谋。

蒋介石邀请毛泽东赴重庆谈判的本意，一是想借此举显示其和平的诚意，二是为全面内战做准备，争取时间。他万万没有想到他的如意算盘并不如意，反倒使中国共产党加强了与各界爱国民主人士及所在组织的广泛联系，并宣传了共产党反对一党专政、实行政治协商、和平建设新中国的主张。毛泽东利用出席各种会议、邀请叙谈、走访等形式，广泛地接触各民主党派、各社会团体、各爱国民主人士，增进了了解和友谊，指导了各民主党派的工作，坚定了各民主党派共同建设新中国的信心。

1945 年初冬，邯郸之战使国民党反动派假和平、真内战的阴谋暴露无遗，东北的上空更笼罩着内战的阴云。眼见有家不能回的王卓然、阎宝航、卢广绩、宁武、周鲸文等 30 多人经过酝酿协商，决定成立“东北政治建设协会”。周恩来、叶剑英等中共领导人参加了成立大会。对于东北的问题，该会主张政治协商，反对国民党武力接收东北。这些主张得到各民主党派和团体的支持。周恩来还在曾家岩 50 号的周公馆宴请了王卓然、阎宝航、宁武等协会负责人，对协会的工作给予了指导。

为了声援和平运动，王卓然还在《大公报》上发表了《为和平呼吁》、《辞国大候选人资格》等文章。前文指出，中国人民长期饱受战争之苦，抗战的胜利得来不易，现在国家经济萧条，民不聊生，政府应该替人民着想，发展经济，改善人民生活，不能再发动内战，使中国再重蹈战争覆辙，人民再也经不起战争之苦了。在后文中王卓然表示坚决辞去自己被推举的国大代表候选人的资格。他指出，国民政府不顾共产党和各民主党派、广大民众要求停止内战、和平建国的强烈呼声，固执地发动内战，作为国大代表不能代表民众的呼声和要求，不能制止内战，我有何颜面来当代表？所以我要坚决辞去这个资格。

为了反对内战、争取民主、和平建设新中国，早在抗战胜利前一年，许德珩、劳君展、梁希、潘菽、褚辅成、张西曼等科技、教育、文化界进步知识分子倡导，发起了“民主科学座谈会”倡导发扬“五四运动”的精神，即民主和科学的精神，建设民主、富强的新型国家。

许德珩青年时期就读北京大学，思想激进，是著名的五四运动闯将。劳君展夫妇少年时就在长沙参加了毛泽东创建的新民学会，与毛泽东结下深厚友谊，两位都是久经考验的革命家，他们一直在坚持和发扬着民主和科学的精神，所以这个座谈会就叫“民主科学座谈会”。

座谈会以团结起来、组织起来，争取国统区人民民主运动的新主张为宗旨，定期开会，逐渐团结了一批同中国共产党长期合作，休戚与共的进步知识分子，且一直沿着中国共产党指引的政治方向前进。

抗战胜利后，中国面临着“两个前途、两种命运”的选择，形势依然严峻，许德珩、褚辅成等人深感争取民主的斗争仍然漫长，认识到要想建立独立、自由与富强的新中国，必须紧紧地依靠中国共产党，与一切可以团结的力量紧密团结，共同奋斗，才能实现理想。而要达到这个目的，就应把“民主科学座谈会”建成一个永久性的组织，以利于民主进步力量的团结壮大。9月3日是世界反法西斯战争的伟大胜利日，为了发扬中国人民争取民族独立、解放和维护世界和平、民主的革命精神，“座谈会”的发起人经过酝酿协商，决定将“民主科学座谈会”更名为“九三座谈会”。

毛泽东正在重庆，得知许德珩、劳君展夫妇也在重庆，便抽空会见了这两位老朋友。在交谈中，毛泽东了解到“九三座谈会”的情况后，不仅对许德珩等人在人民民主运动中表现出的进步精神给予极大的肯定，还深情地勉励许德珩夫妇进一步发挥座谈会成员多是科学文教界有影响的代表人物的特点和优势，把座谈会搞成一个永久性的政治组织。在毛泽东的启发和鼓舞下，许德珩、劳君展的信心更坚定了。两人把毛泽东对九三座谈会的肯定和今后发展的意见传达给了全体成员，大家也备受鼓舞。大家建议把九三座谈会改为九三学社，并成立“九三学社筹备会”。为了壮大组织，扩大影响，吸收更多的志同道合者参加组织，共同为争取国内和平与民主进行长期的斗争，他们在重庆的《新华日报》、《大公报》等报纸上发表了宣言，公开申明了九三学社的政治主张。

1946 年 5 月 4 日，九三学社在重庆正式成立。第二天《新华日报》对成立大会的情况做了报道，内容如下。

九三学社召开成立大会

本市消息　九三学社于 1946 年五四纪念日下午三至七时开成立大会，到褚辅成、卢于道、黄国璋、许德珩、税西恒、吴藻溪、张雪岩、詹熊来、潘菽、黎锦熙、彭饬三、李士豪、刘及辰、王卓然等五十余人，公推褚辅成、许德珩、税西恒为主席团。首由褚辅成致开会词，许德珩报告筹备经过，税西恒报告社费收支账目。继宣读农村科学出版社及南泉实用学校校友会贺电。次由卢于道、王卓然、黄国璋、张雪岩、张迦陵、吴藻溪自由演说，一致指出：武力不能求得统一，东北及中原的内战必须停止，在政府根据政协决议改组以前，美国不应有援助中国的任何党派之行为，希望马歇尔元帅继续以公正态度，调处国共纠纷，实现全中国的和平民主。次通过社章缘起成立宣言，基本主张，对时局主张及致美国会电文。最后选举潘菽、张雪岩、褚辅成、许德珩、税西恒、吴藻溪、黄国璋、彭饬三、李士豪、王卓然、孟宪章、涂长望、笪移今、张迦陵、严希纯等人为理事，卢于道、詹熊来、刘及辰、何鲁、侯外庐、黎锦熙、梁希、陈剑翛等为监事，选举后散会聚餐。兹分志该社缘起、宣言及主张于后。

成立大会通过了对时局的主张，本着继承五四运动的民主与科学传统的宗旨，积极支持中国共产党提出的和平建国的基本方针，坚决响应中国共产党提出的政治民主化与军队国家化等一系列重要主张，明确指出："无条件实行停战协定，政协协议，为促进中国和平民主的唯一有效途径，任何党派不准有任何违反停战协定、政协协议的行为。"

上述主张标志着九三学社从公开登上历史舞台之日起，就已坚定确立了政治方向，就旗帜鲜明地反对内战，主张和平；反对独裁，要求民主，同国民党当局的倒行逆施是针锋相对的。

王卓然在重庆不辞辛苦地从事争取民主、反对内战、实现和平建国的爱国进步活动，王福时在异国印度则和父亲遥相呼应，密切配合，忘我地奋斗。

1942年，王福时抵达印度，身份是《大公报》驻印度记者。为《大公报》撰稿只是他工作的一部分，他仍把大部分精力投入到抗战救国活动上。他和父亲在国内、国外互相通气，互相支持，是抗战文化战线上坚定、出色的父子兵。

到印度后，王福时首先想方设法恢复“内外文化供应社”。得中航经理何凤元的帮助，通过驼峰航线空运进来中国书刊，利用在加尔各答开设的门市向驻在当地的中国远征军及华侨出售，使他们了解国内的形势，再把国外书籍运到国内满足国内需要。他还利用印缅陆上通道运送书籍。为了利用这条陆上通道，他亲赴印缅前线，到远征军廖耀湘将军所率的新六军军部和训练营，拜访廖耀湘，寻求帮助。

除了经营“内外文化供应社”，王福时还编著了三本书，即《印度概观》《沦陷后的缅甸》《加城指南》，向中国介绍印度和缅甸的情况。他还在当地唯一的中文报纸《印度日报》任编辑，源源不断地发表文章。后他又与友人创办《中国日报》，在该报上开辟“准自由谈”

专栏。他在该栏目上发表了大量文章，抨击蒋介石不守信义、关押张学良，抨击蒋介石的弊政。抗战胜利后，他又利用该栏目评论时事，反对内战。更值得一提的是，他在《中国日报》上撰文，介绍家乡抚顺，介绍莲岛湾，这些在印度华人中都产生了很大的影响。

抗战胜利后，国内内战一触即发。王福时在印度向有影响的人士呼吁对中国施以影响，以停止中国内战。他还将中国内战的危机写成英文的《备忘录》，在加尔各答面呈印度总理尼赫鲁。后来，他又去泰戈尔国际大学再次访见尼赫鲁。而后，尼赫鲁在该大学发表了呼吁中国停止内战的讲演。

人离故乡久，思念愈加深。本来，抗战胜利后王福时归心似箭，恨不得立即返回祖国，回到故乡，但他早已是国民党特务的逮捕对象，加之这几年他在印度公开批评蒋介石，公开进行反对内战的活动，早已引起国民党特务对他的忌恨。在印度，国民党特务奈何不了他，如他回国，必成为国民党特务机关的俎上之肉。为了避免不测，他决定不回祖国而去美国，继续从事反对内战、争取和平的文化宣传活动。

1946 年 2 月，王福时只身去了美国，他的妻子带着 4 个孩子则回到祖国。

为了争取民主，停止内战，实现和平建国，已是 50

多岁的王卓然不辞辛苦，冒着危险往来于周恩来、陈诚、戴笠、黄炎培、罗隆基、张澜等共产党、著名爱国民主人士和国民党在重庆的高层领导人之间，做争取和平的最后努力。

1946年4月9日晚7时，陈诚宴请王卓然、阎宝航、王化一、卢广绩等人谈和平问题。陈诚说："现在国共协商已经破裂，民盟的调停刚刚失败，症结在东北进兵问题。你们东北人有家乡切身利害关系，应当出来做最后的努力。"听了陈诚的话，大家你一言、我一语地交换着意见。王卓然说："国共协商，重点本在于军队整编，既然两方协议，决定为五比一的原则改编，则今日谁多占一城一市，似乎皆是次要问题，可否就现地停战、恢复交通、维持现状、进行整编等要点来恢复和谈？"

陈诚听了王卓然的意见，似乎颇感兴趣，进一步求证"现地停战、维持现状"的解释。王卓然细加阐述说："现地停战即双方军队与军事行动立刻就地冻结，不放枪、不增援，完全停止战斗的行为和战斗的准备；维持现状，例如以哈尔滨来说，市内是国民党主政，市外是共产党包围，那么就请共产党尊重国民党接收过的政权，不以武力强收。"听了王卓然的解释，陈诚想了想说："可以，我同意了，你们同共产党去商量吧！"宴席进行了两个多小时，大家见陈诚答应了"现地停战、维持现状”的建议，都很欢喜，认为和平有望了。在陈诚送大家出门时，大家还问他：“陈先生，你说的话能负责吗？假使共产党赞成，你能担保蒋先生接受吗？”他说：“那当然，蒋先生绝不愿打仗，而况我是参谋总长，我下令不准打，有谁敢开火呢！你们放心进行好了！”

离开陈诚，王卓然等人又到不远处周鲸文的寓所，讨论下一步行动方案。夜 12 点才散，大家相约，次早 8 时到重庆村 8 号阎宝航家吃早饭聚齐，以便共往特园民盟总部，将这一喜讯报告给他们，然后与他们一起去曾家岩 50 号共产党驻渝办事处会见周恩来。

翌日晨，大家来到阎宅，见阎宝航两眼微红略肿，原来他见和平有了转机，太兴奋了，彻夜难眠。大家根据前夜的研究，先到特园民盟总部，正遇张澜先生，张澜先生知陈诚同意接受他们提出的和平方案也很高兴，当即用电话约来章伯钧、罗隆基。他们得知情况后也赞成此意见。取得共识后，大家便去曾家岩 50 号见周恩来，张、章、罗三人在特园待讯。

曾家岩 50 号是中共南方局的办公场所，因为周恩来经常在这里开会、会客，所以又称“周公馆”。这是一幢三层楼房，窗户糊的是牛皮纸，后面俯瞰着嘉陵江，前面正门对着大街。去这里必经一条鹅卵石铺成的小巷，小巷两旁是次第排列的小铺和小摊，每一个铺摊都是国民党特务的情报点，他们每时每刻都在监视着周公馆的动静，监视着出入周公馆的所有人，包括周恩来。周公馆所处的复杂环境还不止如此，国民党首脑机关所在的上清寺、国民党军统头子戴笠的住宅都距它不远。由于特务的全天候监视，凡是来这里的人都可能随时遇到麻烦或危险。阎宝航、王卓然、卢广绩等人都是周恩来的老友，他们经常来这里，为了抗战胜利，为了争取民主、和平建设新中国，他们早把个人的生死置之度外。

约上午 9 时半，王卓然、阎宝航、周鲸文一行人来到周公馆一楼的小会客厅，工作人员去请周恩来。又过了一会儿，周恩来才出来，只见他满脸泪水，泣不成声，手里还拿着一份电报。

见周恩来哭成这样子，大家不知如何是好。交谈之后方知究竟。原来是 8 日晚，王若飞、叶挺、博古、邓发等十几人，乘飞机从重庆飞往延安，因天气原因，飞机失踪。现在山西来电，证实飞错方向，撞在山西兴县的黑茶山头，这些人全部遇难了。这些人都是周恩来多年的战友，都是党的优秀干部，他们的遇难，使党的事业蒙受了巨大损失，所以周恩来悲痛万分。听到这个噩耗，大家也深感悲痛。对周恩来做了一番安慰，之后说明此访的目的，是就新提出的“现地停战，恢复交通，维持现状，进行整编”的方案来征求意见。周恩来听了王卓然的详细说明以后，当即表示接受。大家问他是否电告延安，请示毛先生，周恩来说：“不用，我可以代表负责。”大家见周恩来的态度这样果断，很是高兴。在特园等候消息的张澜、章伯钧、罗隆基一听共产党接受了陈诚也已同意过的意见，都很高兴。大家决定当晚召集国共双方代表会餐，恢复陷入僵局的谈判。阎宝航打电话给陈诚，不料陈诚竟泼来一盆冷水。他回答说，此事暂缓。

原来蒋介石飞巡各地，当日才回重庆。陈诚向蒋报告请示，但蒋没有表态。到次日陈诚打电话再问，蒋已飞往上海。这样，王卓然等人争取和平的最后努力也因蒋介石的无诚意而付诸东流了。

事后，王卓然听到有人对此评论：蒋介石这时有三误，全由他的胜利巡视产生出来的。一是他误信民众的拥护，他到各大城市做胜利后的第一次巡视，的确受到了人民的热烈欢迎，但他忽视了民众的心里是坚决反对内战的。二是他误信美式装备的军队及美援，但他昧于他的士兵多是绑来的，官兵皆贪腐透顶，整个组织是腐败不堪的，而且美援是远水解不了近渴。三是他误信共产党的实力薄弱，不堪一击。因为他巡视时只看到他的国军，并未看到共产党领导的军队，他未认识到共产党领导的军队有着高度的政治觉悟，有科学的作战指挥，有广大的民众拥护。因为他有这三个误信，他本来是要消灭异己做皇帝，所以和谈屡涉于成而卒归破裂。

4月19日，王卓然参加了重庆各界举行的追悼王若飞、叶挺、博古、邓发等烈士的追悼大会。参加此会的有3000多人，郭沫若、黄炎培、马寅初、史良等许多各界知名人士悉数参加。追悼会上周恩来失声痛哭，沉痛地报告了遇难诸烈士的生平事迹。同天，他还在《新华日报》上发表了《四八烈士永垂不朽》的祭文。指出“和平、民主终必会在全中国实现”。

随着形势的发展，国民党政府宣布还都南京，国共谈判的中心也不再是重庆而是南京了。周恩来话别茶会在曾家岩50号如期召开。近300名文化界的知名人士坐满了会议室，文化界的领军人物郭沫若坐在周恩来的身边。王卓然应邀出席。他环视场内，多是熟悉的面孔。大家在南京、在武汉、在重庆，一路走来，携手并肩，利用各种文化形式为夺取抗战的胜利贡献着自己的才智。会后，各位战友就要各奔他乡，不知在有生之年还能否相见。

周恩来刚理过发，着一身灰色派力司西服，扎领带，更显得英俊潇洒，根本不像是48岁的人。他以亲切、依恋的口吻对大家说：“我就要离开重庆去南京啦！今天特向文化界的朋友们告个别，再利用这个机会与大家互相说说心里话。”接着他又深情地说：“重庆真是一个谈判的城市，谈判的进展真是艰难！差不多十年了，我一直为团结谈判而奔走在渝、延之间，谈判耗去了我现有生命的五分之一，我已经谈老了，民主事业的进程是多么艰难啊！我虽然将近50岁了，但不敢自馁，我们一定要走完这最后而又最艰苦的一段路。”他的话使满屋的人发出声声感慨。周恩来说完，王卓然站了起来，他以东北人的立场呼吁东北的内战快停下来，同时对周恩来致一番安慰。他说：“周先生十年谈判生涯虽然太辛苦了，但将来的历史自会有崇高的评价。只可怜那一个远在息烽钓了十年鱼的人，他这十年钓鱼的日子不是容易过的呀！这个人就是张学良，周先生和张汉卿是老朋友。周先生是重友情的人。现在抗战胜利了，张汉卿也应该恢复自由了，所以请周先生一定设法恢复张汉卿的自由，让我们这些老朋友能在东北老家重聚。”

听了王卓然的话，大家的心情都很沉重。周恩来那严肃的脸上也流下了眼泪，他表示一定为促成张汉卿的自由而尽力。

第二天，“东北民主政治建设协会”等20个团体联名致函马歇尔，提出解决东北问题的五项办法。要求立即停止东北内战及一切军事运输，协商解决政治问题、整军问题。政协决议未实施前，美国应停止贷款给中国政府。此信由阎宝航、李公朴等递交给马歇尔，并分函各党派及社会贤达。

5月3日，阎宝航抵南京。6日，到上海，与旅沪的东北同乡成立了“东北民主政治建设协会上海分会”，直接配合上海人民团体呼吁民主的活动。6月16日，上海人民团体联合会举行第二次理事会，商讨上海人民反内战大会赴京代表人选。经过协商，推定马叙伦、蒉延芳、盛丕华、雷洁琼、包达三、张䌹伯、阎宝航、吴耀忠、胡厥文9人为代表。

6月23日，上海150多个人民团体的10万群众在东火车站广场集会，欢送阎宝航、马叙伦等9名人民代表赴南京请愿，呼吁和平，反对内战。当晚，代表们抵达南京下关车站时，遭到国民党特务的殴打。阎宝航为保护马叙伦被打成重伤，送进中央医院治疗。周恩来、董必武、邓颖超等中共代表和郭沫若、沈钧儒、邵力子、黄炎培、冯玉祥等各界知名人士到医院看望、慰问受伤代表。

就在阎宝航等请愿代表在下关车站被殴打时，王卓然也只身到了南京。临行前重庆的各人民团体请代表他们，与上海各人民团体联系，要联合起来共同争取和平、反对内战。王卓然先去医院，看望被打伤的各位代表。然后就联合渝、沪各人民团体问题去请教黄炎培。黄炎培告诉他，看看形势再说，以免遭受国民党的毒手。王卓然接受了黄炎培的意见，留在医院陪护阎宝航。陪护中两人有时间长谈。谈到下一步的打算，王卓然劝阎宝航伤愈后应急速返回东北，加入革命队伍，因为南京、上海情况复杂，特务遍布，免步李公朴、闻一多的后尘。王卓然的意见也正合阎宝航的想法，两人相约不久回东北，再为东北的解放和发展努力。

几天后，阎宝航伤愈去了上海。王卓然的夫人带三女一子来南京，一家人会合后，登上了北去的火车。他们先到北平，将三个女儿英时、华时、寅时寄留在亲属家，然后夫妇俩带着次子安时回到了沈阳。

第十三章　经商亦报国

1946年盛夏时节，王卓然夫妇带着12岁的安时，回到了离别15年的沈阳。映入眼帘的这座城市，既熟悉又陌生。

日本投降后，先是苏联红军进驻沈阳，地方则处于无政府状态。工厂停工，商店停业，日本关东军储藏的物资摆满街头。白天人来人往，熙熙攘攘，晚上充满恐怖，枪声不断。为了恢复工商业的正常秩序，全市工商业者迫切希望有一个自己的组织，于是临时成立了“辽宁商工总会”，与各同业公会共同支撑局面。

1946年3月，国民党接收了沈阳，形势变得更糟，工商业者的灾难更是接踵而至。

王卓然回沈阳之初，还不知道沈阳情况的复杂程度。为了生存，他想创办公司，经营什么项目看情况再确定。因为在重庆他经营内外文化供应社，也创办过中国国际兴业公司，虽然时间不长，但也积累了一些经营经验。创办公司还有一个有利条件，那就是多年来自己在各界有许多朋友，这些是重要的社会资源，可有助于公司的运营。

这时，沈阳市商会刚刚恢复，会长金恩祺（字哲忱）是王卓然多年的好友。王卓然找到金恩祺，金向他介绍了沈阳的情况，王卓然对金说了自己欲开办公司、搞经营的想法，得到金恩祺的全力支持。于是，王卓然邀集了一些朋友，筹集了一些资金，租用了中山广场附近的中山路54号作为办公地点，继续开办中国国际兴业公司。王卓然任总经理，他的一家也住在这里。这个公司是股份性质。公司的业务：一是经营美国德仕古汽油，方式是从美国进口汽油，利用新买的一处加油站，给过往的汽车加油。二是经销台湾的蔗糖，有红糖、白糖，从台湾进来在沈阳北站卸货，然后运进帅府大院（王卓然利用关系借用这里做仓库）存放，再批发。每次运来的蔗糖有四五车皮。一批货销售将尽，再组织进另一批。三是经销肥皂，也是往各零售店批发。

为了加快恢复沈阳的工商业，省商工总会会长陈楚材亲自指导沈阳市商会的改组工作，9月21日召开了会员大会，补选了商会成员的缺额。补选后的沈阳商会领导成员是：主席：金恩祺；常务委员：卢广绩、李福堂、巩天民、刘兆祥；执行委员：王卓然、王恒安、刘业汉、杨大光、邹人隽、李藻芳、张茂春、张子宾、谢荣五、李恩迁；监察委员：张海峰、冯春轩、于焕卿、刘玉祥、石砥中、孟著圃。

鉴于东北长期沦陷，国民经济实力已被日本人榨取殆尽，人民生活苦不堪言，老百姓购买力低下，第一次执监委员会上，经大家讨论确定，商会面临的任务是：1. 维护工商界的共同利益，积极推动有关工商业公共福利事业的实现；2. 协助工商业复业、复工，并促进新兴企业的振兴发展；3. 群策群力，充实商会的组织力量，负起商会的使命，协助政府的经济复原及建设工作。

商会的这些努力很快就被严酷的现实击碎了。国民党接管政权后即暴露出其腐败无能和倒行逆施的本质。贪污腐化，和黑恶势力勾结，强行摊派，巧立名目，搜刮工商业者，恃强凌弱，等等，使沈阳工商业的恢复和发展举步维艰。

除此，国民党还处心积虑地想把商会作为它控制下的一个社会团体，以便为它所用。比如沈阳市商会推荐卢广绩、王卓然、巩天民为省商会联合会理事人选，但是因为他们三个人倾向进步，反对国民党一党专政，国民党辽宁省党部就威胁各市、县商会的代表，说这几个人是危险分子，不准选他们为省商联会的理事。

为了进一步窃取商会的领导权，1946 年冬，国民党沈阳市党部和市社会局串通一气，又要求各商会和同业公会采用一两名国民党员主持事务工作，以达到国民党把持商会和同业公会事务实权的目的。他们还广收工商业者为“党员”，以扩充其党羽。结果将不少同业公会的头面人物拉入国民党，或将同业公会的负责人排挤掉，由国民党党员取而代之，为他们日后改组商会、控制商会进行充分的组织准备。

在采取组织手段窃取商会和同业公会领导权的同时，国民党还不断变换手法和理由对工商业者进行敲诈勒索。勒索的名目有劳军赈灾、招募股份、祝寿捐校、派戏票、销报纸、卖春联、售画册等。下达这些摊派“任务”时，国民党党政军势力一齐出动。哪个工商业者若拒绝或与其争论，他们就找茬刁难，让你不能正常经营。如 1947 年 4 月国民党发动捐款劳军活动，让商会向各工商业者收钱，以“慰劳”长春守军。金恩祺会长对此事不太热衷，行动更不积极，这就引起了国民党的不满。国民党机关报《中央日报》（东北版）发表了题为《论展开劳军运动并斥金恩祺》的社论，带领全市各报一致对商会进行攻击。强大的舆论压力，给金恩祺造成了沉重的精神负担，使他无法正常地开展工作，半年后就因病请假了。

这样恶劣的政治环境和社会环境，让王卓然的经营更是步履艰难。常言说：“人若是点背，喝口水都能噎着。”还有一句俗话叫“屋漏偏逢连阴雨”。这些倒霉的事这期间王卓然都遇上了。

王卓然的中国国际兴业公司刚开始起步，麻烦就一个接一个地光顾了。先是公司办公地点出了问题。中山路 54 号房子是他通过朋友关系暂借的，他认为此地点也合适，便想办手续正式承租下来。但是国民党沈阳党部竟函告市房地产管理局局长张振鹭，说王卓然思想有问题，不准将房子租给他。1948 年 1 月，全国商联会在南京开会，沈阳市商会想推荐王卓然代表出席，国民党的东北指导员齐世英即出面干涉，阻挠选他当代表。齐世英是王卓然的老对头。1933 年他趁张学良出洋考察之机，想篡夺东北大学秘书长职务未果，更暗恨王卓然。这次他怎能不报复？

东北青年作家骆宾基以政治犯的罪名被关押在沈阳监狱。王卓然得知情况，曾三访当时蒋介石在东北行辕的军法处处长储铁，求其释放骆宾基。储铁将此事透露给了国民党沈阳市党部的人，这又成为他们攻击王卓然的口实。《中央日报》（东北版）的负责人马毅对王卓然更为仇视，他与齐世英等人沆瀣一气，处处对王卓然暗中使绊，使王卓然的经营更是雪上加霜。

1947年，中国开通对日本的贸易，为使东北与日本之间的贸易接洽更加顺畅，东北各省的工商会协商推举一人，作为东北区的代表常驻日本，协调东北各省与日本的贸易关系。金恩祺、卢广绩推荐王卓然担此重任。鉴于王卓然的学识、经历和声望，各省商联会都觉合适，王卓然本人也觉得担当此任是为东北发展经济服务，有利于改善东北的民生，再则也可避开齐世英等人的刁难和纠缠，所以就欣然受命，开始办理赴日的手续。

1947年9月，王卓然离开沈阳去南京、上海办理赴日的相关手续。临行前，他将公司的管理事宜委托给金恩祺，业务方面全权交给董重屏，又对雇员做了一番交待，便去了上海。到了上海他方知出国的手续是相当繁琐的。首先南京须发护照，然后东京盟军总部（简称盟总）发给人口证。而且南京的实业部对于贸易的办法尚在研究中，至于派驻日代表问题尚无先例，不知应参照哪些予以处置。而更令王卓然沮丧的是，外交部部长王世杰是王卓然的老对头，对于发给王卓然护照的事特别审慎。这样就使王卓然赴日一事拖延了4个多月。

正在王卓然无计可施的时候，上海有一些熟人，也想借王卓然这个媒介扩展对日贸易业务，征得王卓然同意后，他们即临时组织了一个叫“上海国际兴业公司”的单位，推王卓然为挂名经理，发给王卓然制服，发给他路费，为他办理好手续。王卓然于 1948 年 1 月 23 日搭乘“海浙轮”到了日本的横须贺。同轮的还有旅日华侨温朝著、南洋华侨曾纪殷，还有一位乘飞机先一日到此的四川商人牟幼南。王卓然和这三人是中日战后首批为中日贸易而来的中国人。

王卓然等中国商界人士的到来，使日本朝野为之感动。他们多次召开欢迎会、招待会，欢迎中国商人到日为日中贸易开创新纪元。特别是东京商工会议所的招待会尤为隆重热烈。该所的主席村田省藏在致欢迎词中，语气谦卑动听，真诚欢迎中国购买日本的产品。他说：“我们日本人的文化都是从中国来的，我们日本人的经济更非靠中国不可，中日真是兄弟手足的关系。不幸我们的军阀祸国，对中国肆意侵略，中国人民受我们的祸害真是创巨痛深。我们太对不住你们了。希望你们今后能给我们日本人一个赎罪的机会，我们愿尽我们的力量，帮助你们实现工业化，聊补我们已往的罪恶……”日本人当时处于战后，百业萧条，民生艰苦，他们是真心愿意同中国发展贸易，以尽快改变窘境。

然而事情并不像善良的人们所想象的那么容易。美国驻日的代表与国民党政府的代表见有机可乘，油水已到嘴边，便又施展诬蔑陷害之能事，极力阻挠日本与中国之间的贸易。

就说中国的污吏，他们变着法儿给中国在外国的贸易商戴枷上锁。一个枷锁是国民党的“中央信托局”。它在东京设有办事处，代为记账易货，称为“B”账，而国民党政府方面贸易称“A”账。凡商人进出口的交易账款，完全由它控制，它从中收取佣金。另一个枷锁是“中国驻日军事代表”的商务处处长。该处长名叫唐菊生，原是美最时洋行的买办，他赠给王世杰的侄子王德芳一部汽车。王德芳是王世杰的秘书长，唐某人就是以这种手段，把这个商务处处长的美差运动到手。他花钱买了官，自然要从商人身上把买官的钱刮出来，不仅连本，还要带利。王卓然等商人与盟总无论签订什么交易合同，都必须经他签字才能生效。

唐菊生还与代表团团长商震相勾结，狼狈为奸，在追讨张学良被日本掠夺去的财产诉讼中使坏。抗战胜利后，张学良财产整理委员会申请外交部对日交涉，要求日本归还张学良家的财产，包括黄金和艺术品。当时王卓然是该委员会的委员。由于唐菊生、商震另有所图，不向日方施加压力，故此事久拖不决。王卓然去日本，该委员会授权他催办此事。当时盟总也有规定，商人有代办追还日本抢夺的物资的资格和权利。商震竟认为王卓然多管闲事，他与唐菊生授意CC派的中央社驻东京记者对王卓然肆意进行攻击。唐菊生在此事上的拙劣表演真是要钱不要脸。在这个问题上，王卓然毫不示弱，他以豁出去的态度函电南京，控告商震和唐菊生。王卓然认为自己不仅是张学良的好友、幕僚，理应尽到责任，更是维护国际法的尊严，保护中国公民的财产，保护中国的文化，绝不能姑息日本侵略者。这是个大是大非的问题。经过几番函电交驰，直到商震下台，唐的职务才被免除。

还有一个枷锁是美国驻日的商务官们，他们比中国的贪官还坏。当时日本的贸易完全由美国人主管。美国经济科学团的贸易管理局具体经办日本的对外贸易。这是一个庞大的机构，占用着原来日本农林省的整个大厦，有几百人办公，内设化工、机械、纤维等几十个科，各科有专门的业务范围。王卓然要买的物资是纺织机器、化工原料，而要卖的东西是中国的桐油、皮革等。主管纺织机器的是一个久住横滨、能讲日本话的美国人。此人精明刁钻，凡东方人的贪污恶习，他都驾轻就熟，皆拿来为己服务，处处刁难，关关设卡。在这多重枷锁的束缚之下，王卓然经过10个多月的努力，才签订了2项合同回到上海。

1948年12月5日，王卓然带上签订的两份合同，怀着苦涩的心情，登上了开往上海的飞机。飞到上海时因天黑雾大，飞机在空中盘旋了约一个小时，才勉强在江湾机场降落。10 分钟后，又有一架飞机着陆，不幸撞到机场外边的土岗上起火，人机俱毁。这时东北已经解放，王卓然的好友阎宝航、高崇民、卢广绩、车向忱、陈先舟等人都在省市的重要岗位上任职，为恢复东北的社会稳定、发展生产贡献着力量。而王卓然在沈阳创办的中国国际兴业公司已于 1948 年 4 月初解体关闭。王卓然回到上海，向委托他代办对日贸易的临时性公司交差。因为时局的变化，这个临时性的公司已不愿履行与王卓然签订的合同。不久，该公司被迫解散。这样，王卓然就成了光杆经理。

怎么办？经过十个多月努力签订的合同就让它白白作废吗？如果作废，既要承担经济损失，还会在国际上失去信誉，给中国人丢脸。正在王卓然为此焦急时，有朋友向他介绍汉口第一纱厂要用桐油换纺纱锭子，已与朋友的代表人进行合同起草。同时还听说中国纺织建设公司要在台湾设厂，急于要购买纱锭子。

真是“山穷水尽疑无路，柳暗花明又一村”。从这一信息中，王卓然感到化解危机的机会来了。于是，他去拜访了中国纺织建设公司新任总经理。此人叫顾毓泉，是一位诚恳稳健的人。他听了王卓然的介绍，表示愿意合作，但得请求董事长刘维炽的同意。

刘维炽是国民党政府经济部部长兼中国纺织建设公

司董事长。王卓然担任国民参政会参政员时，他任侨务委员长，两人相识。但刘维炽是新任此职，做事也十分慎重。他看了王卓然与日本签订的合同，上面印有中国驻日代表团的公章，这就等于是官方代表担保，而易货款之出入，是经过中央信托局办理收入或支出。所以刘维炽和顾毓泉二人都认为可靠，他们又打电话给商震证实，才要王卓然退掉别的主顾，与王卓然签订了合同，成交了这宗贸易。按照合同规定，他们派第一纱厂厂长吴欣奇去日本验收。王卓然的发妻李卓琳与女儿各倾其私蓄，加上王卓然两个客户的鼎力支持，才最终完成了这份对日贸易。

这时解放大军挥师南下，势如破竹，南京、上海相继解放。解放军继续南下，国民党政权已迁往广州，许多党政要员已去了台湾。随着形势的发展，中共方面的高层领导人进驻北京，指挥着解放区的政权建设，恢复社会稳定，发展生产，进行土地改革。同时，解放大军正在向华南、西南、西北挺进，解放区迅速扩大。

王卓然喜悦地看到，中国人民翻身做主的时代终于来到了。王卓然写信给周恩来，报告自己的近况，表示要在对日贸易上为新中国效力。他把信交给去北平代表国民党政府与共产党谈判的章士钊。1949 年 5 月 2 日，王卓然回到日本。5 月中旬，他偕中纺代表吴欣奇去大阪、神户，到日本的保税仓库，由他代表中纺验收纱锭。

这次王卓然去日本没有持国民党政府颁发的护照，在广州的国民党政府觉得很没面子，便电告驻日代表团查询。当他们得知王卓然是受经济部的命令，直接入境的，国民党政府外交部又去电："该员交接办完，即饬令回国。"这时的中国驻日代表团团长是朱世明，他还算明智。他认为大陆眼看就要全部解放，力求多交一些朋友，给自己多留一条后路，便未找王卓然的麻烦，使得他能在日本继续进行中日贸易工作。

为了促进日本与中国大陆发展贸易，王卓然又与一些华侨组织了一个"远东国际兴业公司"，作为专门从事与祖国大陆贸易的机构。他担任经理。

1949 年 10 月，中华人民共和国刚刚成立，日本人绢株式会社想请王卓然属下的职员王振仁到中国大陆推销其生产的人造丝，往返路费等花销都由该会社负责。王振仁和日本共产党关系密切，办事很有热心。王卓然同意王振仁代办此事。王振仁回国前，王卓然又写信给周总理、郭沫若、章士钊、阎宝航、高崇民、卢广绩等朋友，介绍自己在日本的情况，让他带回国内设法交送。在给阎宝航、高崇民的信中，王卓然对两位老友邀请他回沈阳工作的盛情给予了答复，认为在日本为发展新中国同日本的贸易也是做具体的工作，先做一段时间再做定夺。

1950 年 2 月，王福时受中国国际新闻出版局的邀请，偕家人从美国回中国，途经日本，与父亲做短期相聚。王福时在美国住了整整 4 年。1946 年 2 月王福时到美国纽约，在那里通过“远东民主政策委员会”宣传有关中国东北的内战危机，并呼吁美国停止干涉中国内政。6 月，王福时到了旧金山，在华文报纸《世界日报》做编辑，从事反对内战、和平建国方面的宣传。这期间，他撰写了大量的文章，发表在该报上，在当地华人华侨中产生了很大影响。

1947 年，王福时的夫人项蕴华带着四个孩子，从北平到上海，再从上海乘船去旧金山，经过一个多月的行程，一家人在旧金山团聚。

在旧金山，王福时参加了由冯玉祥、李德全夫妇发起的“和平民主联盟”。新中国成立后，王福时与一些进步华侨知名人士组织了“新中国研究会”，鼓励留美学生回中国参加建设。王福时还受香港国新社之托，在旧金山印刷、发行英文的《远东通讯》。该通讯是由在新中国的新闻界有影响的刘尊棋（后任英文《中国日报》总编辑）、刘思慕（后任中国近代研究所所长）、金中华（后任上海市副市长）等先后在香港主编的，主要宣传时事新闻及左翼的评论及观点，报道国内解放战争的进展情况和评论。该通讯的发行，使旧金山的美国民众能够真实地了解中国发生的变化，对他们正确地认识中国，起到了导向作用。

新中国成立后的10月9日，旧金山左派华人华侨在同源礼堂举行庆祝会，会场内悬挂着五星红旗和标语。会议进行时，右翼暴徒突然冲进会场，大打出手，致多人被打伤。王福时是积极的参与组织者，因此他的伤势最重，被送进医院。

第二天，国民党系在美国旧金山办的中文报纸《国民日报》发了《国民日报号外》，专门报道了这次事件。全文如下：

本埠侨众痛殴共产党匪徒情形

本报专访：本埠共产党匪徒，于昨九日下午八时三十分，在市作顿街一零四号同源礼堂举行所谓华工合作会十二周年纪念，实际上系庆祝苏联傀儡之北平共匪伪政权成立，场内高悬共匪旗帜标语等。开会后，约九时二十分，会内当时有侨众高呼要扯下共匪旗帜，因该伪旗不容许悬在我美国，一呼百应，群登台上撕旗。会场内秩序大乱，发生殴打，纷纷夺门而出，后在门外激斗，殴伤共党匪徒王福时一名，伤势较重，另西人男女等。查王福时系留学生，参加本埠共匪活动甚久，当时警察及救伤车赶到，将其送往医院时，市作顿街头市民围观如堵，皆鼓掌群呼“杀共党徒！”会场内旗帜标语及门外横额，均被群众捣毁一空。警察两名，其后巡视门外，事寝群众始散去。其后十一时许，又有殴打共产匪徒发生，共产匪徒一名受伤，群众散去，警察赶到时拘一旁观之小童，其后法庭以彼未合年龄，未有参加殴打实据，乃判无罪。

旧金山华人的右翼势力，还印发《肃清本埠汉奸》的传单，贴满旧金山的大街小巷。该传单内容是：“我爱国侨胞应爱护中华民国，全体起来肃清出卖祖国的汉奸共产党匪徒：谢侨远、梁发叶、李栢宏、蔡荇洲、陈铁民、王珏、李一中、余仁山、唐明照、李仲棠、王福时、林坚夫、李春晖、马赐汝、朱汝聪。大中华民国护国团印”（黑名单中的唐明照在中华人民共和国恢复在联合国的合法席位后，曾代表中华人民共和国出任联合国副秘书长）。

在旧金山弥漫着白色恐怖气氛的时候，恰逢印度独立后刚上任的第一任总理尼赫鲁访问旧金山。他电话约见王福时。王福时在与他见面时准备了一个问题表向他提出，其中包括印度政府是否将承认北京刚成立的新政府及西藏属于中国等问题。尼赫鲁一一做了正面的回答。王福时将此次会见记录整理成文寄给香港的《大公报》。该报除全文登载外，还将此文转中国外交部发言人王炳南。

王福时在旧金山还参加了进步侨团报纸《中西日报》的创办工作，并担任该报的编辑。该报是美国西海岸最早支持新中国的报纸。除此之外，王福时还做了大量宣传，支持新中国的工作。在旧金山华侨中，王福时是一位很有影响的爱国进步人士。在美期间，王福时夫妇又添次女王丹娜。由于王福时精通英语，又有在国外办报的经验，新中国成立后中国国际新闻出版局便邀请他回国出任外文出版处副处长，经过斟酌，王福时夫妇决定回国。途经日本时，登岸去见时在日本的王卓然。王福时一家在日本一住就是六个月，因为去天津的船迟迟等不到。回国途中，王福时夫人项蕴华已怀有身孕，到日本两个半月后，王福时夫人生了一儿一女龙凤胎。这样，王福时就是七个孩子的父亲了。

王卓然住在日本东京的大田区，他广交日本进步朋友，如日本通产省大臣高崎达之助、日中友好协会副会长赤津益造、共产党领导人野坂参三、黑田寿男等。他为推动新中国与日本的贸易，甚至为后来两国的建交，做了大量铺垫性的工作。

代株式会社推销人造丝的王振仁于1950年4月回日本汇报三个月祖国之行的情况。推销方面虽无成就，但他说已与“组织”上联系成功，“组织”派他回来工作，两个月后他又返回中国。

这次，王福时一家九口人和王振仁一同回到祖国，随后，王福时即担任了国际新闻局出版发行处副处长。该局局长是乔冠华，副局长是刘尊棋，王福时所在处的处长是冯亦代，这三人都是中共党内学贯中西的高级知识分子。

王卓然在日本与共产党的交往是最多的。早在1949年9月，他经王振仁介绍结识了日共领袖野坂参三和志贺义雄。两人经常到王卓然的住所吃饭、交谈，相处十分融洽。谈论的话题多是如何发展两国友好、开展中日间的贸易。日共活动经费匮乏，王卓然多次予以资助，或借或捐，有时一次就捐美金2500元，使日共领袖们十分感动。王卓然的办公处是日共外围组织“中日贸易促进会”的联络点和活动站，还是日共的避难所。

除了对日共的支持，对国内的相关工作，王卓然更是尽最大努力，促其顺利完成。进步的留日学生归国，王卓然则积极代为联系船票，有的没有钱，他就给垫付。国际新闻局几次请他代为购书，王卓然都是代付书款。

王卓然参加日本左翼举办的鲁迅纪念会，去观看苏联驻日大使馆放映的电影《百万雄师下江南》，王卓然从事的所有活动都被台湾驻日本代表何世礼密切关注着。

何世礼是香港巨商何东之子，是个混血儿，长得像外国人，曾经是张学良的旧部。王卓然初做张学良的幕僚时，他还是一个拿皮包的小副官。但此人长于钻营之道，西安事变后，张学良被软禁，他拍上了陈诚的马屁而得宠。何世礼谋得台湾驻日本代表后，明目张胆地镇压华侨的爱国行动，极力讨好蒋介石。

何世礼虽与王卓然熟悉，但他不念旧情。他知道王卓然一贯主持正义，反对国民党的政策主张，又与日共来往密切，还推动日本与中国大陆的贸易，促成了几笔中国大陆从日本进口马口铁的交易，就派人暗中调查王卓然的材料，伺机向王卓然下黑手。

1951 年 5 月 8 日晨，王卓然照常到办公处上班，日本外务省移民局两名便衣侦探就来查护照。王卓然说："我有长期居住的华侨身份证，没有护照。"便衣侦探说："不行！你们的代表团已通知盟总，转告日本政府，你没有护照，要解送你回国，去台湾的船位已给你准备好了。"

王卓然一听就明白了，这是何世礼要押送他去台湾向蒋介石请功。王卓然想，我一定要保护好自己，绝不让这个中山狼的阴谋得逞。从容地说："好吧！我同你们去外务省谈谈。"

到了外务省，有一位能说一口流利的北京话的官员接待了他。王卓然向他出示了自己的长期居住证，并抗议说："我是自由人，没犯法，没有罪，你们不能剥夺我的自由。盟总既然有命令，我可以离开日本，但你们不能限制我去的地方。"

尽管王卓然一再力争，还是没有说服日本外务省移民局的这位官员。他限定王卓然找两名非日非华的保证人为他担保，这可难住了王卓然。他想起了会说英语的印度代表团办事处，请他们保护。他们很同情王卓然，但要求王卓然电请北京中国外交部，转请新德里印度外交部指令他们，没有这样的指令，他们是不能越权做这样的担保的。

王卓然把这个渠道作为一种自救的办法，电告王福时，让他向外交部报告，看看有无保护的办法。王卓然还立下遗嘱，寄给王福时，以备王福时向政府部门和友人介绍情况之用。从给王福时的信中可知，他面临的情势是多么险恶。信文如下。

亲爱的孩子们：

在过去几天，我一直在想是否要给你们写信。因为如果我告诉你们我面临的危险时，你们可能害怕，引起极大的不安。但最后我还是决定把真相告诉你们，以防发生任何可能的不测。

在5月8日，突然有两个陌生的日本人到我办公室访我，出示的名片说明他们是来自日本外务省移民局的警察，他们要求我随同他们一起去移民局，我问他们什么理由，他们拿给我看一封“盟总”的这里所谓指令的信。内容说东京的所谓“中国代表团”通知吊销了我的护照，叫我和“中国代表团”安排离境。我到移民局，那里负责的官员表示他认为这件事很严重，并说如果我不马上作出安排时，他可下令逮捕我。在作了一些对情况的介绍和交涉后，最后同意给我两礼拜期限安排离境，他们要求我找两个保人对我负责。

从表面看来，事情很简单，没有什么可怕的，但谣言和内部消息都说明，背后类似有一种威胁我生命和安全的阴谋……王振仁是被当作所有指控的主要嫌疑，阴谋是说他们将在“盟总”的默许下，将我绑架像一个牲口一样运去台湾，在那里处决，杀以警众，来对所有华侨施行恐怖，使其就范，我有许多忠实的朋友帮我为争取公平待遇而斗争，特别是一些日本官员很同情，他们中有的人去见台湾代表团长何世礼，他是何东的儿子，和他的高级顾问陈铁权。刘增华我的学生现在相当于一个总领事的地位也愿意帮忙，但为权限所限，我也向“盟总”要求法律保护。有一个肖博士和我遭遇同样的命运，他的罪名是他一本叫作《孤岛野史》的书。这本书内容其实不过是他抗战时个人亲身经历，其中只有几句话对蒋介石不够尊敬。

因此，你们可以看到，这个斗争还在进行，我可能获胜，也可能不获胜，我可能安全地重见你们大家，也可能去见老天爷。不要告诉你母亲，因为怕她急坏了，你们也完全无能为力，我已经为万一作好准备，并留了一份遗嘱交冯先生妥为保存，附在本函内请找到一份授权书。当你们接到此信时，情况会已经明朗，千万在目前先不要在报纸上登什么东西，我当视事态的发展再函你们。

愿你们都好

父　卓然

1951年5月21日东京

另一方面王卓然向日本的朋友问计，怎样化险为夷。有朋友告诉他：“钱可通神，在日本国比什么地方都好使。”王卓然便按此法，请高崎达之助向日本外务省次官倭岛说理，劝日本政府不要做台湾的帮凶。另派日籍职员田中向移民局官员送礼。王振仁将王卓然遇到的麻烦和日共领袖说了，日共也表示要帮助王卓然。王卓然还嘱与日共有关系的久保商店将存在那里的十余个电动机约合5000美元，销售后的款额一半捐给日共做活动经费，一半作归国路费。通过这些运作，日本移民局对王卓然客气了，派一位便衣警察于5月24日送王卓然到大阪，登上圣佐士轮回国。

1951年5月，王卓然从日本回国时在轮船上的留影。

经过五天的航行，王卓然安全抵达天津。王福时偕母亲李卓琳来码头迎接。夫妻、父子在码头相聚，悲喜交集。

王卓然登船离开日本的这天，正是他人生历程整整57年的日子。起航后，轮船颠簸在波涛中，他仿佛觉得自己的人生也是一条船。这条船在纷纭复杂的时间长河中颠簸了57年，自己经历了太多的世故，也去过很多国家，通过这57年的对比、思考、总结，他得出了这样一个基本的结论：只有国家强大，人民才能不受欺侮；只有国家稳定，人民才能过上太平的日子；只有国家重视民生，人民才能享受幸福的生活；只有国家实现文明，重视教育，人民的精神面貌才能焕然一新，蓬勃向上。现在就要回到我的祖国了，多么希望我的祖国成为一个强大、稳定、重视民生、重视教育的国家。我虽然年近花甲，但绝不服老，要为祖国繁荣富强贡献自己的余生。

第十四章　热血溉新葩

1951年5月29日，王卓然平安地回到了祖国，在天津和家人团聚。

王卓然的家在天津海河畔的博爱道28号，为天津二区（即河北区）管辖。他的住所是一幢意大利式的三层小楼，王卓然住在二楼，一楼有会客厅，三楼是子女们的卧室。他的三个女儿即三女英时、四女华时、五女寅时和次子安时都在校读书，都加入了共青团，四女华时还担任班干部，都是好学上进的青年。长子王福时在北京居住，他的家在西单附近的西兵马司17号。王卓然的长女王淑时的家也在天津，她丈夫李敬塘是长白师范学院的讲师，也是王卓然的学生。他应岳父的邀请来天津与王卓然共事，一家人过得也很幸福。次女贤时已嫁人在外地生活。

王卓然在天津生活的日子主要是听广播、看报纸、写自传、写信，会会老朋友，在城里走走看看。

王卓然在十多年抗日救国的岁月里，以很大的精力进行抗日救国的宣传工作，办报纸、办刊物，编《外交大辞典》，参加集会演讲等，所以他也是一位抗战的宣传鼓动家。他有读报、研究时事政治的习惯，回到天津适逢新中国正在进行抗美援朝，发展经济，进行社会主义革命的重要时期，他更不能不看报、不研究时事。

通过耳闻目睹，祖国的巨大变化使王卓然深切感受到中国共产党领导的英明、正确。尤其是广大农民，通过土地改革，焕发出生产积极性，使农业获得大丰收。而国家交通运输的恢复和发展，又带动了工业的恢复和发展。为了恢复工业生产，翻身做了国家和企业主人的广大工人的劳动积极性空前高涨，他们开展广泛的劳动竞赛，涌现出大批的劳动模范，使国家在工业方面不仅恢复和改造了许多原有的企业，还新建了一批骨干企业，如辽宁阜新的海州露天煤矿、鞍山钢铁公司无缝钢管厂和大型轧钢厂，山西重型机械厂，武汉、郑州、西安、新疆的棉纺厂，哈尔滨亚麻厂等。所有这些都令王卓然倍受鼓舞，他更加感到新中国的伟大和充满希望。

为了尽快把新中国的巨大变化介绍给日本朋友，促进中日之间相互了解，促进两国之间的贸易，推动中国经济的发展，王卓然于 1951 年 10 月 12 日给日本通产省大臣、自民党议员高崎达之助去了长信，信是这样写的：

亲爱的高崎先生：

我在5月29日是乘“圣佐士”轮在亲友热情地欢迎中快乐地平安到达天津了，让我对你在长期旅居日本期间所给予的友好帮助表示衷心地感谢。我特别感谢你在台湾伪代表团对我进行迫害、身遭危险时所表现的友谊。你还记得你在东京旅馆里对我说的你准备在将举行的和杜勒斯（美国总统）会面时要说的话吗？当我们的同胞向我询问有关日本对新中国的想法时，我曾向他们复述你可能向杜勒斯说的话，我愿向你保证，你说的话反应良好。

对于新中国究竟是个什么样子你可能愿意知道，向你说真话，你在人类历史上还看不到这样的景象，在这样短短的时间取得如此惊人的进步，而这仅仅是在战后的两个年头，在经历了这么多年的战争，日本侵略战争、革命与反革命战争之后。在这样一个战火纷飞的国家，你看到的不是一个疲倦的、筋疲力尽的国家，不是一个垮下了的灰心丧气的人民，你看到的是一个充满青春活力的、生气勃勃的国家，它的朝气蓬勃、信心十足的人民正为把全中国人民、也可以说全亚洲人民从一切反文明的力量：帝国主义、封建主义、资本家、殖民主义者之下解放出来而献身。我发现广大群众、农民和工人很快乐，因为他们情状比过去大为好转。

现在一个最根本性的进步是在土地改革方面，旧的封建土地制度是被扫除了，全国的土地重新作了分配。现在每个农民都分到一块地来耕种，因此，他们能尽量使这块土地多生产。农业生产上，去年有相当可观的增加。农业科学方法和知识被介绍到农村去，很受欢迎并得到推广。工厂和农村，都在努力扫除文盲，朝鲜战争成为一个巨大的推动力量，促进了建设和恢复工作的各种政策与革新。那种严格的对中国限制出口的禁令，事实上等于一种封锁，对于这个年轻国家发展自己的工业和谋求自力更生却产生了一种使人鼓舞的机会。在全国各自都在举行工农业的联合展览会，它达到了促进城乡物资交流、改进生产技术的目的。现在天津便有这样一个展览会，我花了整整两天的功夫才看过其中十分之九。交通运输的效率则可与世界任何国家比美，我必须承认对于在这样短短的时间在社会主义实践上获得如此巨大成就是完全意想不到的。

在这封短信里，我不可能一一列举这个人民政府在物质生活方面做出的所有进步和改善。但是，远远更为重要的、更为深远的变化，是在中国人民精神方面一种肯定的变化，一种实实在在的思想革命。由于共产党领袖无私地为人民服务精神的榜样，人们都认识到个人幸福有赖于促进全体人民的幸福才能获得，而个人发展最主要应从其对全体福祉的贡献来衡量。其结果，在政府部门中贪污腐化之风几乎绝迹，在每一个行业上，人们总是要着眼于他人的利益。私人所有的东西受到法律的保护，工业中的私人企业受到奖励。如果你生活在今天的中国，很可能当作一个工业上的英雄而受到嘉奖，并可能在进一步发展和扩充上受到鼓励和帮助。

以上说的这些，请不要误解我是作宣传，或者说新政府不会犯错误，从地方到中央他们都犯过一些错误，而且会继续发生一些错误，但他们不掩盖自己，而是在他们一旦发现错误之后马上就来纠正。他们在有关群众面前进行严肃的自我批评，认真地接受群众意见，由于这些，他们争取到人民的衷心拥护。因此，这个政府是我们有史以来最坚强有力的政府，而且越来越强，整个国家像水门汀一样坚固，为政府后盾。请坦率地告诉我们所有的日本和美国朋友，就是在中国根本没有所谓国民党的游击队，假如有的话，他们是存在那些对中国持有偏见的人的头脑中的一种幻想的鬼影。我希望你们明智的政治家对情况重新作一番估计，对我们两国的共同利益高瞻远瞩一些。台湾仅有550万人口，仅仅到大陆人口的百分之一强些，由那些已在全世界人民面前丢尽脸，被全中国人民所唾弃的头子们维持一个摇摇欲坠的政府。他仅赖一个外国大炮的保护，得以苟延残喘，你想台湾还会有什么前途？问问你们的政府他要选择谁作为日本的善邻或朋友。假如你自己还有什么疑义的话，请到中国来自己亲眼看看。我也许可能为你安排入口许可，假如你能从日本获得出国许可的话。

由于你很忙，我必须把这封信写得不能太长，在去年10月2日你根据我的要求而作的关于制造锡板的计划反响良好，受到注意，或者说它是被接受了。在目前情况下，你想，如果我们可以安排付款，你有可能出口这个工厂吗？假如你能早些告诉我们时候，我将十分感谢。同时，请告诉我你们的政府对新中国有什么贸易政策？请告诉我一些日本情况，并祝良好的祝愿！

王卓然

1951年10月12日天津博爱道28号

王卓然知道高崎达之助是一位很有远见的经济贸易方面的专家，他看到这封信以后，一定会在议会当中向其他议员乃至他所能接触到的日本各界人士做介绍，对于推动两国的贸易、发展两国联系一定会起到促进作用。

为了更多地了解辽宁沈阳、抚顺的情况，王卓然经常和在辽宁工作的高崇民通信。高崇民每次回信还给他寄些报刊资料。高崇民是一位直率、铁面慈心的人，每次给王卓然的信都诚恳坦然地与他交心，劝他及早出来为国家工作。通过与高崇民的通信，王卓然为有这样的铮友而感到自豪和荣幸，也深为故乡的巨大变化而欣慰。

对于王卓然触动最深的是“三反五反”和对大贪污犯刘青山、张子善的处决。

新中国成立后，在新形势下，有一部分党和国家机关的工作人员，经不起资产阶级思想作风的侵蚀和糖衣炮弹的进攻，出现了严重的贪污、受贿和官僚主义倾向，有的甚至蜕化变质。针对这种情况，中共中央于12月1日做出关于开展“三反”的决定，接着又向全党发出指示，全国规模的“三反”运动开始。运动中各地相继揭发并惩办了一批严重犯罪分子。原天津地委书记刘青山、专员张子善，贪污和盗窃国家财产折合现人民币155亿元，被依法处决。运动中，中共中央要求对贪污浪费及官僚主义问题必须严肃处理。

随着“三反”运动的不断深入发展，又大量揭发出资产阶级不法分子同国家机关中的贪污分子相互勾结，向党和政府猖狂进攻的严重情况。他们采取“拉出去、打进来”的手段，大肆行贿、偷税漏税、盗窃国家财产、偷工减料、盗窃国家经济情报等“五毒”活动。为此，1952年1月20日中共中央发出《关于在城市中限期开展大规模的坚决彻底的“五反”斗争的指示》，与党政军民内部的“三反”斗争相配合的“五反”运动在各城市相继开始，并很快进入高潮。随后，对违法工商业者进行定案处理。

从“三反五反”运动的开展，王卓然看出中国共产党才是真正代表人民、真正想把中国建设好，并能够把中国建设好的坚强、正确、先进的政党。共产党对党的干部，甚至是高级干部不护短，对犯错误的党员干部能批评教育，对犯罪的党员干部能依法处理，不徇私情。这样的政党人民群众能不拥护吗？

王卓然想起国民党官员们，从上到下，贪污腐化，尔虞我诈，装腔作势，欺上瞒下，不管人民的死活，这样的政党得不到人民群众的支持，不垮台才怪呢！

王卓然目睹人民群众自由、快乐地生活，觉得共产党领导下的社会主义自由才是真正的自由。他把中国人民的自由和西方国家所谓的自由加以比较，发现西方的“自由”是自流自放、自恣自纵、损人利己的自由，中国的自由，是自觉自悟、自律自制、利人利己的自由。美国的芝加哥是自由城市，实际是杀人劫盗的自由世界。美国的好莱坞更有自由，但实质是荒淫奢靡的自由魔窟。再看中国，在“三反五反”运动中，有不少人失去自由，或被判入监，或被隔离审查，或被开除党籍，或被清除党政机关，这些贪污分子、不法奸商等坏分子，若给他们以自由，广大人民群众就没有自由、幸福而言。

通过这样的对比，王卓然更加热爱中国共产党，更加热爱社会主义祖国，更加热爱今天的幸福生活。

这段时间，王卓然在想，自己也曾当过大学教授，教过很多学生；自己曾经树立过以教育救国、科技强国的理想，是日本对中国的侵略使自己这个理想没有得以实现。新中国的建设日新月异，自己怎样才能贡献绵薄之力呢？他看到小学生接受教育的途径还很单一，节假日、星期天，许多中小学生无所事事，若将他们组织起来，学学科技知识，培养培养他们的动手能力，对他们的健康成长，定大有益处。于是王卓然和夫人说了欲创办幼儿园和少年儿童科学馆，开展少年儿童文化、科技教育的想法，得到夫人的理解与支持。

从 1952 年夏开始进行筹备。王卓然先是与天津的有关部门和河北区政府联系，得到了大力支持。他投资 5 万元作为开办费，选择园地，购买桌椅、教具、图书等。9 月，“和平幼儿园”正式成立，年底开始招生，1953 年 1 月正式开班。起初为 4 个班，不久又增至 5 个班，每班 30 人。随着幼儿园的影响不断扩大，想到这里接受教育的少年儿童越来越多。从 1953 年春开始，他又利用幼儿园的园址开办了儿童文化服务馆，馆内有连环画及各种中小学生阅读的书籍万余册。除供给幼儿园小朋友阅览以外，周日还义务对外开放，不仅吸引了附近的中小学生，其他区的中小学生也慕名前来看书或借书。

1955 年底，王卓然搬到北京居住。他将儿童文化服务馆交由长女王淑时继办，并投资 5 万元，把博爱道 28 号三层小楼作为馆址，不但增加了图书，还购买了电视机，航空、航海模型，组织了半导体制造小组，增加了麦克风、舞台幕布、幻灯机数台、幻灯片百余套，流动书箱数十个，供全市各中小学无偿借用。1961 年，天津的儿童文化服务馆交天津市文化局接办。到北京后，王卓然支持夫人李卓琳在北京也创办了一所幼儿园和一处儿童文化服务馆，项目和规模与天津的园、馆相似。

1955 年，王卓然多位东北老友阎宝航、高崇民、王化一等都陆续进京工作。阎任外交部办公厅主任，高任全国政协副主席、王任国务院参事。他们都劝王卓然出来工作，让他给周总理写信，请周总理给予安排，他们都对王卓然说：“鉴于你的学识和经历，加之周总理对你的了解，他一定会给你安排工作的。”

王卓然本想自己已年逾花甲，周总理又国事繁忙，不愿意再给他增添麻烦，但经大家相劝，心也就活了。1955 年秋，他给周总理写了一封信，表达了自己想出来工作的愿望。

日理万机的周总理接到王卓然的信以后，回想起西安事变后首次见到王卓然的情景，想到他那得体的举止和有见地的谈吐，想到他对东北军高级军官们有理有据的劝说，以及军官们对他的尊敬，想到自己临去南京前在重庆召开的文化界人士告别茶会上王卓然的动情发言，一晃已经十年了。这中间接了他几封来信，知道他的爱国之心依然强烈。特别难能可贵的是，这几年他又积累了一些与日本贸易的宝贵经验。应该给他安排适合的工作，让他的学识和经验为国家的建设和发展服务。

为了给王卓然安排好工作，周总理将王卓然致他的信批给了中共中央统战部，批示写道："王卓然先生多年来做了许多好事，我们共产党人从来是知恩必报，你们研究一下，为王卓然安排好工作。"

按照周总理的指示，中央统战部派两名同志面见王卓然，并转答了周总理对他的问候。他们征求了王卓然对工作的意见。王卓然表示自己已年逾花甲，从事具体工作可能会力不从心，做些调查研究、搞一些科普工作还是可以的。根据王卓然的意见，统战部和有关部门协商，最后由周总理同意，王卓然被安排到国务院参事室任参事。1956 年新春伊始，王卓然接到周总理亲自签发的任命书，日期为 1956 年 1 月 8 日，成为了国务院的参事。王卓然在北京的小帽胡同买了房子，将家搬进了北京。

参事中有许多人是王卓然的熟人，尤其王化一是他的学友。同事们告诉他，参事虽然不分管具体事务，也没有量化的工作指标，但所提的提案或意见都会受到中央和国务院领导人的重视。所以身为参事，一定要本着对国家负责、对人民负责的态度，经常深入基层，深入实际，深入群众，开展细致的调查研究，写出高质量的意见、建议和提案，为国家的发展建设出力献策。

国务院参事们个个都是有影响的爱国人士，都是有着渊博学识和丰富经历的专家学者。为了更好地发挥他们的作用，国务院制定有参事的工作守则和各方面的规章制度，有学习制度、提案制度、视察制度、列席会议制度等。还为他们创造更好的工作条件，享受政治待遇。国家每年召开“两会”，都要他们列席。他们提交的提案和人大代表、政协委员的提案一样受到重视，由大会秘书处登记送相关部委单位处理落实。每年他们都受邀登上天安门观礼台参加国庆游行观礼。

王卓然认为参事的工作是神圣的。总理给自己提供了这样的工作机会，自己一定要不辜负总理的信任，要珍惜这个工作机会，努力学习党的方针政策，积极调查研究，力求提出最高质量的意见或提案。

王卓然担任国务院参事后，他的时间被各种大小会议诸如中共“八大”、全国政协大会、全国科技大会、最高国务会议、政协常委会、政协委员会、国务院形势报告会、全国政协形势报告会、参事大会、参事室会议、九三学社大会、九三学社报告会以及视察参观（每年2—3个月）、写提案、写调查报告、文艺创作、写信、阅信所占据，几乎得不到闲暇。如此，他觉得自己很充实，为了适应工作需要，他坚持锻炼身体，每晨登景山，打八段锦，以保证有健康的身体和旺健的精神投入工作。

1957年，王卓然联系自己在国外的见闻，从在国外的华侨所从事的职业大多数是餐饮业和孙中山革命初期的经费来源大多数是餐饮业者的捐助这一情况分析研究，认为国家应该创立“中国食艺研究所”，挖掘、整理、总结中国菜烹制的经验，提高烹饪水平，并大力推广、推动侨胞的就业，壮大侨胞的经济，充实侨汇资源。为此，他郑重地向国务院提交了《创立“中国食艺研究所”意见书》。意见书写得言简意赅，说明了创立中国食艺研究所的必要性和重要性，提出了创立的具体方法、步骤，以及要研究的内容。他在《意见书》中介绍，中国旅日华侨约3万人，而开“中华料理”即有2万多家，是侨汇的主要来源。

为了推动向科学进军，王卓然还勤奋撰写文章，投给报纸发表。1956 年 10 月 17 日的《光明日报》，发表了他的《视察科普工作的感想和意见》。在这篇文章中，介绍了他参加对全国一些省市区科普工作视察的情况，他为全国科普工作出现的喜人形势感到由衷的高兴。同时，他也对科普工作存在的问题和不足提出了加强和改进的意见。一、各地科普组织必须努力争取党政的进一步支持，加强宣传组织工作。他举了辽宁省宽甸县的例子，说那里的科普组织由于党政的重视，当年第四季度安排了丰富的科普演讲和技术传授活动。二、积极培养专职干部。他指出，现在各省市、各基层都配备了专职科普干部，但水平普遍不高，应加强培训，提高他们的水平能力，以胜任科普工作。三、扩大宣传工作队伍，加强组织领导。建议各级党政领导动员一切可以动员的力量，利用一切可以利用的因素，吸收更多的知识分子，参加科普工作。特别指出，农村是科普工作最薄弱的环节，要加强农村科普工作，扩大宣传范围，在科普内容上要增加社会科学的宣传。四、积极争取有关部门的密切合作。在动员一切可以动员的力量参加科普活动上，他提出：1. 凡赞助科普工作的党政工团及各方领导人员，应动员他们作为“赞助会员”；2. 现在的负责宣传教育的科技会员可改称为“业务会员”或其他适当名称；3. 凡职工志愿坚持学习的积极分子，可发展为“学习会员”；4. 在农村中边学边宣传的积极分子，应发展他们为“农村会员”；5. 最近我还觉得有设置“民族会员”的必要。即对于少数民族，不论他们文化程度和专业性质，以对科学技术的热情作标准，有计划地培训他们，准备让他们回到少数民族地区，做推动科普工作的先锋。

1957 年，在 3 月即将召开全国政协和全国人大会议之前，王卓然经过认真调查，撰写了《组织职工积极分子向科学大进军，为加速祖国社会主义建设而奋斗》的长篇建议。内容分为“全国当前的主要任务；把积极分子组织起来；十二年科学发展规划和积极分子的关系；组织积极分子的具体办法意见；进军指标和应有的要求；生动的事例和积极分子的关系”。《建议》对科普工作的意义、作用，怎样加强对科普工作的组织领导及开展科普工作的具体形式，怎样开展好科学工作等进行了深入的研究，所提的建议对从事科普工作有普遍的指导作用。该建议，体现了王卓然对科普工作的关切和重视，以及他对祖国和人民的拳拳之心。

受父亲积极为科普工作献计献策、以实际行动推动向科学进军的精神的影响，王福时也积极投身到这一事业当中。这时他所在的单位改为中国国际书店，负责中国书刊的进出口业务。当时中国进口的图书都是苏联的，不进口西方的图书，这就使我国的最高决策层不能更多地了解西方国家各方面的信息。王福时感到这是个不足，也应进口西方国家的图书，为我国的学者研究西方、为高层决策提供更多的资料和依据。

1957年党号召知识分子给党和国家提建议，王福时在文化部高级干部学习班上就此问题与丁玲的丈夫陈明等多位文化界人士达成了共识。于是，王福时就把这种想法写成文章，发表在《文艺报》上。没想到，这篇被编辑改标题为《是桥还是墙》的文章竟给他带来了意想不到的厄运。王福时被打成极右派，不仅在单位被一连串的大小会批斗，还被人民日报点名批判。批判过后被遣送到黑龙江虎林县完达山林场从事繁重的伐木劳动。同车去的“右派”还有作家丁玲、画家尹瘦石、剧作家吴祖光，以及翻译家、新闻出版家刘尊棋。在北大荒，这些“右派”们在饥寒交迫的境况下，从事了一年多本由壮汉干的重体力劳动，有的人竟因冻、饿而死。1959年，王福时回到了国际书店，“处长”的职衔已不再和这位“摘帽右派”沾边，每天只是干打印订户的工作，有时搞一点翻译。

对于儿子的蒙冤，王卓然初时大惑不解。儿子所走的道路是光明的，他对祖国的热爱是坚定的，对走社会主义道路是坚决的，对社会主义制度是真心拥护的，他怎么能成为右派呢？但他转念一想，在党的历史上曾经有过打击一大片、冤枉好人的错误，相信党会纠正错误，还儿子清白的。儿子蒙受不白之冤没有影响王卓然的工作，他一如既往，尽职尽责，为国家的发展、繁荣献计出力。

王卓然认为发展科学技术离不开教育，必须从娃娃抓起。为了做好少儿教育和对青少年的科学技术普及工作，他把他在北京三道栅栏创办的两所幼儿园、一所少年儿童科学教育服务馆作为实验基地，进行精心指导，使这些园馆成为北京最受青少年、儿童欢迎的民办科技普及的地方。他在总结这些园馆经验，对来园馆的青少年、儿童进行观察、调查、征求意见和对社会教育、学校教育进行深入调查的基础上，先后向教育部、全国科协等部门提交了《为少年儿童向科学进军鸣号角》和《关于学制问题的调查研究计划》的建议书，体现了一位老教育家对教育事业的关注。如在《为少年儿童向科学进军鸣号角》一文中，他结合自己的少年儿童科学教育服务馆的实际，介绍了对青少年科普教育的做法、经验和要注意的事项，启发社会各界重视对青少年、儿童的科学技术普及工作，并积极支持这一事业。他认为毛泽东的工作方法是抓两头、带中间。“两头”，一头是工农学习科技的积极分子，一头就是少年儿童。

为了抓好少年儿童教育，为指导全国的少年科学技术普及工作积累经验，他于 1957 年 6 月 1 日“儿童节”这天，成立了北京首家“少年儿童科学教育服务馆”。服务对象是高小至初中的学生。所服务的主要项目有：1. 少年儿童科技图书馆，供应初级科技图书，对学生实行借阅；2. 工艺室，主要是教学生装配无线电矿石收音机（从三灯机到五灯机）和拆装自行车、科学学习报告比赛会、总结报告会；3. 科学常识问答；4. 看月亮和宇宙旅行，组织学生到天文馆天象馆参观；5. 科学座谈会；6. 放映科学幻灯；7. 用黑板报公布科学新闻；8. 进行科学小实验；9. 结合中心问题向全班提供同一图书，全班阅读，全班讨论。

对于学制问题，王卓然也进行了深入的调查研究，在《关于学制问题的调查研究计划》一文中，他认为这个问题是一个战略课题，学制应该缩短，但不要求速，要好好研究，重点试验，俟行之有效，再行推广。他肯定了学制为社会主义建设服务、为生产实践服务的原则。他认为学制改革问题“牵一发而动全身”，社会各行各业，尤其是教育、科技、出版等各直接为教育服务的部门都应认真参与，思想上要重视，要深入实际，进行调查研究，要抓好试点总结经验，逐步推广。

鉴于中国人口众多的国情，王卓然认为农业是国家的基础，民以食为天，不搞好农业，人民生活水平就提不上来，社会就不能稳定。所以，在参加全国政协会议期间，他曾两次就农业问题向大会提交提案，均受到大会的重视。

1959年，受“共产风”和自然灾害的影响，我国开始进入三年的困难时期。为了战胜困难，增加市民的蔬菜供应，减轻农民的负担，王卓然写出了《在城市中试验“立体农业”的建议》。在此，他建议市民利用一切可利用的土地，种丝瓜、窝瓜、葫芦、豆角等菜类，还可增加城市绿化、改善城市空气质量，改进城市卫生。他还介绍了具体的实施办法。这个建议受到全国政协的重视。政协秘书长齐燕铭亲自复函王卓然，肯定了他的建议，并建议他在报上发表。齐燕铭的复函是：

卓然同志：

建议好，可写成文字送报馆发表。但“立体农业”取名太新，而且种植蔬菜不一定都是立体发展。不如就叫城市中发展种菜的建议更为平易近人，其中可以说城市中土地少，可以多种些高蔓生的作物。如何，请考虑。

齐燕铭

1959年9月5日

对农业的重视也体现在王卓然对故乡的思念和多方面的帮助上。他经常与故乡通信，经常为故乡发展文化教育事业出力。他知道故乡莲岛湾没有中学，就给辽宁省主管教育的副省长车向忱（车是他的好友），抚顺市教育局局长郭民任（王卓然在东北大学时的学生）写信，请他们帮助在莲岛湾建一所中学，以解决周围各村小学毕业生到中学就读的问题。在他的协调下，排序为抚顺市第十四位的初级中学于1955年在莲岛湾建成，解决了周围二十几个村的高小毕业生的升中学问题。这是他任国务院参事前对故乡的帮助。除此之外，他还为故乡购买了大量科普、历史故事方面的图书，其中有最受少年儿童欢迎的连环画。每当茶余饭后，图书馆就坐满了阅读图书的村民，其中有不少少年儿童。这个简易的图书阅览室为村民提供了宝贵的精神食粮，至今村民还念念不忘。他还给村小学购买了许多图书、教具，如幻灯机、幻灯片、显微镜等。山村的孩子看到如此先进的科普幻灯片，充满了自豪感和幸福感。

在农村即将由高级社过渡到人民公社的时候，王卓然借到辽宁参观视察的机会，由老友车向忱提供交通工具，他回到了阔别20多年的故乡莲岛湾。

通往莲岛湾的村路是可以走单行汽车的沙土路，在南侧进出村的路上有一道岭，因为陡，村民称之为“南天门岭”。为了不引起村民的注意，王卓然让司机在岭外停车，自己步行进村。此时正是初秋，他登高四望，见山村依旧，只是岭下不远处多了一片红墙灰瓦的趟房，还有操场，有学生在上体育课，看这规模必是新建不久的中学了。见村里有了中学，他心里不禁一阵欣喜，这是自己多少年的梦想啊！那条熟悉的莲岛河，由北向南流，像一条灰白色的缎带，蜿蜒铺在碧滩之上、稻田之间。看着这条泛着银光的河，他回想起少年时的自己，在这条河里戏水、摸鱼，留下了多少有趣的记忆。在后来的岁月里自己看过很多江河，中国的长江、黄河、黄浦江、嘉陵江、辽河、渭水、洛河，外国的密西西比河、泰晤士河、多瑙河、塞纳河、伏尔加河……但它们都不如家乡的这条小河给自己留下那么多的故事和难忘的时光。再看河两岸刚泛鹅黄的稻田，大片大片的玉米、高粱葱郁茂盛，高粱穗稍见赭色。他特意看看东山的那片松林，依然那样苍翠。那是慈父长眠的地方，如今慈父的坟头是否荒草没膝？

王卓然边走边看，约一刻钟便来到中学校大门前。他见右侧的门垛上挂着“抚顺市第十四初级中学”的牌子，心想咱村终于有了中学，这就不愁村里会出优秀人才了。他见学生都在教室里上课，有的教室里还传出朗朗的读书声，为了不打扰学生们上课，便悄然离去了。

过了中学，一眼便看见村口北山坡上那两株巨大的老松树和老柞树，树龄能有几百年，这是莲岛湾村的标志。王卓然记得自己小时两树间有座娘娘庙，是村人借此保佑家家户户多子多孙、平安福禄的，自己那时也常来玩，也陪母亲来上过香。现在虽然庙不见了，但两树犹存。

为不给村干部添麻烦，他到了自家老宅，见房墙依旧，只是做了高级社的社部。他去王忠叔叔家，拜见了老人家。王忠带着王卓然在老宅院房前屋后转了转，向他介绍了老宅的近况。房子没有多大变化，他也没提房产的归属问题。有上了年纪的村民认出了他，他便和他们攀谈起来，聊聊村民的生产生活情况，问乡亲们还有什么要求和打算。鉴于时间关系，他不能与乡亲们多谈，他用自带的相机和乡亲们合了影，然后请王忠叔叔领他到东山看父亲的坟墓。

见到父亲的长眠之地，他喃喃地并带着自责地说："爸呀！你老儿子尚在，孙子孙女七八个，重孙重孙女更多，就让你老人家自己孤零零地睡在这里，竟没人来给你填一锹土，拔一棵草，我们太对不起你老人家了！"想到这儿，王卓然不禁潸然泪下。

离开村，王忠和几位他家的近邻执意送他上岭至车前。大家问他为什么不让司机将车开进村，他说："这

1957 年秋，身为国务院参事的王卓然回到了家乡。后右一为王卓然。二排中间为村支书丁伦佐。

样不好！”大家明白了，曾有多少人中了举、当了官，然后在乡人面前显摆炫耀，这等人实则是小人。而王卓然回村让车留村外，不给村人留下衣锦还乡的印象，这才是真正有修养、操行高洁的人。大家和王卓然依依惜别，目送载着王卓然的车在拐弯处消失。

1961 年正是我国最困难的时期，故乡人生活的状况怎么样？故乡的学校办得如何？今年的庄稼长势如何？王卓然都惦记在心上。这年刚一入秋，他便给故乡发信，请故乡派人进京，他要了解故乡的近况，以确定用何种方式帮助故乡。

9月11日，村会计金荣阁和小学校长胡德友应邀来到北京王卓然的家。他把二人安置在赵登禹路144号的少年儿童科学服务馆。二人在京住了5天，被待为上宾。王卓然为他们安排设计了丰富的日程，有参观故宫、历史博物馆、人民大会堂，有游览颐和园、景山公园、中山公园，有到王府井百货大楼购物，有观看京剧。其间王卓然若无公事即亲自陪同，若有公事则安排他人陪同，其亲切热情程度令金、胡二人感动。15日晚，王卓然亲自在全国政协设宴招待二人。二人返抚时，王卓然亲自到火车站送行，并赠送五灯收音机1台、幻灯机1台、幻灯片23套、600倍显微镜1架、电唱机1架等教学器材给故乡小学。他还向胡校长提了三点希望：一、由村小学办幼儿园，他给开办费500元；二、村办图书馆附于小学，兼供村民利用，他给出开办费1000元，另赠数千册书；三、学校搞农业科学试验，他每年供给奖学金200元，学校出地，搞多种经营。

他还向金、胡二人详细了解了抚顺市、县、公社的组织情况，公社、大队（村）的自然情况，干部的作风情况，干群关系等。得知浮夸风在故乡也很严重，为此他感到心情沉重。

1963年春，全国政协大会期间，王卓然再度提出了涉农问题的提案，即《关于农业过关问题》《关于科学技术过关问题》等两份提案。在第一份提案中，就农业如何过关问题他提出多项建议，其中有建议国家设立“农民节”的论述，很有独到见解。他认为设立农民节，体现了国家对农业、农民的重视，体现了全民大办农业的精神。过农民节，既可鼓励农民热爱农村、热爱农业，增强他们的自豪感，同时也是对全国各行各业的人们进行一次重视农业、农民，关心农业、农民，支持农业发展的教育。

1963 年春，相伴王卓然 52 年的发妻李卓琳因病别他而去。失去相伴半个多世纪的伴侣，他深感悲痛。他回想老伴与他婚后这 50 多年聚少离多，从结婚到自己从美国留学回国有 17 年时间，但两人在一起相聚时，不过 2 年有余。在东大任教时生活稳定了，条件好了，可好景不长，又发生了“九一八”事变，从此过着流亡的日子。新中国成立后，自己又在日本待了 2 年，回国后两人和孩子们能在一起生活了，但长期的思念、忧虑、担心，已把老伴的身体折磨垮了，数年来一直体弱多病。对老伴打击最大的是儿子被打成右派，送北大荒劳动改造。愤怒、无奈、惦念、思虑、心痛，各种情绪情感长期交织，导致年近七旬的李卓琳再也撑不住了。

1966 年 5 月 20 日到 6 月 7 日，王卓然随全国政协参观考察团赴河南参观考察。在参观林县红旗渠后，他被林县人民不畏艰险、自力更生修成红旗渠的精神深深感染，5月22日即给故乡莲岛湾写信，介绍林县人民的经验，鼓励乡亲们奋发图强，改变家乡面貌。

王卓然是一位有着强烈社会责任感的人，“国家兴亡，匹夫有责”这八个字牢牢记在他的心间。他认为自己身为国家高级干部，就应尽职尽责，为国家发展尽其所能。他每年都要参加两个月左右的视察参观，每处先进的经验，他都认真记录，对于每地的不足，他都提出改进、提高的建议和措施。他还把参观中了解到的先进经验推荐给类似的单位，使其提高效益，加快发展的速度。如他参观了上海温室用电力取暖和人工培植蘑菇的经验，认为很好，就写信给北京四季青公社，希望他们学习借鉴。他还写信给该公社，建议成立“农业技学小组”，引起了公社党委的重视。他的建议均被采纳并得到认真落实。

王卓然为此每年发出的信件不计其数，他接到的信也不计其数。写信、阅信、处理信件，成了他默默为人民服务的一种形式。鸿雁往来中，他的一颗心在净化，在升华。

王卓然是一位重亲情亦重友情的人，在他的一生中，有很多的朋友，张学良是他最真挚的朋友之一。在当张学良幕僚时，他以诚相待，推心置腹地交谈；在帮他戒毒时，张学良骂他骂得那么难听，但他并不怨恨；张学良信任他让他当东北大学秘书长、代行校长职务，为报知遇之恩，他坚决按张学良的意图和主张管理学校；“一二·九”后，因将学生送进东北宪兵司令部监管，张学良斥责他，他倒觉得张给自己下了剂猛药，使自己更明白了今后的路怎么走；张学良被扣软禁，他连夜撰写公平介绍张的文章，还不顾路途遥远，千里迢迢去探望。1954 年 6 月 14 日《光明日报》刊登征集近代史料的广告，时在天津的王卓然看到这则广告后，首先就想到应重点收集、整理张学良将军的史料。为此，他做了一些准备工作。一个月后，他致信给《光明日报》近代史料编辑部，建议征集张学良将军的史料。他自我介绍说，曾在张将军身边工作，表示自己可以多为此奔走。同年的 7 月 20 日，王卓然写出了《张学良将军与西安事变史料收集与整理的意见》。他还就此多次致函给高崇民、张高峰、汤国桢、刘多荃、宁武、于凤至、张学铭、吴家象、高任旃、申伯纯、阎宝航、何柱国等张的亲友或曾与张学良共过事的老朋友，请他们收集、整理张学良将军的史料。他还亲自撰写《热河失守和张学良下野》的回忆文章。毫不夸张地说，他是最早重视张学良将军史料征集工作，且是最早开始征集、并在征集中最积极、最活跃、做工作最多的人。他不仅写信，还利用走访、串联、打电话等形式广泛联系与张学良有过各种关系和联系的人，请他们提供文字、照片、手稿等一切资料，为此付出了较大的开支。如果说张学良将军的史料征集工作成果丰硕，王卓然是功不可没的。

王卓然感到自己一生最荣幸、最受鼓舞的事，就是担任国务院参事后，每年国庆节上观礼台参加国庆游行的观礼。而每次参加观礼归来，佩戴的胸签他都十分小心地珍藏起来。这些胸签，为他参加的国庆观礼活动做了如下的记录：

1958 年 10 月 1 日，参加国庆 9 周年观礼，在左观礼台 2269 号就座。

1959 年 10 月 1 日，参加国庆 10 周年观礼，在右观礼台一台 0050 号就座。

1960 年 10 月 1 日，参加国庆 11 周年观礼，在东观礼台 4 台 0111 号就座。

1961 年 10 月 1 日，参加国庆 12 周年观礼，在左观礼台 0260 号就座。

1962 年 10 月 1 日，参加国庆 13 周年观礼，在西观礼台 4 台 0073 号就座。

1964 年 10 月 1 日，参加国庆 15 周年观礼，在东观礼台 0084 号就座。

1965 年 10 月 1 日，参加国庆 16 周年观礼，在观礼台西4台0261号就座。

其中缺失1963年国庆观礼的胸签，不知是何原因。最令王卓然难忘的是1959年建国十周年和1964年建国十五周年的两次国庆观礼。他看到毛泽东、朱德、刘少奇、周恩来等党和国家领导人及众多的各民主党派领导人、各界先进人物、少数民族代表站满了天安门城楼，一派喜气祥和。庆祝仪式开始后，先是大阅兵，后是群众游行。那一幅幅壮丽的画面，那一幕幕激动人心的场面，那严整的军容，那整齐的步伐，那抖擞的民族精神，那融洽的领袖与人民之间的血肉关系，那热烈欢乐的节日气氛，都永远定格在王卓然的记忆中。他坚信，只有在共产党领导下的社会主义中国，才会有这样欣欣向荣的景象，不论经历什么样的艰难曲折，中国都会勇往直前。他深为自己的祖国而骄傲，决心将自己的有生之年全部贡献给这个充满朝气的国家。

第十五章　铁骨傲风霜

1965年，刚刚过去的三年自然灾害和苏联撤走专家给中国造成的困难已被战胜，国民经济得到全面的恢复和发展。而这时，先由文化领域的“批判”为前导，继之，史无前例、无比猛烈和残酷的“无产阶级文化大革命”席卷而来。王卓然和高崇民、阎宝航等东北著名爱国人士们在这场内乱和浩劫中都没有幸免。一个凭空捏造的“东北帮叛党投敌反革命集团”案，使他们个个受到株连。有的被捕入狱，甚至遭到毒打致死，有的被长期关在牛棚，接受多次的批斗，身心倍受摧残。

所谓“东北帮叛党投敌反革命集团”，是1946年2月原东北军将领吕正操、万毅、张学思等和东北知名爱国人士高崇民、阎宝航、刘澜涛等42人根据中共中央东北局的决定（经中共中央批准的），通过延安新华社播发的给蒋介石的联名通电，要求释放张学良。其实，这个联名通电是当时任东北局书记的彭真让秘书起草的，然后签上东北知名爱国人士和在东北民主联军中的原东北军少校以上军官的名字，许多被签名的人甚至不知此事，更未听到延安的广播。在1967年初掀起的所谓揪“叛徒”的浊流中，林彪、江青之流却诬陷这个通电是“经过长期预谋，妄图叛党投敌的一起反革命重大案件”。从1967年至1969年，他们煽动制造了这个重大的冤案，大批党政军领导干部和知名爱国人士遭到诬陷迫害。

在这宗冤案中，最先被捕的是吕正操、万毅、张学思，随后就是东北的爱国人士接连被捕。1967年11月，阎宝航被捕，关进北京秦城监狱，次年的5月22日即被迫害致死，死后不通知家人，不留骨灰。高崇民于1968年10月8日被捕关入秦城监狱，1971年7月29日含冤死于狱中。

1968年3月，王卓然以“美国特务嫌疑”（因为他曾留学美国）和“东北帮叛党投敌反革命集团”成员被北京卫戍区逮捕，也被送进秦城监狱关押。王卓然被捕后的五年间，音讯皆无，家人不知他被关在什么地方。

这时的北京秦城监狱已成为林彪、江青反革命集团迫害蒙受不白之冤的党政军、民主党派、无党派高级干部的魔窟。

王卓然被捕入秦城监狱时已是75岁高龄的老人。办案人员和监狱管教不顾他年高体弱，仍对他进行无情的惩罚和摧残。他们逼迫王卓然写证明捕前任中组部常务副部长的于毅夫是反革命的材料，王卓然坚决不写。他回想起于毅夫这位出生于黑龙江肇东黑土地上的汉子，在抗战期间和自己相处的一幕幕。这是一位多么好的同志，他的革命意志那样坚定，他为了夺取抗战的胜利不知疲倦地工作，他对东北流亡进关的青年是那样的关心，那样热情地帮助，他在《反攻》上发表了那么多旗帜鲜明，抨击假抗战、真投降、破坏抗日民族统一战线的文章。这样的同志怎么能是反革命呢？

监管见王卓然不写，就采用了严厉的惩罚手段，给他戴上了冰凉的手铐。他们软硬兼施，对他说："你若写了他是反革命的材料，我们就给你打开手铐，不写就继续给你戴。"王卓然愤怒地说："我宁可让你们给我戴手铐我也不写，因为于毅夫是好人，他没有问题，不是反革命。我写不出他有问题的材料。"就这样，王卓然戴着冰凉的手铐挨过了一天、两天、三天……他吃不好饭，更睡不好觉，两臂酸疼，身心疲惫。过了几天，办案人员又来逼迫王卓然，对他威胁恐吓，施加压力，可就是奈何不了他。到了第十八天，他们见王卓然日渐憔悴，却心坚如钢，再也逼不出来于毅夫是反革命的证明材料，只好给王卓然摘下了手铐。

这时，王卓然已经抱定死的念头，就是打死也不能为保命陷害革命同志和朋友。这是王卓然面对高压、淫威，拒写证明材料，忍辱保护同志的一个事例。“文革”中王卓然不顾个人安危，为被诬陷的同志、学生、朋友实事求是地写证明材料，使得这些人免遭缧绁。

还在王卓然没被捕入狱之前，曾担任过抗日报纸《东方快报》编辑的张庆泰受诬陷被专了政。之前张庆泰任辽宁省人大常委会秘书长。辽宁人大专案组的人找到王卓然，王卓然便挥笔写了《关于张庆泰二三问题的证言》。这份证言，言简意赅，为张庆泰历史上没有问题做了有力的证明。内容是：

> 一、九一八后，国民党东北籍一部分党员如臧启芳、周天放等在北京组织“行健学会”，发行《行健月刊》，据我所知，张庆泰未与发生关系。
>
> 二、1934 年，东北大学内有左右之间的矛盾，张学良命我组织东北青年励志社，团结左右之间的中间力量，防左防右，联左联右，以稳定学校，起“保皇”作用，是在学校内部，张庆泰已离校，未参加。
>
> 三、1937 年七七事变后，在 1938 年东北救亡

总会迁到武昌明月桥，张庆泰是否在武昌，我记不清了，如在武昌，他肯定是为东北救亡总会服务的，也是一面宣传抗日，一面联系有志青年向党靠拢。

四、“四维学会”是张学良于1934年2月任“鄂豫皖剿匪司令”后，想进一步向蒋介石靠拢，让他的干部和蒋的干部组织到一块，搞拥护领袖（蒋）、拥护统一工作。入会的人，比较是高级干部，我被张指定为理事长。我确知道张庆泰未加入，因为他还不够资格。

王卓然

1967年12月2日

刘尊棋因为当年被捕入北平草岚子陆军监狱的事在历次政治运动中屡遭迫害。“文革”开始后更是在劫难逃，诬他是因为叛党才获释出狱。当年亲自保释他出狱的王卓然再次维护了公道和正义，他给办理刘尊棋“案件”的专案组写了一份保释刘出狱过程的证明材料，但专案组负责人认为王卓然是特务，是反党分子，现在仍关在监狱，尽管他的证明好像在理，但也不能全信，对刘尊棋还不能解除专政。

“一二·九”运动后，王卓然和刘哲用“压压气”的方式，将46名在运动中表现最突出的东北大学学生

“自我保护”起来（送进东北宪兵队司令部关押），后又经张学良给东北宪兵司令部邵文凯写信让他放人，王卓然派人登《启事》将他们保释出来。这些同学在“文革”中都因此遭到诬陷，有口说不清，因为他们不知道有《启事》的事。办理这些人“案件”的专案组纷纷找到王卓然，王卓然就一个一个地给写证明，证明他们无辜，是校方把他们送进监狱，又由校方登《启事》保释出狱，使得这些人的不白之冤得到昭雪。

王卓然被关进秦城监狱的时候，他的长子王福时因为曾是极右派，被列为黑五类，也被送进牛棚关押，失去了自由。因为父子二人一个蹲大狱，一个住牛棚，这使王福时的妻子项蕴华无比苦闷。身在北京房山县农村医疗队的她，不仅公公和丈夫生死不明，亦愁三女儿和小儿子马上要下乡。因俩人的祖父、父亲的问题，下到生地方怕受歧视，甚至遭厄运，她想起了老家莲岛湾，那里有王忠爷爷一家，可否还乡去那里，也好有个关照。

姐弟两人对回祖籍插队的想法满以为能行，但两人从得到的多份出自沈阳、抚顺造反派组织关于王卓然是大特务、是东北帮反党集团成员的传单看，与其回到知道爷爷情况的老家，还不如去个生僻的地方。姐弟两人含泪放弃了回莲岛湾插队的念头，分别去了内蒙古和黑龙江，在那里过着异常艰苦的知青生活。

1972年，王卓然已被关押五年，专案组也没有查出他是“特务”、是“反革命”的罪证。他们只得通知家属王卓然被关押的地点并允许探监。

王福时夫妇、王安时夫妇去看父亲。探监室是一间十余平方米的屋子，中间砌了一道墙，将屋子分割成两个小房间，房中间开了一个小窗口，王卓然在里面，王福时等人在外面。当四人看到一别五年、朝思暮想的父亲时，心如刀绞，不得不强忍悲痛。看到身着狱服、面容憔悴、脸色苍白、身体虚弱的父亲，王福时就知道父亲这些年吃了多少苦，遭了多少罪，受了多少折磨，承担着多么沉重的精神压力。王福时想，自己也吃了许多苦，遭了许多罪，但自己毕竟年轻，还能撑得住，可是父亲已是耄耋之年的垂垂老者，让他平白无故吃这样的苦，受这样的罪，真是太不公平、太不公道了。他低声暗示父亲一定要保重，一定尽最大的努力，让父亲早日出狱。

回到家中，王福时设想着如何才能营救父亲早日出狱。他想给毛主席写信，但毛主席身边围满了鹰犬，信不但到不了他老人家的手，还可能给父亲和自己惹来更大的麻烦和灾难。他想给周总理写信，因父亲是他的好友，但转念一想，周总理的处境也十分艰难，在这个时候，怎么忍心给他添麻烦呢！想来想去，他想起了邓颖超大姐。邓大姐既和父亲熟悉，也和自己熟悉。当年王福时在“东总”南下宣传队，带着游击队之母赵老太太在广州宣传募捐，经常见到邓大姐和何香凝，邓大姐还多次对他们的工作给予指导。邓大姐正直善良，德高望重，她的话是会有人听的。对！就给她写信，请她帮助。不仅给邓大姐写，还要给中央组织部写、给中央专案组写。

从这以后，写申诉信占据了王福时的大量时间，他给邓颖超写信，介绍父亲王卓然在秦城监狱被关押的情况，请邓大姐设法营救父亲。他给中组部、中央专案组写信，介绍王卓然一生的经历，说明父亲是无辜的，被关押是冤枉的。为了稳妥起见，每封信都是复写的，每页五份，他和弟弟王安时各留一份，以防不测。信一封封地发出去，但都石沉大海。

儿子福时、安时各领着媳妇来监狱看望王卓然。一别五年看到了亲人，王卓然稍感慰藉。但得知孙子、孙女们各奔东西，天南地北，一家人不能团聚，王卓然的心又蒙上了一层阴云。更令他受到强烈刺激的是三孙子王复光的死讯。王复光是一个非常聪明又胸怀大度的青年，1965 年高中毕业，响应毛主席的号召主动到海南岛务农。1968 年 8 月 2 日，当地两派发生武斗，他跑向军管会去报告，请求制止，但被一民兵连长从背后开了一枪。这个民兵连长开枪前喊："右派狗崽子站住！"罪恶的子弹夺去了王复光 24 岁的年轻生命。

种种苦痛和忧虑折磨着王卓然。渐渐地，他感到食欲不振，乏力、头昏。一天，他突然感到胸口一阵痉挛，接着脸色苍白，通身冒冷汗，四肢厥冷，一会儿便人事不知了。当他醒来时见床边有几位穿白大褂的大夫。原来他昏倒在床上后，被看守从窥视孔看到，立即打电话叫来了医生，对他采取了紧急措施。如果医生来得不及时，他可能就没救了。待他的病情稍微稳定后，被送进了公安部所属的复兴医院。这是秦城监狱犯人专用的医院，说是住院，病室和监室无大异，病区仍有看守把守，每间病室都有铁门，有监视孔，放风在医院的楼顶，周围有高高的护栏，防止病人跳楼自杀。

这时王卓然仍不知道，他的老友阎宝航、高崇民也关在这个监狱，而且双双被迫害致死。因为在这里关押的犯人互相见不到面，更不知道都是谁，即使是放风或审讯都单独进行。

因为王卓然患的是严重心脏病，而且是八旬老人，医院通知了家属，可以来人护理，这样他的子女就能来轮流陪护了。

有子女在身边陪护，王卓然感到了家庭的温暖。孤零零五年的狱中生活，令他惶恐窒息，无尽的思念、忧伤、迷惘、孤独几乎把他摧垮。现在终于见到了孩子们，终于可以享受一点天伦之乐了。

针对王卓然的病，医生采用了极化疗法、抗凝疗法、溶血栓疗法等中西医的结合治疗。几个月下来，王卓然渐渐康复了，然后开始恢复性的疗养，可以在室内走，可以到楼顶放风。为了把失去的时间抢回来，经医院允许，王卓然又恢复了他的文字改革研究。他从事这项研究已经有十几年的历史了。

王卓然的文字改革思路是把汉字拼音化，以求书写的简便。早在美国留学时他就产生了这样的想法，他认为学习汉字太浪费时间，应该将汉字拼音化。从那以后，他对汉字如何改革就有了些零星的想法。但后来忙于抗日救国，反战吁和，又东渡日本从事贸易，始终没能系统地进行案头的技术处理。

任国务院参事前，王卓然即着手汉字拼音化的整理、演示，其后也没间断进行演示、归纳、整理工作，并已掌握了一些基本规律。而被捕时，这些基础资料都被抄走。现在他只能从头开始，在草纸上先列出汉字，再注上拼音符号，一个字、两个字、十个字、二十个字……这样的累加。

1974 年的一天，专案组拿不出王卓然是特务、反革命的证据，便宣布他无罪，将他释放了。此后，王卓然住在王福时家，会会客，搞搞文字改革研究，也接待一些专案组的外调人员，写一些证明材料。家人不让他太累，因为他的身体还需要调养。

对于阎宝航、高崇民的遭遇，出狱之初他还不知道。他向家人打听，家人都推说不知。后来阎宝航之子阎明复出狱来看他，他才知道情况。他得知两位风雨同舟的老友惨死狱中，老泪纵横，半晌无语。

阎明复也带来一些张学良的消息。说张在台湾还被软禁，身体也不好。失去了高崇民、阎宝航两位好友后的王卓然，此时更思念张学良。他想到现在张学良也快到75岁了，从1937年2月与他在奉化相见的最后一面，至今已是37年了。这个年纪的人已是来日无多，不知有生之年还能不能相见？若不能再聚首则将是人生最大遗憾，是死也不能瞑目的。想办法让张学良恢复自由，重返故里，又日夜萦绕在王卓然的心头。

经过冥思苦想，王卓然终于有了灵感。灵感源于新闻。从中，王卓然知道中国和美国已经建立了外交关系，美国国务卿基辛格将要再次来华访问。几次来华，基辛格已和周恩来总理建立了深厚的友谊。台湾是听美国主子的，如提示一下周总理，请他说服基辛格，让台湾同意张学良去美国就医、投亲，这样张学良就有机会回大陆来了。

由谁给总理写信提示呢？亲自参加过西安事变、现在还健在的高级将领何柱国最合适。

王卓然知道何柱国虽然健在，但眼睛已经失明，他给何柱国将军写了一封信，又以何将军的口气给周总理写了一封信。信是这样写的：

柱国兄：

我孙女王瑞回来向我报告：她们四个人过杭时，蒙你们老两口盛情款待，我与王福时全家都万分感谢。王瑞称赞你十分达观和乐观。对襄举嫂夫人照顾你备至，尤表敬佩，你们老两口有如新婚，真幸福也。

光阴似箭，转眼即到“双十二”38周年。回忆1937年2月，是我陪你到奉化与汉公最后一晤，他快届75岁，“少帅”已老矣。38年过去，祖国有了翻天覆地的变化。在党和毛主席的英明领导下，祖国真正站起来了，你我都是“五朝元老”，尝到今日之甜，回忆昔时之苦，兴奋之下，感到幸福和自豪。汉公如能生返祖国大陆，亲眼看看今天祖国各方面的成就，真是繁花似锦，万紫千红，改天换地，处处朝晖，他将如何高兴。台湾早晚是要解放的，但是时间不饶人。吾人应当为汉公早日自由去美国就医、探亲作些努力。确实消息，哥沙曼王后获得出国，是由西哈努克恳求周总理转向基辛格斡旋办到的。此事大有启发性，我于前日派亲人去看西卿（即张学良胞弟张学铭），请他以汉卿家属身价函托周总理，请他考虑于基辛格来时，相机请他帮忙，发扬民主精神，帮助汉公去美国就医、探亲。周总理与汉公有深厚的革命友谊，1956年西安事变20周年纪念会，你我出席，周总理代表中央表示对汉公的关怀，并泽及旧属。东北三省皆成立参事室，网罗旧属数十人，感人至深。西卿顾虑多端，不肯行动，我想唯兄曾参加事变，与周总理至熟，如能函求，有可能受到重视也，国家不是请你对台湾作过广播吗？周总理身在医院，也是日理万机，忙得很。我说正因为他太忙，才需要别人替想事，才需要别人向他提醒。我的亲人知我写信给你说："这位老将不会畏首畏尾，会有勇气写信，但是基辛格25日就来了，杭州来信怕太晚了。"我说："不要紧，基来也是为福特总统安排访华，他还要很快再来。"我太啰唆了，请兄考虑，可否给总理写信试试，我相信党、相信总理，纵然不会一说就行，但我敢肯定，绝不会为你和我带来什么麻烦。附代拟稿一份，以备参考。敬祝

丽安

弟　王卓然

1974年11月23日

另一封是王卓然代何柱国起草的给周总理的信，内容是：

总理：

您好！快到“双十二”38周年，汉卿先生失去自由38周年，他快跨进75岁，听说身体不好，时不饶人，他如能生返祖国，亲眼看看祖国处处朝晖，各条战线皆欣欣向荣，他将如何兴奋与安慰，如让他向台湾广播亲眼看到的报告那边同胞，也可能起些作用。

台湾是听美国主子话的，基辛格快来了，总理可否考虑，在茶余酒后方便时，请他帮忙，安排汉卿去美国就医、探亲。他们打“民主幌子”，又要与中国友好，点点小事，不难办到也。

我瞽目盲人在党的关怀下，心情舒畅，生活愉快，去年奉约向台湾作一次广播，能为祖国效力感到幸福，对你的照顾，尤为衷心感谢，现为张汉卿事打扰你，想蒙原谅，敬祝革命敬礼。

毛主席万岁！万万岁！

为了赶在基辛格来之前将信传递给总理，11月26日，王卓然再度给何柱国将军去信，请他以电报形式，发给周总理，并表示电报费由他来出。他还代拟了电报稿。王卓然对张学良将军的深厚情谊让人敬佩和感动。

时间进入了1975年，中国的天空上依然笼罩着政治乌云。“四人帮”通过采取欺骗毛主席的做法，得到了毛主席的同意，导演了一段“批林批孔”的闹剧。他们以批孔为名，意在“批臭”打倒周总理，搬掉阻碍他们篡党夺权的屏障。他们控制着舆论工具，大肆进行着颠倒黑白、蛊惑人心的宣传。

这时，王卓然已是82岁高龄的老人，且身患心脏病，需要静养，经不起劳神，更经不起强烈的刺激。然而一个来自“芙蓉国”的消息，令王卓然再也无法静养了。他要尽最后的努力，找回属于这个人的公道，让他真正恢复自由，并且永远别再因为此事而引来麻烦。

“芙蓉国”的消息，是王福时听说后告诉父亲的。这个消息是刘尊棋仍被关在洞庭湖一个孤岛上的监狱里，过着与世隔绝的牢狱生活。听到这个消息，王卓然再也按捺不住了，他写证明刘尊棋无罪的材料，要写详细些。王卓然气愤地摇头叹息：“尊棋是多好的人，不能再让他蒙冤了！”

王卓然开始写证明材料。他先写草稿，细细地回忆着他营救刘尊棋的每一个过程、细节。材料中，他是怎样接待中国民权保障同盟秘书长杨杏佛，怎样与刘尊棋交谈；怎样向张学良介绍刘的情况，又怎样拿张学良签字的保单去向狱方交涉；刘尊棋出狱后又怎样来看自己，再求自己保释其妻郑绮红的全过程，都详详细细地写了。写毕，又修改，再工工整整地抄了两份，并签了名、盖了章，完成这份证明材料，王卓然整整用去了十天时间。王卓然觉得还没完成任务，他向王福时交待了两份证明材料的处置方法，一份交国务院参事室存档，一份交给刘尊棋子女。他见福时按自己的交待都办妥后，才如释重负。

也许是写这份证明材料过于耗神费力，对他的情绪太过刺激，这以后王卓然的身体状况渐渐下降，家人对他的担心也日益加重。1 月 29 日，他突发心肌梗塞，家人立即请来了医生，经过紧急处置，王卓然战胜了死神对他的再一次召唤。

医生们鉴于王卓然的年龄和病势不宜折腾，决定成立临时抢救小组，在家输液，24 小时观察、护理。

1 月 31 日上午，精神稍好的王卓然预感到自己将不久于人世，将家人叫到床前，他口述，小儿媳徐彩琴做记录，留下了他的遗嘱：

国务院参事室：

白光涛、刘宝琪同志：

在经济上，如组织上补发我的工资，请以其中伍仟圆直接交给我的故乡辽宁省抚顺县河北公社莲岛湾大队，专供建立少年儿童图书馆购买书之用。这是我多年的一个愿望，其余部分则交给我国内的七个子女平均分配之。如有这种情况，请通知王福时、王淑时、王安时代表其余子女接受。

请予协助！

王卓然口述

徐彩琴代表

王卓然（手印）

1975年1月31日上午

这天下午5时，王卓然带着对祖国深深的眷恋，带着对故乡的思念，带着对子孙们的期待，带着没能和张学良见上最后一面的遗憾，带着给自己彻底平反的企盼，离开了这个他曾生活了82年的世界，乘鹤西去了。

由于王卓然没有被彻底平反，国务院参事室无法主持他的后事，亲友们默默送走了他，将他的骨灰存入了八宝山革命公墓。这年清明节，他的子女按照他生前的意愿将他的一半骨灰送回了故乡，安葬在他的父亲王镇的墓侧。

王卓然逝世后不久，在沈阳、抚顺的街头，到处可见“大特务王卓然死了”的小传单，让了解王卓然的人们感到心寒、不平和愤怒。

时隔四年以后，王卓然才获得彻底平反。1979年8月25日下午3时，国务院在八宝山革命公墓礼堂为王卓然召开了追悼会。参事室负责人致了悼词，邓颖超、许德珩、吕正操、胡愈之、王芸生、夏衍等党和国家领导人及文化界、新闻界知名人士送了花圈。悼词说：

> 今天，我们怀着沉痛的心情，悼念国务院参事王卓然先生。王卓然先生因遭受林彪“四人帮”的迫害，身心倍受摧残，于1975年1月31日含冤病故，终年82岁。
>
> 王卓然先生是辽宁省抚顺县人。九三学社成员。早年毕业于北京师范大学，美国纽约哥伦比亚大学师范学院。曾任东北大学教授，北京师范大学教授，东北民众抗日救国会理事，东北大学秘书长、代理校长，东北救亡总会理事，《反攻》杂志社社长等职。1947年赴日本经营工商业，1951年毅然回国。1955年起任国务院参事。
>
> 从1936年西安事变起，王卓然先生拥护中国共产党建立抗日民族统一战线的主张，积极参加抗日救亡活动，为党和人民做过许多有益的工作。他曾撰文宣传张学良、杨虎城将军八项抗日主张，他主持的印刷所印刷的《外国记者西北印象记》是斯

诺《西行漫记》最早的中译本，他曾救援、接济、掩护过一些我党党员和进步人士。王卓然先生从日本回国后，热心科普及少年儿童保育教育事业，在天津、北京办了三个幼儿园、两个少年儿童科学教育服务馆。在社会主义革命和建设中，他积极参加各项工作和政治活动，为社会主义事业贡献了自己的力量。他拥护中国共产党，尊敬伟大的领袖毛主席、敬爱的周总理、朱委员长等老一辈无产阶级革命家，热爱社会主义祖国，努力学习马列主义、毛泽东思想，认真改造世界观。“文化大革命”中，王卓然先生受林彪、“四人帮”炮制的所谓“东北叛党集团”的牵连，被逮捕入狱，长期关押，是林彪、“四人帮”推行极左路线，破坏党的统战政策造成的一件冤案。粉碎“四人帮”以后，为王卓然先生平了反、恢复名誉，使多年的沉冤得到昭雪。

在悼念王卓然先生的时候，我们要化悲痛为力量，在马列主义、毛泽东思想的旗帜下，更加紧密地团结在华国锋同志为首的党中央周围，坚决贯彻党的十一届三中全会和五届人大二次会议精神，为台湾早日回归祖国、实现祖国统一大业，为发展和巩固革命统一战线，为把我国建设成为四个现代化的社会主义强国而努力奋斗。

为了实现父亲的临终嘱托，1996 年，王福时、王淑时、王安时等王卓然的子女共捐巨资为故乡莲岛湾建了一栋小楼，作为图书馆，还购买了大量图书。原全国政协副主席吕正操将军亲笔为该馆题写了馆名。1997 年 5 月 24 日，在王卓然 104 周年诞辰的时候，由抚顺市顺城区人民政府举行了开馆典礼。86 岁高龄的王福时带领部分儿、孙参加了典礼。辽宁省政协、东北大学、抚顺市政府、市政协、市九三学社也派代表参加了典礼。

典礼仪式简单而热烈，故乡人民再一次受到鼓舞和教育，都为故乡有这样一位教育家、社会活动家、爱国民主人士而感到自豪和骄傲。

卓然图书馆落成典礼现场

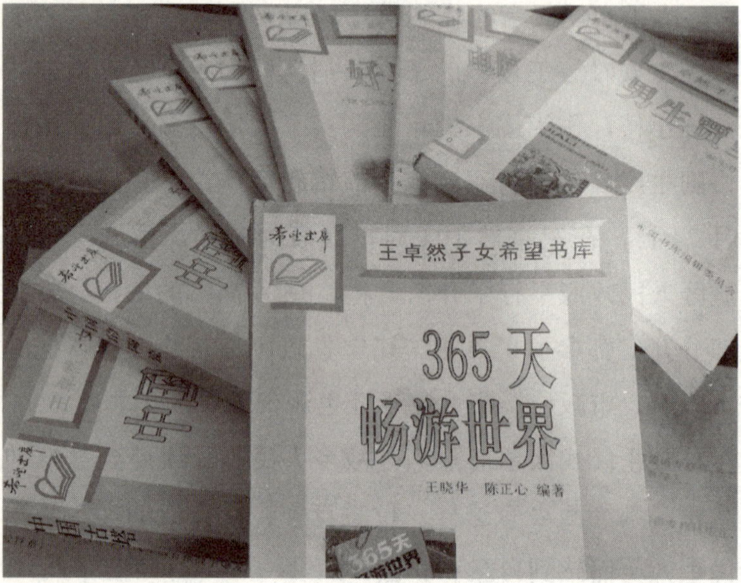

王卓然子女希望书库

张学良亲笔题写的“王卓然之墓”墓碑

王卓然的墓地坐东朝西，周围青松掩映，灌木茂密，从这里可以俯瞰全村。墓制为长方形，由黑色大理石镶成，显得庄严肃穆。前面是1米多高由张学良亲笔题写的“王卓然之墓”的墓碑。两位老友生前没能见到最后一面，身后却以这种方式共存于一个时空，既是二人珍贵友谊的体现，又是他们爱国精神的凝聚。

在世时，王卓然时刻不忘故乡，尽力帮助故乡发展文化、教育事业；身后，王卓然的生平事迹和精神深深地植根于故乡人的心中，植根于他所热爱的祖国大地。

就让这首诗作为此书的结尾吧：

青松野卉伴身边，
毕竟归根桑梓还。
欧美留学扬孔孟，
辽燕弼帅育英贤。
驱倭御辱存华夏，
反战吁和建九三。
淡泊功名诚参事，
高风亮节永垂传。

王太学三稿于抚顺寓所

2009年9月3日　星期四

后　记

说句心里话，我是一个幸运的人，因为我是新中国成立那年出生在人杰地灵的抚顺北郊莲岛湾村，这个村出现过多位令乡亲们骄傲的名贤志士，其中就有本书的主人公王卓然。这个时代、这方热土、这位名贤，对我的成长、对我的生活和事业都大有助益。

存在决定意识。从我记事起，最吸引我的就是村里图书馆，尤其那里的小人书是我们这些孩子的最爱，这图书馆里的图书就是王卓然赠送的。村民们在享受着图书带来的信息和愉悦的同时，发自内心地感谢王卓然，关于他的话题、故事也频出不竭。因此，王卓然在我幼小的心灵中有了朦胧的印象，即他在北京当大干部，他睿智开明、和蔼可亲；他仗义疏财、关心故乡；他清正廉洁，回乡不坐车进村……我读小学后，关于王卓然的美谈听到的更多了，因为学校的图书、体育器材、幻灯、显微镜等教学用品大多是他赠送的，学校领导和老师也常给我们讲他的故事，号召我们向他学习，为家乡争光。可以说，向王卓然学习，做有作为的人的潜意识已在很多学生中形成，包括我。

“人间正道是沧桑”，历经半个多世纪的时光，王卓然一生究竟做过哪些大事？对国家、民族究竟有何贡献？这些问题始终萦绕在我的心头。我想作为受过王卓然恩泽的同乡，我有责任将这些弄清并昭示后人。1989年，在我出任抚顺市顺城区委宣传部副部长，并被聘为区政协委员期间，在一次政协文史委员会上我建议收集、整理王卓然史料，得到一致的赞同，并责成我承担这项工作。这其后一年多的业余时间里，我到书店购买相关图书，到图书馆、档案馆搜集资料，回村访问遗老，进京拜访王卓然后人和生前友好，等等。各方给予了我大力支持，希望我早日编成真实、详尽的介绍王卓然的书籍。最令我感动的是年逾九旬的辽宁省政协副主席卢广绩、刘鸣九，文化部原副部长夏衍、周而复，就连曾任全国政协副主席的吕正操、阎明复，甚至身在台湾的张学良都大力支持我，或题书名，或题词，或撰写回忆文章，或介绍与王卓然相处的往事。由于这些德高望重的前辈的鼎力支持，辽宁省政协的认可并出资付梓，一部由张学良题写书名的《王卓然史料集》问世了。该专门载录某一爱国民主人士史料的图书，受到社会各方的关注。许多从事文史工作或与王卓然有丝缕联系的人想方设法得获，英国大英博物馆图书馆、中国国家图书馆等国内外知名图书馆收藏了此书。有感于故乡对王卓然的厚谊，他的后人捐资30多万元为故乡重建了图书馆、添置了新的图书，吕正操将军挥毫为该馆题写了馆名。该馆被抚顺市授予爱国主义教育基地，九三学社抚顺市委将莲岛村作为社会服务实践基地，开展经常性活动，九三学社中央领导、辽宁省委领导也多次前来拜谒王卓然墓。天津一位记者看过此书，得知海河畔有一座小楼是王卓然的故居，在报上撰文建议修缮并开放……

因为《王卓然史料集》的影响，我经常应邀参加一些与东北民国史有关的会议或活动，这更加扩大了我的社会交往面，结识了更多的相关人员，从中我又获得一些有关王卓然的新的线索或资料。我按这些线索进行收集、整理，又编撰出版了《王卓然史料集》（续集）。

两本《王卓然史料集》的出版，更加宽泛的社会交往面和王卓然资料的一些新发现，使我有了新的想法：若将王卓然的生平事迹写成人物传记，增强其可读性，会更好地弘扬爱国精神，会更有助于中华民族的伟大复兴。2009年，我欣喜得知，受《九三人物传记系列——

王卓然》九三学社辽宁省委课题组的委托，我将协助承担王卓然史料的编撰工作。对此，我非常高兴，因为社中央的此举也正是我的愿望。

接此任务，我倍感荣幸，为写好这一人物，我精心谋篇布局，查阅了《二十世纪中国大博览》、《东北大事记》、《东北大学史稿》、《中国共产党的七十年》、《在同张学良相处的日子里》、《前西行漫记》、《阎宝航纪念文集》、《张学良与东北大学》等数十本书，撰写了两万多字的提纲并奋笔疾书。由于我对传主的生平事迹相对较熟，所以仅用40天，就完成了书稿。但因本人学识有限、修养不够，书中不足之处在所难免，敬请读者不吝教正。

在此，我衷心感谢多年来对我的收集、研究提供支持和帮助的王卓然后人、生前友好、各位朋友！衷心感谢社辽宁省委张和平副主委、宣传部杜铁光部长、社抚顺市委米志芳主委及工作人员对我的关心和为出版此书所付出的精力！

今后，我将继续努力，继续收集王卓然史料，继续用各种形式，宣介王卓然的爱国精神、奉献精神……为实现强国之梦贡献绵薄之力。

王太学

2012年6月12日于抚顺